经济统计学前沿系列

本研究得到国家社会科学基金重点项目(13AZD086)
教育部新世纪优秀人才支持计划项目(NECT-11-0029)
教育部人文社会科学研究规划基金项目(13YJA630005)
全国统计科学研究计划项目(2012LZ042)
中央高校基本科研业务费专项资金(2012WZD02)的资助

经济统计若干前沿问题研究

陈梦根 著

图书在版编目(CIP)数据

经济统计若干前沿问题研究/陈梦根著.－－北京：中国统计出版社，2014.4

ISBN 978－7－5037－7050－0

Ⅰ.①经… Ⅱ.①陈… Ⅲ.①经济统计－研究－中国 Ⅳ.①F222.1

中国版本图书馆 CIP 数据核字(2014)第 013334 号

经济统计若干前沿问题研究

作　　者	/陈梦根
责任编辑	/钟　钰
封面设计	/黄　晨
出版发行	/中国统计出版社
通信地址	/北京市丰台区西三环南路甲 6 号　邮政编码/100073
电　　话	/邮购(010)63376909　书店(010)68783171
网　　址	/http：//csp.stats.gov.cn
印　　刷	/河北天普润印刷厂
经　　销	/新华书店
开　　本	/710×1000mm　1/16
字　　数	/270 千字
印　　张	/15.25
版　　别	/2014 年 4 月第 1 版
版　　次	/2014 年 4 月第 1 次印刷
定　　价	/38.00 元

版权所有。未经许可，本书的任何部分不得以任何方式在世界任何地区以任何文字翻印、仿制或转载。

中国统计版图书，如有印装错误，本社发行部负责调换。

前 言

一直以来,我主要从事资本市场及实证金融领域的教学与研究,并曾在实际部门承担过数年的宏观经济分析工作。虽然从学源上看,我也曾在传统统计色彩浓厚的机构学习任教过较长时间,但学术视野并不仅限于经济统计,反而更专注于金融市场研究。2011年初我调入北京师范大学,沿袭前期的宏观经济分析工作,近三年来我的研究兴趣才部分转移到经济统计特别是货币与金融统计领域,本书可算是对相关研究与思考的一个小结。

当前,统计的重要性日益得到社会的认可,这一点从社会各界对各种各样的指标或数据的关注甚至争论上也可略见一斑。实际上,正如联合国统计委员会在《官方统计基本原则》中所说,"官方统计是民主社会信息系统中不可或缺的要素,为政府、经济部门和公众提供有关经济、人口、社会和环境状况的数据"。在信息和网络高度发达的今天,各类主体包括国际组织、本国政府、企业、一般公众等对统计信息的需求可谓空前膨胀,良好的统计已成为社会经济健康发展的必要条件之一。

20世纪90年代世界范围内金融危机频发,经济与金融体系的脆弱性问题受到高度关注,联合国、国际货币基金组织(IMF)、世界银行等国际组织与各国政府广泛合作,掀起了制定和更新国际统计标准的一股热潮,先后推出一系列统计手册、指南或标准,为各国完善统计体系和提升统计能力创造了有利条件,经济统计得到了快速发展。然而2008年国际金融危机的突然爆发,再次暴露经济统计与监测领域仍然存在巨大的信息缺口,对现行统计体系提出了新的挑战与冲击。在此背景下,国际组织与各国政府普遍认为,危机将为统计发展带来新的变革机会,有必要重新审视经济统计与监测体系的发展和未来。

本书立足于经济统计的理论前沿,对国家统计发展战略、统计能力建设、2008SNA执行、统计信息缺口,以及金融统计、财政统计等专题开展创新研究,以期为中国建立和发展科学、高效的现代统计体系提供理论支持与政策建议。各个专题独立成篇,以论文形式撰写,多数内容均是近期新的研究成果,少数专题曾在有关学术刊物发表,但在本书中内容更加完整系统。在结构上,全书共分四个部分,下面分别做一些简要介绍。

第一部分是国家统计发展战略与统计能力建设。对这方面的关注始于2006

年前后我参与的一项课题,后来又进行了一些跟踪研究。本部分内容涉及国家统计发展战略、统计能力建设与中国统计发展等问题,共包括四个专题研究。其中《国家统计发展战略与统计能力建设》探讨国家统计发展战略的理论、方法、原则及应用问题;在此基础上,《国家统计发展战略的实施模式与实践进展》从实施的角度进一步考察了国家统计发展战略的实施模式与国际实践进展,为中国开展相关工作提供经验借鉴;《2008SNA 执行与国家统计发展战略》将研究、开发和执行 2008SNA 纳入国家统计发展战略框架进行思考;《基于数据质量观的中国统计能力建设》则是从数据质量角度探讨统计能力建设问题。

第二部分是金融危机与统计信息缺口。2008 年国际金融危机对世界政治、经济、文化等各个领域均带来了深刻影响,同时带来了变革的机会,统计也不例外,危机视角下的信息缺口问题受到广泛关注。实际上,危机也大大提高了各界对改进统计体系和发展金融数据的兴趣,G—20 财长与央行行长会议、IMF、OECD、FBS 等均采取了一系列应对措施,与各国政府一道弥补信息缺口,改进统计监测,这将对统计的未来发展产生巨大影响。本部分包括四个相关研究专题,其中《金融危机与统计发展的历史考察》从历史的视角考察危机对统计发展的推动作用,重点分析 2008 年国际金融危机对统计发展带来的挑战与变革问题;《金融危机与统计信息缺口》从统计视角探讨危机所暴露出信息缺口的类型及弥补信息缺口的行动问题;《G—20 应对信息缺口建议及其政策含义》主要对 G—20 应对金融危机信息缺口的二十条建议及其政策含义进行剖析,并对 G—20 建议的实施进展做评估;《金融稳健指标体系的发展与评估》考察金融稳健指标体系的发展,并基于 2008 年国际金融危机的视角对其做全面评估与分析。

第三部分是金融核算与金融统计,包括三个研究专题。其一是《2008SNA 对金融核算的发展及尚存议题》,系统分析 2008SNA 对金融核算的主要发展;其二是《货币与金融统计国际标准的发展与演进》,重点研究货币与金融统计国际标准的发展和演进;其三是《货币与金融统计体系的最新修订》,按概念与分类、核算方法及特定项目处理、货币统计、金融统计、其他等五个方面分析 IMF 对货币与金融统计体系的最新修订。

第四部分是政府财政统计及其他,包括三个专题研究。专题一是《政府财政统计国际标准的发展与演进》,系统考察政府财政统计体系的发展和演进。专题二是《政府财政统计体系的最新修订》,从定义与分类、核算方法与分析框架、财政收支统计、资产负债表核算、交易的统计处理、其他经济流量的统计处理、术语及其他修订等七个方面解析 IMF 对政府财政统计体系的最新修订。最后一个专题是《绿色

GDP 理论基础与核算思路研究》，这是我对绿色 GDP 核算理论与方法问题的一些思考。

联合国统计委员会在《官方统计基本原则》中明确提出，各国统计机构使用国际性概念、分类和方法可促进各级官方统计系统的一致性和效率。在全球化的大背景下，各国统计体系全面采纳和实施国际标准已是大势所趋。国际统计标准不仅是公共品，而且是一种全球性的公共品，各个国家社会制度可以不同，所处发展阶段也可以不同，但遵循相同的统计标准，将为国际比较、交流与合作提供极大的便利。

中国目前已成为世界第二大经济体，在国际政治、经济、社会、文化舞台上扮演着日益重要的角色，各类主体对统计数据的需求急剧膨胀，对数据质量的要求不断提高，统计发展现在正面临着巨大的机遇与挑战。加大统计体系改革与发展力度，基于本国国情灵活地全面采纳国际标准，尽快建立一个科学、高效的现代统计体系，已成为时代的要求，希望本书的研究能为中国统计改革与发展提供一些启示。

本研究先后获得国家社会科学基金重点项目、教育部新世纪优秀人才支持计划项目、教育部人文社会科学研究规划基金项目、全国统计科学研究计划项目和北京师范大学自主科研基金重点项目的资助。同时，书中部分内容曾在我主讲的博士生课程《金融统计分析》上讨论，我的硕士生和博士生曾参与个别专题的资料收集和整理工作。本书在研究当中参考了大量的国际组织文件或工作论文及国内外学者的相关成果，这些文献为本研究奠定了坚实的基础。此外，本书的出版得到了中国统计出版社的大力支持，在此一并致谢。

陈梦根
2013 年 11 月 30 日于北京

目 录

第一部分 国家统计发展战略与统计能力建设 ⋯⋯⋯⋯⋯⋯⋯ 1
 国家统计发展战略与统计能力建设 ⋯⋯⋯⋯⋯⋯⋯⋯⋯⋯⋯ 3
 国家统计发展战略的实施模式与实践进展 ⋯⋯⋯⋯⋯⋯⋯⋯ 20
 2008SNA 执行与国家统计发展战略 ⋯⋯⋯⋯⋯⋯⋯⋯⋯⋯⋯ 39
 基于数据质量观的中国统计能力建设 ⋯⋯⋯⋯⋯⋯⋯⋯⋯⋯ 56

第二部分 金融危机与统计信息缺口 ⋯⋯⋯⋯⋯⋯⋯⋯⋯⋯⋯ 67
 金融危机与统计发展的历史考察 ⋯⋯⋯⋯⋯⋯⋯⋯⋯⋯⋯⋯ 69
 金融危机与统计信息缺口 ⋯⋯⋯⋯⋯⋯⋯⋯⋯⋯⋯⋯⋯⋯⋯ 87
 G—20 应对信息缺口建议及其政策含义 ⋯⋯⋯⋯⋯⋯⋯⋯ 103
 附录 G—20 应对信息缺口的二十条建议 ⋯⋯⋯⋯⋯⋯⋯ 122
 金融稳健指标体系的发展与评估 ⋯⋯⋯⋯⋯⋯⋯⋯⋯⋯⋯ 125

第三部分 金融核算与金融统计 ⋯⋯⋯⋯⋯⋯⋯⋯⋯⋯⋯⋯⋯ 147
 2008SNA 对金融核算的发展及尚存议题 ⋯⋯⋯⋯⋯⋯⋯⋯ 149
 货币与金融统计国际标准的发展与演进 ⋯⋯⋯⋯⋯⋯⋯⋯ 163
 货币与金融统计体系的最新修订 ⋯⋯⋯⋯⋯⋯⋯⋯⋯⋯⋯ 175

第四部分 政府财政统计及其他 ⋯⋯⋯⋯⋯⋯⋯⋯⋯⋯⋯⋯⋯ 191
 政府财政统计国际标准的发展与演进 ⋯⋯⋯⋯⋯⋯⋯⋯⋯ 193
 政府财政统计体系的最新修订 ⋯⋯⋯⋯⋯⋯⋯⋯⋯⋯⋯⋯ 211
 绿色 GDP 理论基础与核算思路研究 ⋯⋯⋯⋯⋯⋯⋯⋯⋯⋯ 226

第一部分

国家统计发展战略与统计能力建设

国家统计发展战略与统计能力建设

摘要：在信息时代中，国家统计系统已经成为一国信息体系的重要组成部分，政府、企业、居民对统计信息的需求空前膨胀，要求也不断提高。但是在像中国这样的发展中国家中，统计发展水平比较低，统计系统面临的挑战日益巨大。实施国家统计发展战略，是开展统计能力建设的重要平台，有助于迅速改善统计系统的绩效。中国应该尽快制定和实施国家统计改革与发展战略，本文对国家统计发展战略的内涵、基本原则、核心要素和实施步骤等内容作了详细的介绍。

在现代市场经济中，统计为政府、企业、事业单位和居民的决策提供信息，国家统计系统已成为一国信息体系的重要组成部分，同时，统计也是一国或地区监控、评估体系的重要组成部分，统计的重要性日益受到重视。如何改进统计体系的效率，全面提升国家统计能力，更好地服务于社会经济发展，早已成为统计学界研究的热点之一。基于这一背景，近年来，在由联合国、世界银行等发起设立的21世纪促进发展的统计伙伴关系（PARIS21）及其他国际组织的倡导下，旨在提升统计能力的国家统计发展战略问题开始倍受关注。本文将介绍有关国家统计发展战略的理论，系统分析设计与实施国家统计发展战略的基本原则与步骤，为中国制定和实施国家统计改革、发展、创新战略提供理论支持。

一、国家统计发展战略：统计能力建设的助推器

（一）国家统计发展战略：概念

战略一词的本义与军事有关，即战争谋略，是对战争的大计谋，是对战争中整体性、长期性、基本性问题的谋划。在管理学里，战略是一个统一的、综合的和完整的计划，通过精心设计来确保企业的基本目标得以实现。通俗一点讲，战略是针对某种有意识的行动过程的一项计划，是处理某一形势的指导方针，至少包含两方面要点：一是有目标的行动；二是对行动的设计。所谓国家统计发展战略（National strategy for the development of statistics, NSDS),旨在设计与实施一个发展统计的战略,以提高整个国家统计体系(National statistics system, NSS)的能力,改进统计体系的绩效,为经济发展与社会进步提供更好的统计服务。国家统计发展战略作为发展本国统计系统的长期规划,是对未来统计系统的发展目标、路径与拟采取的行动所做出的一系列战略性安排。

在很多发展中国家,统计体系还比较脆弱,但是随着社会的发展,公众对统计产品的需求却日益增大,用户对数据的不断升级的需求向统计系统提出了更为苛刻的要求,例如,对微观数据的需求以及对过程统计的要求,这使得传统的统计体系受到了巨大的挑战。在这种背景下,2004年2月第二届国际发展成果管理圆桌会议率先提出,我们需要建立国家统计发展战略,藉此提供一个发展统计的战略性框架,为实施以绩效为导向的管理提供更有力的信息支持。NSDS为一国加强统计能力建设指明了途径,为勾画5到10年后的统计系统提供设想,并为实现这一蓝图确定相应的里程碑。国家统计发展战略包括为满足目前及将来的数据需要而建设统计能力的一个坚实的框架和一系列行动计划,并确保统计的发展与更广泛的国家发展方案和战略相协调。

(二)国家统计发展战略:统计能力建设的助推器

随着社会经济的发展,各国普遍认识到,社会发展需要一个好的统计体系,为政府、企业和公众提供强有力的信息支持。信息时代中社会对统计信息的需求空前膨胀,对统计信息的质量、数据易得性等方面的要求也不断提高,特别是在像中国这样的发展中国家中,统计发展水平比较低,统计系统面临的挑战日益巨大。NSDS从战略的高度规划统计体系的发展,立足于全面改善统计系统的绩效,已成为各国统计能力建设的助推器,主要表现在:

第一,从统计系统发展现状上看,落后国家统计体系存在的问题较多,诸如数据质量、统计覆盖面、数据发布渠道等,局部的、零星的改革无法从根本上改进国家统计系统的整体效率,无法真正有效地满足用户对数据的需求,NSDS着眼于统计系统的战略性改革与发展,为全面改善统计体系的效率提供一个坚实的平台。

第二,实施NSDS,有助于提高社会对统计的关注与重视程度。NSDS的创建与实施,作为国家发展战略规划的一部分,有助于更广泛地宣传统计,让全社会更加了解统计,从而关注和重视统计及统计的发展,进而促使全社会更有效地生产、传播、开发和利用统计(产品),提高各类经济主体的决策效率,真正推行以实据为基础的决策,在社会政治经济活动中强化一种注重绩效的管理理念,毫无疑问,这必将有助于提高社会运行效率。

第三,实施 NSDS,有助于更广泛地动员各种资源,以支持本国统计能力的建设。国家统计发展战略以中央政府的决策形式推行,将有助于提高它的执行效率,从而为本国统计体系的发展提供更强有力的人力、物力与财力支持。任何行动都离不开资源的支持,以国家战略的形式来推动统计能力建设,将为统计系统的能力建设方案提供更充分的资源支持,保证目标得以实现。

第四,实施 NSDS,有助于持续地开展统计能力建设。实际上,许多国家统计部门过去可能都曾经采取了某些行动以推动本国统计能力建设,但是局部的改进与变革无法全面提升能力,而且可能受政绩观念所累,无法持续性地推进统计能力建设,现任官员实施的举措到了下一任官员手中被搁置,甚至被取消。实施 NSDS,有助于持续性地开展统计能力建设,避免短期化和形式化的行动。

第五,基于 NSDS 开展统计能力建设,有助于更好地寻求国际技术与资金支持。近年来,PARIS21、IMF 等国际组织不断呼吁、倡导和帮助发展中国家创建和实施 NSDS,制定了相关的一系列方案,为各国提供技术与经费援助,并采取措施推动国际间的双边与多边统计合作。通过创建和实施 NSDS 来加强本国统计能力建设,可以将本国行动纳入国际间的统一行动潮流,以寻求 PARIS21、IMF、联合国统计部门等国际组织的技术与经费援助,或者开展国际间的双边与多边统计合作。

鉴于此,我们认为,中国应尽快创建和实施国家统计发展战略,以迅速提升统计能力,全面改进统计系统的绩效。

二、国家统计发展战略:基本理论

(一)国家统计发展战略:目标和战略意义

实施 NSDS,目标在于建立一个功能健全的、高效的统计体系,提升统计能力,生产更多的高质量统计产品,向社会提供优质的统计服务。可见,NSDS 将成为一国改进本国统计系统绩效、提升国家统计能力的行动纲领。理论上,NSDS 首先要描绘未来统计体系的发展蓝图,即在未来 5-10 年中统计体系的发展目标,并为抵达最终战略目标的过程设定相应的阶段性目标,进而为各阶段的行动做出战略性安排,以全面提升统计能力,为社会提供更优质的统计服务。在推进一国或地区统计发展的过程中,NSDS 具有重要的战略意义:

首先,创建和实施 NSDS,将通过战略设计统计体系的发展蓝图,系统地提出本国统计体系的发展目标,并为实现最终目标的过程设置若干阶段性目标或称里程碑,描述统计体系的愿景与使命,规划和明确本国统计系统的长期发展方向,对整个统计系统及统计机构工作人员提出工作的目标与方向,具有积极的激励与鼓动作用。

其次,创建和实施 NSDS,需要对本国统计体系的发展现状进行评估,将系统地了解、分析、评估本国统计系统发展、运行的现状,全面认识本国统计发展取得的成绩,了解本国统计体系运行中存在的不足及其与国外发达国家高水平统计体系的差距,认识本国统计系统的优势与劣势,准确把握统计发展所面临的机遇与挑战,进而采取相应的举措,发展本国统计系统。

再次,创建和实施 NSDS,有助于更深入地了解用户需求,使本国统计系统更好地满足用户需求,为社会提供更多的优质统计服务。NSDS 强调统计为用户服务的功能,实施 NSDS 必须全面评估用户对统计产品的需求状况,认识用户需求的发展变化趋势,了解统计使用者的关注重点,同时强调如何通过更为协调、互动和高效的方式来满足这些需求。因此,NSDS 从如何更好地满足用户需求角度为开展统计能力建设提供了一个统一的综合框架。

第四,创建和实施 NSDS,为动员、利用和开发国内外资源全面支持本国统计发展提供了一个平台。官方统计机构作为政府机关的一部分,普遍面临着压缩财政开支、降低成本和提高效率的压力,在许多国家结果导致统计体系陷入了不堪重荷的困境之中,一方面,公众对统计数据的需求日益扩大,而对统计的可信度和权威性方面的信任不足;另一方面,由于统计系统可以动员和利用的现有资源有限,短期内改变现状的能力也极为有限,统计体系的发展面临着十分尴尬的境况。通过创建 NSDS,有助于在全国达成一种共识,更充分地理解统计系统的重要性,也有助于争取政治上的支持,从而获得更广泛的财政支持,动员更多的资源支持本国统计系统的发展。同时,实施 NSDS,还有助于从国际组织(如 PARIS21、IMF、世界银行等)以及国外一些政府与相关机构争取更多的资金与技术援助。

第五,创建和实施 NSDS,有助于进一步改善统计系统的形象,维护政府统计的权威性,全面提升统计的社会公信力。从发展现状来看,中国统计体系面临着一些新的形势,统计需求日益膨胀,统计供给能力增长有限,由于资源有限,统计机构不得不对资源的使用与统计产品的提供确定优先次序(priority),从而导致部分统计、部分领域非常薄弱,亟待改进。与此同时,由于统计部门目前存在的一些问题,如数出多门、虚假统计、官出数字等现象,使得社会对政府统计数据的权威性存在一些质疑。如何提升统计形象,更好地满足社会对统计产品与服务的持续需求,维护政府统计的权威性,显得极为迫切。理论上,创建 NSDS,通过战略性地设计和管理统计活动,有助于全面提升统计形象,改进统计服务。

(二)国家统计发展战略:基本原则

一般而言,一国不能轻率地实施 NSDS,而应该经过周密部署、详细设计,有条不紊地开展。在 NSDS 实践当中,应该遵循以下一些基本原则:

1. NSDS 的覆盖面:国家统计

为了向社会提供统计产品和统计服务,世界各国一般都建立起专家型的政府统计机关,专门负责开展统计活动,同时负责全国统计系统的整体协调。但是,即使在采用完全集权式统计体系的国家中,由中央统计机构负责全国性的调查与普查,也可能存在数个不同的统计机构,分别承担各种不同的统计职能。例如,中央银行编制和发布货币与银行统计,财政部编制和发布政府财政统计,教育部开展教育统计。此外,还可能存在一些半官方的统计机构。NSDS 强调国家整个统计体系的能力提升,加强各统计部门与机构之间的协调一致,并与国际接轨,因此,在创建和实施 NSDS 的过程中,采用"国家统计"的概念将更为合理,应尽可能地将所有与统计有关的部门、机构和人员都纳入这一战略规划当中。

NSDS 的覆盖面尽可能宽具有明显优势,一方面,覆盖面宽的 NSDS 过程能促进更广泛的统计协调与合作,减少跨部门统计的重复工作,增进国家统计体系的整体效率;另一方面,将覆盖面拓宽到包括用户感兴趣的主要数据集,有助于促进统计供给与需求的匹配,获取更广泛的社会共识与支持。实质上,国家统计也是 IMF 数据公布通用系统(GDDS)背后的一个关键原则。国家统计的概念涵盖了一国所有的非市场统计工作(包括官方与半官方的统计机构),将主要的一些指标和数据集都纳入一个统一框架,采用一致的统计标准,使用协调一致的生产过程与数据发布体系,让用户确信数据的质量与完整性,这样也有助于提升一国统计系统的社会公信力。

2. NSDS 的关注重点:用户需求

为了保证国家统计发展战略的高效,NSDS 应该以用户需求为导向,属于用户友好型,由此实现最大化统计产品的增加值。为了更有效地服务于数据使用者,国家统计机构和职员需要明确自己向哪些用户提供数据,并与主要用户建立起常规的反馈机制,以此了解用户对统计的满意程度和用户需求。因此,NSDS 不能仅着眼于统计系统本身,必须将使用者纳入其中,兼顾统计的供给方和需求方,数据使用者是统计的真正客户,只有统计产品和服务适合用户需求,否则任何统计系统都无法可持续地发展。

通常而言,政府统计的使用者非常多,而且具有不同的层次,诸如:政府机构和准政府机构、科研单位、民间机构、企业、国际与地区组织、媒体和公众等。实施NSDS,一个重要原则就是要求统计机构与各类数据用户充分沟通,建立并保持有效的协调机制。实际上,用户在国家统计发展战略中扮演着重要的角色:(1)以用户需求为导向的NSDS,有助于增进社会公众对政府统计发展政策和相关统计标准、规则、法规等的理解;(2)用户需求可以帮助统计系统设定生产统计产品的优先次序;(3)用户需求可以澄清收集统计数据的目标与要求;(4)用户可以帮助统计机构选择统计数据的最佳传输、发布方式。

3. NSDS的关键所在:过程管理

作为发展本国统计体系和提升统计能力的战略性规划,设计NSDS仅是实施国家统计发展战略的第一步,最为关键的步骤是如何有效地实施战略,取得预期效果,实现最终目标。因此,必须加强对NSDS过程的管理,对不同阶段的行动计划做出详尽的安排,审慎实施,并针对每一阶段的行动效果进行细致评估,同时充分关注形势的变化,及时调整规划,以应对不断变化的环境。在这一过程中,一方面应尽可能地争取政治支持,经验表明,NSDS如果得到政府高层领导的支持或倡导,能够得到更多的财政支持,获得足够的经费,同时也更有利于吸引社会捐赠与国际援助,增大该计划成功的可能性。另一方面,实施NSDS必须尽力争取社会公众的支持与拥护、识别利益相关者,包括一些非政府组织(NGOs)、商业部门、民间社团组织和学术界等,同时加强对咨询顾问的管理。

4. NSDS的行动导向:与国际标准接轨

针对国家统计体系发展进行战略规划时,应考虑不同层次使用者的需求,包括地区层次、国家层次、国际层次和区域层次。在当今经济全球化的背景下,各国之间经贸关系日益紧密,对外依存度大大提高,国际交流的深度与广度都空前加大,这就要求各国统计部门广泛采纳国际统计标准,以便于国际间的经济交流与统计分析比较。而且,各国一般都有向国际组织或地区组织提供统计数据的义务,例如,所有签署了2000年联合国千年宣言的国家,都需要提供有关千年发展目标(MDGs)进展情况的常规报告。一些区域性组织,如南非发展共同体(Southern African Development Community,SADC)和加勒比共同市场(Caribbean Common Market)等,也都要求成员国协调各自的统计体系,提供相关的主要统计数据报告。因此,NSDS强调要增进本国统计活动与国际标准接轨,相互协调一致。

5. NSDS的实施保障:全面沟通与协调

除了中央政府机关、地方政府之外,一国的统计体系还有众多的其他利益相关者,如捐赠者、社会组织、普通公众、独立分析人员等,NSDS设计团队应该自始至终让所有利益相关者充分了解相关信息,就关键问题进行沟通,为战略建立达成广泛共识,以争取更多的支持(包括人大等权力机关、捐赠者和一般公众),并通过广泛宣传让那些没有直接参与 NSDS 设计过程的人也培育起对 NSDS 的占有感,扩大 NSDS 的共识基础。

实施 NSDS 需要加强与各利益相关者之间的沟通,建立有效的协调机制。这样,一方面,可以向他们介绍 NSDS 的相关管理原则,向参加者介绍相关工作的国际原则、指引、标准、框架和概念;另一方面可以就国家统计系统满足用户信息需求的成效与改进方向开展咨询,获得更多的用户需求信息,辨别当前统计体系存在的优势与不足之处,以采取相应的改进举措。针对不同的对象,可以采用不同方式进行沟通,传递相关信息,例如,向利益相关者定期发送说明与通讯,汇报进展情况,邀请他们参加座谈、评论或提出建议,以及各类媒体,包括向记者发布新闻稿和召开新闻发布会、广播和电视访谈、张贴宣传广告等。

(三)国家统计发展战略:核心要素

NSDS 不是一个常规的方案,它必须既关注统计系统短期绩效的改善,又关注长期绩效的改善,绩效管理的理念要求我们改变传统的统计发展观,从战略的高度上建立新型的统计发展观。依据 PARIS21 提出的标准,在制定国家统计发展战略时,以下一些核心要素值得特别关注:

第一,NSDS 应该纳入国家发展的中长期战略规划与政策过程之中系统设计,有效实施。因此,NSDS 应该获得政府高层支持和拥护,将 NSDS 融入国家发展政策的主流,如设计、监控和评价国家中长期发展规划、反贫困战略、行业发展战略和其它发展计划等,与这些发展战略或规划结合起来,系统设计,通盘考虑。政府统计应以数据需求为中心,以用户为中心,属于用户友好型,能够根据用户的信息需求与偏好及其变化做出快速准确的反应,以此提高整个社会的决策与管理效率。某种意义上说,官方统计实质上是一种公共品,因此,NSDS 应该从政府预算中获得充足的经费支持,当然,有关机构和部门也应设法争取更多的社会资金与国际资金支持。此外,NSDS 应该在国家的层面上开展,包括文化和制度的配套改进,特别是在统计立法方面做出适当的调整。

第二,创建和实施 NSDS,旨在系统提升国家统计能力,因此其内涵非常丰富,一条重要的原则就是应该符合质量评估标准,有利于促进以绩效为基础的管理原则的推行与付诸实施,为此,NSDS 应该大力倡导质量至上的统计文化,强调绩效管理的理念。

在设计 NSDS 过程中,应该引入绩效管理的原则,设计一系列的绩效指标(如统计信息的供给、货币价值、用户满意度、对政府政策的支持率、信心度)来管理和评估具体的实施工作,并制定相应的绩效报告、监控和评估的计划。同时,NSDS 应该遵循联合国官方统计基本原则中所提出的价值观和原则,采纳国际标准,借鉴其他国家的先进经验,利用全球的知识资源,倡导国际间的协调一致,生产高质量的统计数据(产品),以此来赢取使用者的信心。

第三,实施 NSDS,首先应对本国统计体系的发展现状开展系统评估,明确需要如何发展统计体系以及怎样实现这些发展。在 NSDS 的设计与实施过程中,必须维持统计体系的正常运行,采用国际通行的标准对国家统计体系(NSS)现状进行评估(Where are we?),提出国家统计体系发展的愿景(Where do we want to go?),以及实现愿景的战略(How do we want to get there?),阐明统计系统目前所面临的制度与组织约束,整合有关统计工作的各种计划与方案,有针对性地改进现存问题和不足,以提高本国统计发展水平。

第四,NSDS 必须提出一个综合的统计能力建设方案。创建 NSDS,目的在于提升统计能力,改进统计绩效,所以设计时应该针对用户需求,提出系统地统计能力建设战略规划,这种规划应该是现实可行的,注重实效并富有弹性的,能够从容地应对用户偏好次序的变化、新的信息需求,并能根据实践获得的经验及时做出调整。在过去的实践中,统计部门往往容易忽视对统计数据的开发利用,仅停留在提供和发布数据的层次,NSDS 应当重视如何通过分析、发布、宣传和用户教育等途径将统计转变为信息,提高社会对统计数据的利用能力,这也是统计能力建设的应用内容之一。基于能力建设的要求,NSDS 不应仅仅是一个工作计划,还应包括一套绩效评估指标(How do we know we have arrived?),同时包括一套有关领导与管理、经费管理、人力资源、沟通机制、基础设施(如信息技术)、数据发布的次级战略,以及有关技术工作领域(如国民核算、贫困统计和卫生保健统计)的次级发展战略,并提出相应的战略实施方案与工作时间表。

第五,NSDS 作为一个长期的战略性规划,必须做到内容综合、逻辑一致,覆盖整个国家统计体系,包括数据采集、分析、传输和使用,从普查、抽样调查、重点调查到行政系统纪录,也包括协调与咨询机构,但是要尽可能避免与其它民间机构或组织的统计体系重复,在国家的层面上真正构建起一个高效的统计体系,并为统计的长期、可持续发展提供平台。

第六,创建和实施 NSDS,应该重视成本—效益分析,力争以最小的投入获取最佳的效果。在实际统计工作中,由于传统政绩观的影响,粗放式的发展模式下往往只重投入不重产出。实施 NSDS,应该特别重视在一定的资源投入下如何争取更大的产出,配合 NSDS 中规划设计与工作计划提出详细的经费预算,列明经费筹集渠道。现实的做法是从统计产出角度着手,针对每一统计产品改进计划或新统计产品计划提出经费预算,即根据用户对统计的需求确定一个现实的经费收支计划(考虑到用户偏好、工作连贯性和成本—效益分析,例如,比较了编制数据时行政来源与样本调查来源等各种替代方法之间的成本效益差异)。

三、国家统计发展战略的实施:过程管理

战略成功与否不仅仅取决于设计,一个好的战略可以是写在纸面上的,但决定战略成功与否的关键在于对它的执行。战略实施是适应环境条件的变化不断做出调整的动态决策与行动过程,也是一个对未预料的事件及时做出反应、不断寻求成功机会或减少失败损失的"探索"性逻辑过程。因此,创建和实施 NSDS,应该高度重视对战略过程的管理。

实施 NSDS,必须充分考虑本国的现实条件,尽可能争取国际技术、经费援助,利用有限资源投入实现统计绩效的最大改进。好的战略准备工作要求是一个非常细致的过程,并对主要阶段与要素做出客观分析。理论上,各个阶段持续的时间将取决于多种因素,包括需要战略的紧迫性程度、政府决策效率、国家统计体系的复杂性程度等。NSDS 过程始于对统计系统现状的评估,并为统计体系的发展描绘一个愿景或蓝图,即明确我们希望在未来某些时点上统计体系要达到的目标,然后说明如何通过采纳相应的行动计划以实现这些目标,并确保这些改进的可持续性。很明显,这一过程不是线性的,有效的战略管理是一个连续的过程:常规的反馈、监控、根据条件与用户需求的变化而做出修订。

各国在创建和实施 NSDS 时应该对战略过程进行细致周密的计划和管理,完整的 NSDS 过程一般包括若干阶段,从创建 NSDS、制定路线图、诊断和提出愿景、制定战略到确立行动计划,最终实施 NSDS,每一个阶段都包含了大量的细致工作。从实施步骤上看,重点应考虑以下五个阶段:

(一)创建 NSDS,制定路线图

这一阶段的主要任务是做出决定和制定计划,即创建 NSDS,最好由政府通过正式决定以开展 NSDS,这样有利于广泛宣传,可以引起社会对统计工作的重视。

在国家统计发展战略开展过程中创建 NSDS 是非常关键的一步,实际上所有其它阶段的成功一般都依赖于本阶段所制定的计划能够被正确执行。在这一阶段中,应该就 NSDS 相关内容做出非常详细的规定,诸如阶段划分、行动时间表、沟通与报告机制、经费问题等。

一旦做出决定后,筹备 NSDS 工作的机构通常应将战略设计过程画出图示,制作一个详细的 NSDS 路线图(Roadmap),阐明主要的阶段和过程。政府应充分重视 NSDS 的设计工作,一个好的战略规划是保证 NSDS 实施成效的重要前提条件。理论上,一个好的战略通常应达到以下要求:

(1)在统计体系内建立所有主要利益相关者的磋商与协调机制,包括统计的生产者和使用者,争取最广泛的支持与参与。

(2)对统计体系的现状进行全面评估,包括用户期望、现有的改进计划。

(3)提出明确的愿景(Vision),阐明政府与其他利益相关者对未来统计体系的共同期望,明确所要达到的目标。

(4)明确了为超越限制实现愿景或蓝图应采取的战略行动,包括行动的优先次序。

(5)制定详细的行动计划与时间表,以及财务计划,用以将战略行动付诸实施,取得预期效果。

(6)明确监控 NSDS 进程的机制,包括相关的绩效指标、以及报告战略需要更新与修订的信号。

(二)国家统计体系的现状评估

受社会经济发展水平的限制,各国统计系统的发展水平参差不一,实施 NSDS 首先应对本国统计体系的发展现状进行评估。从方法上看,对国家统计体系的现状评估既可以采用单项评估,如用户需求、统计产品、统计立法、统计机构与组织等,也可以采用综合评估,实践中多数国家都同时采用单项评估与综合评估。一般而言,评估的内容主要包括:

1. 评估用户的满意度及其对统计的需求

现实当中,用户的某些统计需求可能因无法得到相应的统计数据而被压制,而且,用户需求与偏好次序本身总是不断变化的,为了捕捉这些变化,要求统计部门与用户保持持续的沟通和对话,并建立相应的机制。用户需求评估主要应了解:(1)用户如何使用统计数据;(2)所需统计数据的可得性;(3)用户对现有统计的相关性、精确性、一致性、完全性、及时性与易得性等方面的评估;(4)用户当前的统计需求和已察觉到的未来需求及其对统计产品的偏好次序,存在的数据缺口在哪;(5)用户与数据生产者的关系。

2. 主要统计产品的质量评估

识别了用户需求,下一步就是要评估现行的和计划中的政府统计产品与用户需求之间的差距,以及主要统计产品与被认可的质量标准之间的差距。在实际操作中,应参照被认定的标准,如数量质量评估框架(DQAF)或统计能力建设指标(SCBI)质量标准等,对各主要统计产品进行评估,并根据评估结果作必要的更新和修订。

3. 与统计活动有关的法律与组织的评估

对与统计活动有关的法律与组织开展评估,主要包括两方面内容:统计的外部环境与统计的组织机构。对国家统计系统(NSS)外部环境的思考,主要是统计的法律和制度环境状况,评估时应该区分和评价经济、社会、政治、法律和技术环境,这些都可能促进或制约统计系统的有效性。对统计组织的评估,评估的对象一般包括:统计生产者之间、统计生产者和使用者之间的联系和协调,NSS 对统计产品优先次序的设置;NSS 是如何管理的及其优势、劣势、机遇和挑战;政府中统计部门的地位(例如,作为独立或半独立机构,或者是作为政府部门的一部分);人力资源政策,如职员发展与知识管理;统计机构的经费来源等。

4. 统计体系的 SWOT 方法评估

SWOT 分析(Strengths, weaknesses, opportunities and threats:优势、劣势、机遇与挑战)是一种对统计系统进行综合评估的重要方法,目的在于识别本国统计发展所面临的机会与挑战。联合国《统计组织手册》提供了国家统计组织方案的模板,为 SWOT 分析提供了基准,对国家统计体系的优势、劣势以及所面临的机遇与挑战进行系统分析,有助于发挥优势,规避劣势,抓住机遇,更好地迎接挑战,迅速提升国家统计能力。

(三)提出愿景、使命

在有效评估的基础上,NSDS 设计者应该就本国统计系统的使命与愿景达成共识,明确提出本国统计体系的发展目标,并尽可能采用文本方案来表述愿景、使命与目标。所谓使命(Mission),是指组织或系统所要做的事情。所谓愿景(Vision),是对统计体系提出的蓝图,即对未来统计体系将走向何方(目标)提出的设想。

设计与实施战略规划,目的在于履行使命,实现愿景。一般而言,使命要回答这样的问题:我们的职责是什么,以及为什么我们作为一个机构或体系而存在?对于使命的表述,应该表明目标、用户、产品或服务、市场,以及统计系统实现愿景所用的理念和基本技术。对于一国国家统计机构,使命一般在统计法中阐述,同时也是对统计活动的一种命令或指示。愿景描绘了所期待状态的一个美好图景,通俗地说,是要回答这样一个中心问题:长期来看,如未来5—10年后,我们要变成什么样子?"愿景"的好处就在于,它是对"打破限制"的一种思考,明确了目标与方向,培育人们的兴趣与认同,鼓动和建立起信心。

(四)制定战略实施计划

在战略实施的过程中,NSDS 描述的一般规划需要具体化为详细的行动计划或工作方案,也就是要制定出切实可行的实施计划,明确需要做些什么,什么时间做,由谁来做,而且,行动计划应包括详细的成本分析、总体预算、筹资方案,并针对每个由评估所得出的战略问题提出相应的行动举措,以实现预期的目标。具体而言,实施计划主要应包括以下内容:

(1)对 NSS 整体和关键机构管理框架开展的改革计划,即对统计系统与关键机构进行调整与改组,改善统计形象,提高工作效率,诸如:修订统计立法,更好地体现官方统计基本原则;建立国家统计体系协调与管理机制;提升统计机构在政府中的地位等。

(2)统计生产与管理方面的改进计划,例如,针对如何改进行政数据的收集与管理、开展新的调查与普查以填补现存的数据缺口、增加编制和发布季度 GDP 与绿色 GDP、改革调查制度、加强数据分析与报告、改进数据发布方式和统计产品的设计等各种问题,提出具体的行动方案。

(3)统计基础设施的投资与改进计划,诸如办公场所、信息和通讯技术、数据库建设、互联网站等的完善与建设方案。

(4)人力资源发展计划,例如,新职员的招聘与统计工作入门培训、以及老职员(包括管理者、专业统计师、其他专业人员等)的职业发展规划等。

(5)成本预算计划,实施 NSDS 的一个重要前提就是要进行细致的成本分析,建立战略实施预算,在有限的资源投入下争取最佳的效果。

(五)战略实施、监控和评价

NSDS 若要获得成功,不仅要设计得好,而且要实施得好,为此,必须加强对战略实施过程的管理。由于 NSDS 时间跨度较长,而社会经济形势总是不断发展变化的,环境的变化对NSDS能否成功起着决定性作用。一个好的战略规划,无疑必须是一个富有弹性的机制,能够应对各种变化,对实施过程中碰到的新问题和新情况做出适当反应。因此,战略实施过程要求NSDS能够应对各种变化的情况,对实施进程进行有效地监控和评价,在必要时做出相应的调整和改进。

1. 战略实施的管理

NSDS的实施可能使众多的统计机构产生变化,如承担一些新的功能或职责,在实施NSDS过程中应加强管理,应对各种可能发生的变化,在战略实施与应对变化的过程中不断提高NSDS核心领导小组与相关机构的管理能力。同时,对战略实施的管理还包括经费筹集与财务管理的内容,以及对职员的雇用和激励问题。

2. 战略实施的报告

在战略实施过程中,及时地报告阶段性行动计划的实施状况,将有助于提高后续行动的效果,这也是一个战略学习的过程。因此,在战略实施过程中,需要建立一个有效的管理和说明框架,定期或随时报告NSDS的实施进展状况,这种框架包括绩效指标的选取和相应的报告机制。

3. 战略实施的监控

依据战略理论,对战略实施进程及其效果进行监控是必不可少的。通过对战略实施进程的监控和绩效指标跟踪,监测战略实施过程中的投入、行动和产出,分析预定目标的实现情况,管理者可以获得有关NSDS向既定目标前进中所处位置的图景,总结经验,采取正确行动,在必要时对战略进行修订。

4. 战略实施的评价

在实施NSDS的过程中,每当阶段性的行动计划完成之后,都应尽可能对前期行动效果进行评估,特别是进入战略规划的中期后,必须进行战略评价,主要内容包括评估NSDS实施过程中成功之处在哪,面临的制约因素有哪些,特别是要全面评估战略实施以来既定目标的实现情况,为下一步行动总结经验或教训。

四、国家统计发展战略:若干参考框架

从国际上看,受社会经济发展条件的约束,各国统计发展水平不一,在制定与实施NSDS过程中各国起点也并不相同,多数发展中国家都已开展了相关一些统计能力建设方案,少数国家则需要从零做起。联合国、IMF、世界银行、PARIS21等国际组织与机构在过去数十年来提出并推行的一系列框架与文件为创建和实施NSDS、加强统计能力建设提供了坚实的理论基础。这些参考框架主要可以划分为

四个层次：

第一层次是有关国民核算的国际准则。这类准则主要包括《国民经济核算体系》(SNA)、《国际收支手册》(BOP)、《政府财政统计手册》(GFS)、《货币与金融统计手册》(MFS)等，为各国宏观经济统计数据的编制提供了国际标准。

第二层次是有关统计组织的方案与框架。1954年，联合国出版了《统计组织手册》，1980年《统计组织手册》第二版修订完毕并付诸出版。1999年，在一次由IMF与联合国共同主办的数据质量研讨会上，几个国家要求对1980年《统计组织手册》进行修订。为应对这一要求，联合国编写了《统计组织手册(第三版)：一个统计机构的运作和组织》。联合国《统计组织手册》集中体现了现代统计体系组织和管理的基本思想和基本实践，对于发展中国家统计体系的改革和发展具有重要参考意义。

1994年4月11日至14日在纽约举行的特别会议上，联合国统计委员会通过了《官方统计的基本原则》，确立了政府统计体系如何生产能够赢得使用者信心的高质量统计产品所必须遵循的基本观念与指导原则，对各国官方统计体系的组织提供指导。

第三层次是有关统计数据方面的技术标准。20世纪90年代中后期接连爆发的金融危机，引发了各方对官方统计重要性的广泛共识，普遍认为需要制定详细、明确的标准供不同国家改进各自的统计体系。IMF根据《官方统计的基本原则》发展了官方统计数据生产与传播的指南，于1996年制定了数据公布特殊标准(SDDS)，为参与国际金融市场的国家提供了关于官方经济与金融统计生产和传播的指导性框架。1997年，IMF进一步提出了数据公布通用系统(GDDS)，面向所有国家，针对更为广泛的宏观经济、金融、社会人口领域，关注如何改进统计数据的发布与传播。截止2004年9月，全球共有76个国家参加了GDDS，57个国家签署了SDDS。此外，IMF制定了数据质量评估框架(DQAF)，提供一个比GDDS更详细的结构，用以评估统计数据的质量。

第四层次是统计能力建设与国家统计发展战略方面的文件与框架。PARIS21在DQAF的基础上，提出了统计能力建设指标(SCBI)，帮助各国识别与评估本国统计系统的优势与劣势，制定通用的国家统计能力评估标准，以便于各国之间的合作与协调。

2004年11月，PARIS21秘书处通过了《国家统计发展战略设计指引》，为各国制定和实施国家统计发展战略提供理论指导与实践指南。该指引主要包括九方面内容：(1)发展中国家现行统计体系概览，为什么许多国家都希望发展NSDS；(2)

战略规划方法的概要;(3)NSDS的主要内涵;(4)对NSDS过程所需领导与管理的评估;(5)在各个实施阶段中,对咨询的需求与有关的利益相关者;(6)对统计体系的评估,以及主要方法与过程介绍;(7)描绘统计体系中、长期发展蓝图的必要性;(8)如何准备具体的实施计划与方案;(9)从计划到实施的过渡,特别是对实施进程的监控与报告。

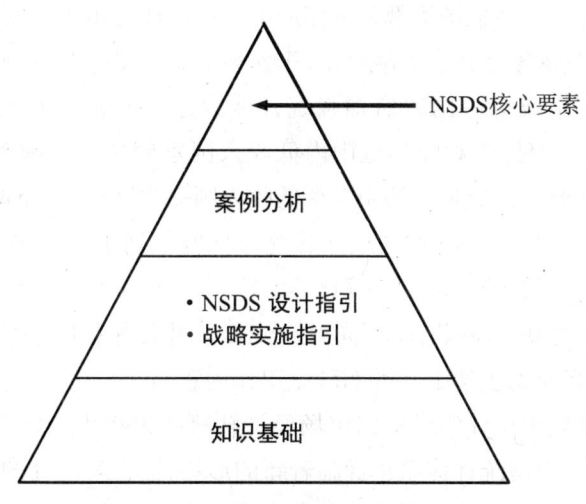

图1 NSDS知识金字塔

此外,PARIS21围绕国家统计发展战略问题建立了一个内容丰富的知识库,为各国提供智力支持。如图1所示,该库呈金字塔形,主要包括四个部分的内容:(1)处于塔基的是知识基础部分,主要提供有关NSDS的大量文献,目前已形成了一个包括四个领域的虚拟图书馆:①一般背景文献(如联合国官方统计的基本原则等);②有关NSDS设计的文献(如关于SWOT分析、利益相关者分析、用户需求评估、数据质量评估的指南);③战略实施方面的文献;④有关国家战略方面的文献。(2)关于NSDS设计和战略实施的指引,这部分内容是PARIS21为各国开展NSDS过程的具体操作提供理论与实践指导的直接文献,解释了NSDS的背景理论、逻辑,提出了关于战略规划、评估、咨询、成本、经费筹集和战略实施等方面的一些重要原则。(3)处于中上部的案例分析部分,为国际、国内政策制定者和NSDS工作人员达成共识、积累经验提供相关资料。(4)金字塔最上端的是NSDS核心要素,为NSDS设计提供了一个基本框架,并为NSDS方案设计和实施过程中的质量评估提出了基本原则。

NSDS方法是在已有的众多方案(如GDDS、SDDS、DQAF等)基础上发展起来的。各国在制定国家统计发展战略过程中可以充分利用已有的这些框架、原则,并借鉴各国的有益经验,这对其创建和实施 NSDS 非常重要。

五、结束语

随着经济与社会的发展,各国政府越来越认识到,良好的统计是社会经济健康发展的必要条件之一,多数国家都采取相应的举措以改进本国的统计体系,提高统计系统的效率。自国家统计发展战略(NSDS)概念提出来以后,受到各国政府的高度重视,NSDS 逐渐成为各国政府加强统计能力建设的核心方案。2006 年 4 月 PARIS21 发表的一份报告对国际范围内低收入国家创建和实施 NSDS 的进展情况进行了总结,在该报告所观察的 105 个低收入国家中已有 34 个国家实施了促进统计发展的战略规划,一些早先已经开展统计发展规划工作的国家,在 PARIS21 的相关技术支持下纷纷开始将原计划升级,转而采纳 NSDS 方案;54 个国家正着手准备 NSDS,进展快慢各国有所不同;另外 17 个国家尚未开展相应的工作,但其中一些国家也已经明确表达了开展 NSDS 工作的意向。

当前,中国正处于从计划经济向市场经济转轨的过程中,经济飞速发展,全球化趋势日益加快。中国统计体系正面临着新的形势,社会对统计的需求日益增大,科学发展观、可持续发展、建设和谐社会等战略与政策的实施对统计体系提出了新的要求与挑战。因此,制定和实施国家统计发展战略,全面改善统计体系的绩效,提升统计能力,已是摆在统计理论与实务工作者面前的一项重要工作。

中国设计与实施 NSDS,应立足于改革、开放、创新,充分借鉴其他国家和地区的经验,快速实现统计进步,为社会提供更多的高质量统计产品与更好的统计服务。在实施国家统计改革与发展战略过程中,中国应充分利用外部的技术、智力和资金支持,与联合国统计委员会、IMF、PARIS21、世界银行、欧盟统计局等国际组织与机构紧密合作和交流,并通过国际间双边或多边交流与合作等方式,争取更多的外部技术、资金支持与援助,以加快本国统计能力建设的步伐,早日实现统计现代化。

参考文献

[1] Fellegi, Ivan P. Characteristics of an Effective Statistical System. Morris Hansen Lecture[J]. Statistical Journal of the United Nations,1996(13).

[2] PARIS21 Secretariat. Preliminary Worldwide Progress Report on National Strategies for the Development of Statistics (NSDS)[EB/OL]. www.

paris21.org. 2006.

[3] PARIS21. A Guide to Designing a National Strategy for Development of Statistics (NSDS)[EB/OL]. www.paris21.org.2004.

[4] 长永山贞.官方统计的未来.上海统计[J].1996(7):14—16.

[5] 联合国.统计组织手册(第三版)(中译本)[M].北京:中国统计出版社,2003:11—25.

[6] 邱东.谁是政府统计最后的东家?[J].统计研究.2002(7):52—54.

[7] 权贤佐.转轨时期的中国统计:矛盾、冲突和出路[J].统计研究.2001(9):8—14.

[8] 世界银行课题组.中国统计体系改革发展战略研究报告[A].中国统计体系改革发展战略国际研讨会.2005—11—21:21—36.

[9] 文兼武.当前官方统计关注的若干重要研究领域[J].统计研究.2001(6):3—7.

[10] 中外统计体系比较研究课题组.中外政府统计体制比较研究[J].统计研究.2001(3):3—11.

国家统计发展战略的实施模式与实践进展

摘要： 国家统计发展战略已成为统计能力建设的核心平台，实施国家统计发展战略一般有单部门模式和全系统模式两种方式。从国际上看，在PARIS21、世界银行等国际组织的积极推动下，多数发展中国家已开展国家统计发展战略工作。目前，中国已经初步完成国家统计发展战略规划的编制工作，下一步工作的重点是按全系统模式制定详细的战略实施行动计划，尽快推动国家统计发展战略的采纳和实施。

近年来，在由联合国、世界银行等发起设立的21世纪促进发展的统计伙伴关系（PARIS21）及其他国际组织的倡导下，旨在提升统计能力的国家统计发展战略（NSDS）问题备受关注，成为一国加强统计能力建设的核心平台，制定和实施NSDS已成为各国政府加强统计能力建设的核心政策。陈梦根（2008）从设计的角度对NSDS的内涵、基本原则、核心要素和工作步骤等内容作了系统阐述。本文将从实施的角度进一步探讨NSDS的实施模式、实践进展和国际经验，评估中国开展NSDS工作的行动进展，并对中国加快实施NSDS和加强统计能力建设提出若干政策建议。

一、NSDS实施模式

NSDS旨在设计与实施一个发展统计的国家战略，以提高统计能力，改进统计体系的绩效。NSDS覆盖整个国家统计，遵循战略管理和公共统计的通用原则，为一国加强统计能力建设指明了途径，是一国为发展统计所实施的未来4—5年的一整套战略举措和一系列行动计划（PARIS21，2004）。各国在创建和实施NSDS时应对战略过程进行细致周密的计划和管理，如图1所示，完整的NSDS过程一般包括以下五个环节：(1)创建NSDS、制定路线图；(2)国家统计能力评估；(3)提出国家统计体系发展的愿景、使命；(4)制定NSDS实施的行动计划；(5)战略实施、监控和评价。NSDS每一个阶段都包含大量的细致工作，创建和实施NSDS必须高度重视过程管理。好的战略关键在于执行,通过采纳相应的行动计划以实现战略规划目标,并确保这些改进的可持续性,战略实施是 NSDS 过程管理中最重要的环节(陈梦根,2008)。实施 NSDS 一般需要政府强有力的政治支持来加以推动,动员更多的资源支持,才能取得最大成效。

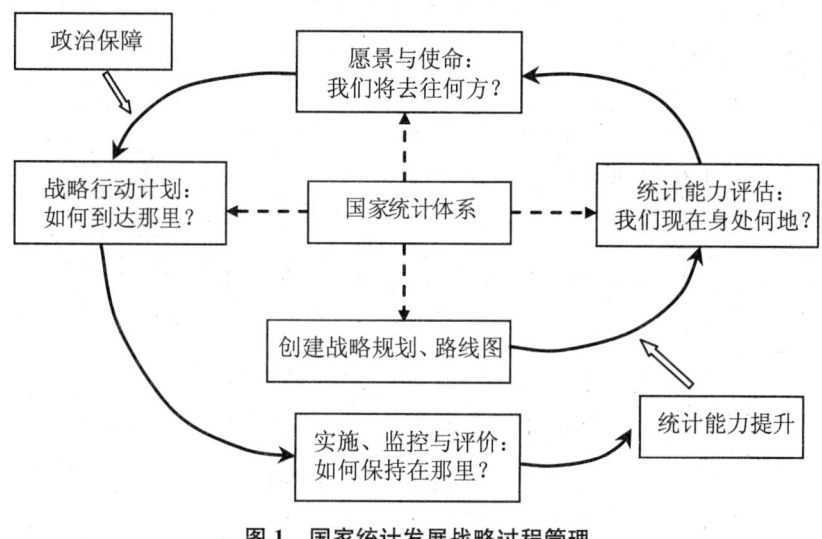

图1 国家统计发展战略过程管理

从实践上看,实施 NSDS 主要有两种模式:

1. 单部门模式

所谓单部门模式(Sector-wide approach),是指特定部门为了提升能力和改善服务供给,在本系统整体或局部领域实施发展战略规划的一种形式。在该模式下,发展战略规划一般由本部门统一领导,包括经费收支和政策部署,教育、医疗卫生和农业等领域实施发展战略规划时常常采用单部门模式(PARIS21 Secretariat,2007)。该模式的主要特征有:(1)战略规划仅限于覆盖本部门,政策框架保持前后一致;(2)本部门最高行政机关领导战略制定与实施过程;(3)利益相关者和捐助方纳入本部门战略规划体系;(4)部门内采用统一的战略实施机制和行动计划。

2. 全系统模式

所谓全系统模式(System-wide approach),是按一定程序以跨部门的综合、协调的方式实施某项战略规划的形式。在全系统模式下,NSDS 一般从国家(统计委员会)的层面来开展相关工作。全系统模式的关键要素包括:(1)制定了一个清晰的 NSDS 规划文本,并获得强大的政治支持,由国家层面的机构领导实施;(2)跨部门对话协调机制,增进各部门统计工作的共识和一致行动;(3)与利益相关者的磋商机制,包括用户、捐赠者、独立研究机构等;(4)组织保证,包括人员培训和机构调整方案、组织结构与制度框架(法律、政策、制度文化、管理变化的能力);(5)绩效监测系统,测度、评估与报告统计系统进步(强化可计量性);(6)与战略规划对应的中长期预算方案,对战略资源做出系统安排,包括融资机制、政府预算及会计审计系统。从目标上看,所有关键要素旨在可持续地提升国家统计能力,改善本国统计产品与服务(见图2)。

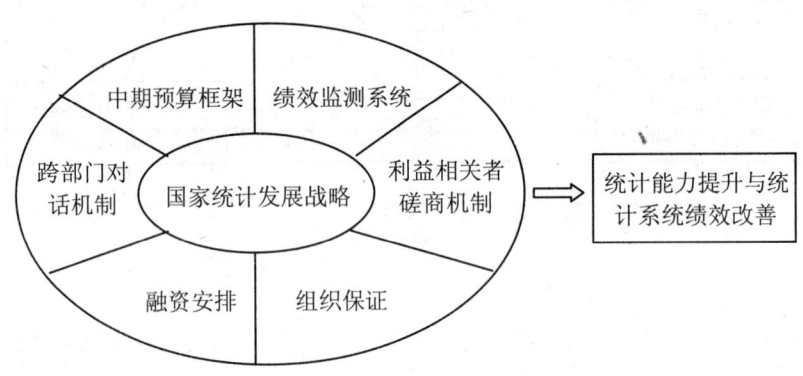

图2 全系统模式的关键要素

在全系统模式下,NSDS 高度重视监测、评估和报告工作,以便及时了解战略实施的动态进展(PARIS21 Secretariat,2007)。具体包括以下内容:(1)战略规划与工作计划的执行情况(包括统计协调机制的功能发挥状况);(2)(统计局之外的)其他部门统计发展战略实施的效果;(3)投入、行动和产出;(4)财务管理系统;(5)统计能力建设的结果;(6)最终结果或影响(如减贫目标是否实现或国家发展规划实施状况以及社会影响等)。

3. 优劣比较

一般地,采用单部门模式实施发展战略的好处在于:(1)规划实施具有强有力的行政控制,战略成功的概率更大;(2)便于资源分配和政策实施,降低协调成本;(3)战略实施报告与反馈路径明确,减少多头报告和部门协调工作,降低交易成本,避免重复劳动;(4)便于在较短时间内取得成效,增加改革的动能和政策砝码。若一国统计行政部门涵盖了本国统计体系的主体或绝大部分业务,实施 NSDS 可以采用单部门模式,或者是针对某个统计项目的改进方案(如房价统计改进项目、CPI 统计改革方案等),也可以采用这一模式(PARIS21 Secretariat,2007)。

对多数国家而言,统计系统不同于教育、医疗卫生和农业等部门,这些部门业务更多地局限于本部门之内,而统计工作与其他部门的联系更紧密,财政、金融、教育、农业、医疗卫生等部门一般都有相对独立的统计业务和机构（PARIS21 Secretariat,2007）。NSDS采用单部门实施模式缺点明显：其一，规划方案仅从本部门出发，未能考虑其他部门统计需求，对统计发展（包括愿景、目标、产品、服务等）不易形成更广泛的共识；其二，缺乏与其他部门统计工作的协调，难以建立一致性框架来指导统计工作，易造成重复建设；其三，单部门模式下NSDS可能与国家其他发展规划、其他部门统计发展方案脱节或步调不一致，可持续性较差。全系统模式着眼于一国整个统计体系，不仅包括以国家统计局或统计办公室形式存在的综合统计系统，也包括存在于金融、财政、海关、教育、医疗卫生、农业等职能部门或专业领域中的统计工作系统，通过实施协调一致的战略规划，全面提升本国统计能力。

在国际实践中，多数国家采用全系统模式实施NSDS（PARIS21,2004）。其优点在于：第一，由于统计工作分散于不同部门，各部门独立、分散地采取不同行动方案改进统计产品与服务，彼此缺乏沟通与协调，容易造成重复建设，全系统模式将国家统计体系纳入统一战略框架，有助于协调各部门行动，以有限资源最大限度地促进统计发展，提高统计资源利用效率；第二，全系统模式高度重视战略协调机制，有助于形成更广泛的共识，调动所有利益相关者的积极性，更妥善地确定、安排统计改革的优先次序，寻求最大公约数，实现统计能力建设的最优化发展；第三，全系统模式获得的认可度高于独立方案，有助于扩大（部门间）协同效应，确保NSDS与政府其他政策相一致，增强改革持续动力；第四，全系统模式着眼于从整体上提升一国统计能力，有助于提升统计改进行动的公众关注度，确保统计系统绩效改善的有效性和可持续性。

二、NSDS国际实践

（一）历程回顾

1. 早期发展阶段

为了帮助各国开展统计能力建设，联合国、世界银行、国际货币基金组织（IMF）和欧盟委员会于1999年11月18—19日在巴黎联合举办了一次会议，发起建立了21世纪促进发展的统计伙伴关系（PARIS21,2004）。此后，PARIS21与世界银行、IMF等国际组织一起倡导和帮助发展中国家创建和实施NSDS，以改善本国统计体系的绩效。2004年2月，在摩洛哥马拉喀什召开的第二届国际发展成果管理圆桌会议通过了《马拉喀什统计行动计划（MAPS）》，呼吁各国制定统计发展战略,为加强国家统计能力建设提供一个平台。

2. 快速推进阶段

2004年11月,PARIS21秘书处编制了《国家统计发展战略设计指引》,为各国制定和实施NSDS提供理论指导与实践指南,由此带动发展中国家进入设计与实施NSDS的高潮。PARIS21曾经提出的一个目标是要帮助所有低收入国家在2006年底之前设计NSDS,从2007年开始实施NSDS,到2010年能够生产千年发展目标(MDG)所涵盖的各种指标(邱东、宋旭光,2008)。与此同时,世界银行、IMF、联合国经社理事会、亚太经社理事会、欧盟统计局等机构也从不同角度或层面采取一系列措施,帮助各国政府改善统计系统的状况。

目前,多数欠发达国家都已积极开展NSDS规划工作,部分行动较早的国家已完成首期战略并着手准备下一期规划,如不丹、尼泊尔、汤加、萨尔瓦多、安哥拉、苏丹等,实施NSDS对提升本国统计能力成效显著(PARIS21,2010)。在2008年世界银行针对《马拉喀什统计行动计划》开展的一项独立评估中,高度评价了NSDS在改进监测MDG所需数据和提高发展中国家统计能力方面的作用。2009年11月16—18日,在塞内加尔达喀尔举行的PARIS21专题研讨会通过了《达喀尔宣言》,认为2000年以来的NSDS工作已经取得巨大成就,但仍有不少工作有待推进,并呼吁各国在2014年前应注重从制定战略规划转到执行这些计划。

(二)最新进展

1. 总体概况

PARIS21一直定期或不定期地统计、报告国际NSDS工作的进展状况,观察国主要包括国际开发协会(IDA)借款国(相对贫困国家)、下中等收入国家与部分上中等收入国家。统计表明,世界各国对NSDS工作普遍非常重视,非洲、亚太地区总体实施情况较好,涉及国家也较多,而拉美和加勒比地区进展较慢,欧洲涉及国家较少(PARIS21,2010)。其中,亚太地区多数国家都积极支持NSDS工作,并取得了明显成效,42个观察国中多数都已开展或计划开展NSDS工作,仅土库曼斯坦、朝鲜两国尚无制定NSDS的计划,占比为4.8%;非洲53个国家大多已开展NSDS工作,进展也较快,仅索马里因战乱和政局不稳尚无开展NSDS工作的计划;拉美与加勒比地区NSDS工作进展相对较慢,16个观察国中有5个国家尚无计划开展NSDS工作,占比为31.3%;欧洲各国普遍经济发达,统计体系发展水平较高,少数相对落后国家也积极开展NSDS工作,在PARIS21的统计中欧洲包括阿尔巴尼亚、马其顿、乌克兰、波黑、科索沃和摩尔多瓦等6个国家,都已实施NS-

DS。

根据 PARIS21 的最新统计,截止 2010 年 11 月,国际开发协会(IDA)79 个借款国中有 35 个国家正在实施 NSDS,占比为 44.3%;28 个国家正在设计或等待实施,占比为 35.4%;战略到期或没有但正计划制定战略的国家有 9 个,占比为 11.4%;尚无计划开展该战略的国家仅 7 个,占比为 8.9%(见表1)。其中,亚太地区 27 个观察国中有 11 个正在实施 NSDS,占比达 40.7%;8 个国家正在设计或已设计完成、正等待实施,占比为 29.6%;战略到期或没有制定战略但计划制定的国家有 6 个,占比为 22.2%;没有实施 NSDS 且尚无制定战略计划的国家仅 2 个,占比不到 10%。欧洲 3 个观察国均已设计或实施 NSDS。在拉美和加勒比地区 9 个观察国中,5 个已正式开展 NSDS 相关工作,占比为 55.6%;而另外 4 个国家尚无开展该战略的计划,占比为 44.4%。在非洲 40 个观察国中,仅 1 个国家没有开展 NSDS 的计划,占比仅为 2.5%;而有 36 个国家已经实施和正在设计或等待实施 NSDS,占比高达 90%。总的来看,IDA 借款国 NSDS 工作自 2004 年以来进展明显加快,特别是非洲和亚太地区实施情况较好,成效也最为明显,不少国家已完成首期战略并着手下一期规划。

表 1 国际开发协会借款国 NSDS 进展概况

地区	正在实施的国家		正在设计或等待实施的国家		战略已到期或没有但正计划制定战略的国家		没有且无制定战略计划的国家		总计
	数目	占比	数目	占比	数目	占比	数目	占比	
亚太地区	11	40.7%	8	29.6%	6	22.2%	2	7.4%	27
欧洲	2	66.7%	1	33.3%	0	0	0	0	3
拉美与加勒比地区	2	22.2%	3	33.3%	0	0	4	44.4%	9
非洲	20	50%	16	40%	3	7.5%	1	2.5%	40
总计	35	44.3%	28	35.4%	9	11.4%	7	8.9%	79

注:①表中各指标统计至 2010 年 11 月;②数据来源:PARIS21 发布的进展报告(PARIS21,2010)。

在 PARIS21 观察的 38 个下中等收入国家中,共有 20 个国家已实施 NSDS,占比为 52.6%;9 个国家正在设计或等待实施,占比为 23.7%;战略已到期或没有但正计划制定的国家有 5 个,占比为 13.2%;而尚无计划开展该战略的国家仅 4 个,占比为 10.5%(见表2)。从分地区情况来看,亚太地区 15 个观察国中有 3 个尚无开展 NSDS 的计划,1 个国家战略到期或没有战略但计划开展,11 个国家处于开展 NSDS 的不同工作阶段,已开展或计划开展 NSDS 工作的国家占比达 80%;欧洲 3 个观察国都正在实施 NSDS;拉美和加勒比地区 7 个观察国中有 1 个尚无计划开展 NSDS,另外 6 个国家已开展相关工作,占比为 85.7%;非洲开展 NSDS 工作的总体情况较好,13 个观察国中 9 个已开展相关工作,另外 4 个战略已到期或正计划制定。根据表 1 和 2 来看,IDA 借款国(相对贫困国家)与下中等收入国家 NSDS 实施情况大体差不多,前者中无开展 NSDS 工作计划的国家占比略低于后者。

表 2 下中等收入国家 NSDS 进展概况

地区	正在实施的国家		正在设计或等待实施的国家		战略已到期或没有但正计划制定战略的国家		没有且无制定战略计划的国家		总计
	数目	占比	数目	占比	数目	占比	数目	占比	
亚太地区	7	46.7%	4	26.7%	1	6.7%	3	20%	15
欧洲	3	100%	0	0	0	0	0	0	3
拉美与加勒比地区	5	71.4%	1	14.3%	0	0	1	14.3%	7
非洲	5	38.5%	4	30.8%	4	30.8%	0	0	13
总计	20	52.6%	9	23.7%	5	13.2%	4	10.5%	38

注:①表中各指标统计至 2010 年 11 月,下中等收入国家根据 OECD 标准定义;②数据来源:PARIS21 发布的进展报告(PARIS21,2010)。

2. 各国情况

(1)亚太地区。多数国家都积极支持国家统计发展战略工作,据 PARIS21 的统计,42 个观察国中不丹、印度尼西亚、吉尔吉斯斯坦、尼泊尔、塔吉克斯坦和汤加等 6 个国家实施的国家统计发展战略规划已到期,且不丹、尼泊尔和汤加已着手开展下一期的统计战略规划工作;阿富汗、阿塞拜疆、柬埔寨、印度等 18 个国家制订的国家统计发展战略正在实施,其中阿塞拜疆、约旦、蒙古、菲律宾和越南等国家已计划开展或正在设计下一期的 NSDS;亚美尼亚、孟加拉国、格鲁吉亚、伊拉克、基里巴斯、马尔代夫、密克罗尼西亚、缅甸、巴基斯坦、巴布亚新几内亚、所罗门群岛、斯里兰卡、泰国、图瓦卢和乌兹别克斯坦等 15 个国家正在设计国家统计战略规划或已有计划开展相关工作;仅土库曼斯坦、朝鲜两国尚无制订国家统计发展战略的计划(见表 3)。

表3 亚太地区国家统计发展战略进展情况

国家	现行战略(NSDS)			下期战略(NSDS)		减贫战略(PRSP)或国家发展计划时间
	状态	名称	时间	状态	时间	
阿富汗	实施	五年统计总体规划(SMP)	2004—2009	尚无计划		2008—2013
亚美尼亚	无战略		2008—2012	正在设计		2008—2012
阿塞拜疆	实施	国家官方统计改进方案		已有计划		2003—2005
孟加拉国	无战略			正在设计		2005—2015
不丹	战略到期	三年行动计划	2006—2008	正在设计		2002—2007
柬埔寨	实施	柬埔寨统计总体规划	2006—2015	尚无计划		2006—2010
中国*	完成、待采纳	统计总体规划		尚无计划		2001—2010
格鲁吉亚	无战略			正在设计		2003—2007
印度	实施	国家统计战略计划(NSSP)	2007—2012	尚无计划		2007—2012
印度尼西亚	战略到期	统计发展战略计划	2005—2009	尚无计划		一期 PRSP2003
伊朗*	实施	国家统计计划		尚无计划		2005—2009
伊拉克*	无战略			正在设计	2010—2014	2007—2010
约旦	实施	国家统计战略	2008—2013	正在设计		2004—2006
基里巴斯	无战略			正在设计	2010	2004—2007
朝鲜*	无战略			尚无计划		无 PRSP
吉尔吉斯斯坦	战略到期	国家统计与信息系统发展总体规划	2006—2009	尚无计划		2007—2010
老挝	实施	国家统计系统发展战略	2010—2020	尚无计划		2006—2010
马尔代夫	无战略			正在设计		2006—2010
马绍尔群岛*	实施	未来工作计划	2009—2013	尚无计划		2003—2018
密克罗尼西亚*	无战略			正在设计		2000—2015
蒙古	实施	官方统计发展方案	2006—2010	正在设计	2009—2013	2003—2006

续表

国家	现行战略（NSDS）			下期战略（NSDS）		减贫战略（PRSP）或国家发展计划时间
	状态	名称	时间	状态	时间	
缅甸	无战略			已有计划		无 PRSP
尼泊尔	战略到期	国家统计综合计划	2000—2005	已有计划		2002—2007
纽埃*	实施	统计战略规划	2008—	尚无计划		2003—2008
巴基斯坦	无战略			已有计划		2004—2008
巴勒斯坦自治区	实施	国家统计发展战略	2009—2013	正在设计		2008—2010
巴布亚新几内亚	无战略			正在设计		2005—2010
菲律宾*	实施	菲律宾统计发展方案	2005—2010	正在设计		2004—2010
萨摩亚	实施	国家统计系统合作计划	2008—2012	已有计划		2008—2012
所罗门群岛	无战略			已有计划		2003—2006
斯里兰卡	无战略			正在设计		2002—2007
叙利亚*	实施	叙利亚统计能力建设战略（2006—2010）	2006—2010	已有计划		2011—2016
塔吉克斯坦	战略到期	统计综合计划	2005—2009	尚无计划		2007—2009
泰国*	无战略			正在设计		2007—2011
东帝汶	实施	总体规划	2010—2019	尚无计划		一期 PRSP2008—
汤加	战略到期	国家统计系统合作计划	2005—2007	已有计划		2006/2007—
土库曼斯坦*	无战略			尚无计划		无 PRSP
图瓦卢*	无战略			已有计划		2005—2015
乌兹别克斯坦	无战略			已有计划		2008—2010
瓦努阿图	实施	国家统计系统战略计划	2008—2013	尚无计划		2008—2015
越南	实施	统计发展战略框架	2003—2010	正在设计	2011—2020	2006—2010
也门	实施	统计总体计划	2006—2010	尚无计划		2006—2010

注：①表中各指标统计至 2010 年 11 月；②表中带 * 号者为上中等收入国家，不带 * 号者为下中等收入国家；③数据来源：PARIS21 发布的进展报告。

(2)欧洲。各国普遍经济发达,统计体系发展也较为完善,观察名单中仅包括3个下中等收入国家和3个上中等收入国家,都已实施国家统计发展战略(见表4)。

表 4 欧洲国家统计发展战略进展情况

国家	现行战略(NSDS)			下期战略(NSDS)		减贫战略(PRSP)或国家发展计划时间
	状态	名称	时间	状态	时间	
阿尔巴尼亚*	实施	统计总体规划	2007—2011	尚无计划		2007—2013
波黑	实施	波黑 2009—2012 统计计划	2009—2012	尚无计划		2004—2007
科索沃	实施	科索沃统计局战略	2009—2013	尚无计划		2007—2013
马其顿*	实施	战略规划	2009—2011	尚无计划		2007—2009
摩尔多瓦	实施	统计系统发展和行动战略规划	2008—2011	尚无计划		2008—2011
乌克兰*	实施	国家统计发展战略	2009—2012	尚无计划		无 PRSP

注:①表中各指标统计至 2010 年 11 月;②表中带*号者为上中等收入国家,不带*号者为下中等收入国家;③数据来源:PARIS21 发布的进展报告。

(3)拉美与加勒比地区。国家统计发展战略工作进展相对较慢(见表5),在观察国中萨尔瓦多从 2005 年开展国家统计发展战略规划工作,2009 年实施到期,目前止在制订下一期国家统计发展战略规划;哥伦比亚、多米尼加、厄瓜多尔、危地马拉、洪都拉斯、尼加拉瓜和秘鲁等 7 个国家正在实施国家统计发展战略,其中洪都拉斯国家统计发展战略规划 2010 年到期,目前已着手制订下一期规划;多米尼克国、格林纳达、巴拉圭、圣卢西亚、圣文森特和格林纳丁斯等 5 个国家尚无计划开展国家统计发展战略规划工作;波利维亚已完成规划编制,正等待采纳;圭亚那、海地等两国正处在规划设计阶段。

表5 拉美与加勒比地区国家统计发展战略进展情况

国家	现行战略(NSDS) 状态	现行战略(NSDS) 名称	现行战略(NSDS) 时间	下期战略(NSDS) 状态	下期战略(NSDS) 时间	减贫战略(PRSP)或国家发展计划时间
波利维亚	完成、等待采纳	国家统计发展战略规划(PEND-ES)	2010—2014	尚无计划		2002—2006
哥伦比亚*	实施	国家统计发展战略计划(PEND-ES)	2006—2011	尚无计划		2006—2010
多米尼克国	无战略			尚无计划		2006—2010
多米尼加*	实施	国家统计发展战略计划	2005—2010	尚无计划		2010—2030
厄瓜多尔*	实施	国家统计发展战略计划	2008—2012	尚无计划		2009—2013
萨尔瓦多*	战略到期	国家统计发展战略	2005—2009	正在设计	2010—2014	无PRSP
危地马拉*	实施	国家统计发展战略	2009—2012	尚无计划		无PRSP
格林纳达	无战略			尚无计划		一期PRSP2006—2009
圭亚那	无战略			正在设计		2002—2009
海地	无战略			正在设计		2008—2010
洪都拉斯	实施	国家统计发展战略	2006—2010	正在设计	2010—2014	2001—2015
尼加拉瓜	实施	国家统计发展战略	2006—2011	尚无计划		2006—2010
巴拉圭*	无战略			尚无计划		无PRSP
秘鲁*	实施	秘鲁国家统计发展战略	2008—2012	尚无计划		无PRSP
圣卢西亚	无战略			尚无计划		无PRSP
圣文森特和格林纳丁斯	无战略			尚无计划		无PRSP

注:①表中各指标统计至2010年11月;②表中带*号者为上中等收入国家,不带*号者为下中等收入国家;③数据来源:PARIS21发布的进展报告。

(4)非洲。2004年5月,在亚的斯亚贝巴举行的第一届非洲统计发展论坛强调,各国要加强信息交流,通过技术与财政合作、协调来支持非洲国家制订国家统计发展战略。2005年,PARIS21与非洲开发银行、IMF、非洲经委会和世界银行联合推出了"促进非洲统计能力建设参考性区域战略框架",旨在帮助非洲各国开展统计能力建设。

非洲一直是PARIS21、世界银行等机构推动开展国家统计发展战略工作的重点区域,起步较早,涉及的国家较多,进展也较快。截止2010年11月,非洲53个国家多数都已经开展国家统计发展战略的工作(限于篇幅,表略)。具体来看:①非洲共有安哥拉、博茨瓦纳、布基纳法索、乍得、刚果、赤道几内亚、纳米比亚、苏丹、斯威士兰和津巴布韦等10个国家实施的国家统计发展战略已到期,并且正在设计或计划制订下一期的国家统计发展战略;②阿尔及利亚、肯尼亚、贝宁、利比里亚、摩洛哥等26个国家正在实施国家统计发展战略;③喀麦隆、科特迪瓦、吉布提、厄立特里亚、加纳、几内亚、马达加斯加、塞舌尔、多哥和赞比亚等10个国家已完成战略规划设计,正等待实施;④中非、民主刚果、埃及、几内亚比绍、利比亚、圣多美和普林西比等6个国家正在设计战略规划或已计划开展相关工作;⑤仅索马里因战乱和政局不稳尚无开展NSDS工作的计划。

(三)经验分析

纵观NSDS的国际实践,有以下几点经验值得借鉴:

第一,NSDS已成为统计能力建设的核心平台。进入新世纪以来,加强统计能力建设成为各国实现统计现代化的必由之路,NSDS作为统计系统发展的长期规划,为一国加强统计能力建设指明了途径。多数发展中国家通过实施NSDS有效提升了本国统计能力,统计系统的实际工作绩效明显改善。以非洲为例,该地区各国社会经济发展普遍落后,一直是PARIS21、世界银行等机构推广NSDS工作的重点区域,起步较早(PARIS21,2009)。2004年5月在亚的斯亚贝巴举行的第一届非洲统计发展论坛呼吁各国加强信息交流,通过技术与财政合作、协调来支持非洲国家制定NSDS。2005年,PARIS21与非洲开发银行、非洲经委会、IMF和世界银行联合推出了"促进非洲统计能力建设参考性区域战略框架",旨在帮助非洲各国开展统计能力建设。目前,98%的非洲国家已开展NSDS工作,对改进非洲国家统计工作效果极其显著。

第二,全系统模式是实施NSDS的基本模式。大多数国家采用全系统模式实施NSDS,覆盖整个国家统计体系。例如,个别国家如塔吉克斯坦和肯尼亚早期在实施统计发展方案过程中某种程度上接近单部门模式,后来在 PARIS21、世界银行等的帮助下也转而采用全系统模式实施 NSDS。为了支持各国更好地运用全系统模式开展统计能力建设,PARIS21 专门制定了《采用全系统模式实施国家统计发展战略指引》,为各国政府提供详细的操作指导。PARIS21 还指出,实施 NSDS 应积极与其他统计发展过程或框架结合,如 2008 年版国民经济核算体系(SNA)执行、国际比较项目(ICP)活动、联合国农业与农村统计项目等,统筹安排,共同推动统计体系的整体发展(PARIS21,2009)。一个成功的案例是老挝,在 PARIS21 的支持下,老挝 2010 年将不同部门所实施的三个独立统计发展计划统一纳入 NSDS 框架,为了帮助老挝改进农业与农村统计工作,PARIS21 还与联合国粮农组织(FAO)一起将农业统计发展规划也纳入 NSDS 过程,重新确定优先需求和安排要素投入,从全系统的角度来促进老挝国家统计能力建设,目前这些行动已初见成效(PARIS21,2010)。

第三,实施 NSDS 应以机构调整与功能实现并重。统计体系应不断改进统计的生产、编制、传输、发布、使用过程中各个环节的运转状况,以保证数据的准确性和及时性,提高对用户需求的满足程度。理论上,统计体系在机构配置上的固有缺陷势必弱化统计体系的协调性,进而影响统计政策的执行力与统计工作的效率,阻碍统计能力的提升。PARIS21 在全系统模式实施指南中强调,一国实施 NSDS 应通过机构调整、完善来促进功能实现,全方位地提高统计体系的总体效率,更好地服务于用户、服务于社会。从国际范围来看,主要发达国家统计机构一般按统计业务、工作流程、管理服务进行分划,建立与所承担特定功能相对应的机构设置。在功能分工的模式下,统计体系能采用矩阵管理,更好地整合统计工作,各机构分工明确,避免交叉重叠。一些转型经济体传统的统计系统采用按专业划分来设置机构,实施 NSDS 时纷纷转而采用按功能分划或以专业和职能相结合的机构设置模式,如塔吉克斯坦设立国家统计委员会协调各部门统计工作,对原有机构设置进行了全面改革与重组,确立功能分划的机构设置模式(PARIS21,2010)。中国目前的统计机构设置仍接近于专业分工模式,国家统计局对其他政府部门(如财政部、中国人民银行、教育部、文化部、卫生部等)统计工作的协调能力较弱,而综合统计系统与部门统计系统之间的协调障碍极易导致统计工作的重复和不一致,并增加基层单位的负担。借鉴国际经验,中国实施国家统计发展战略,应采用按功能分划的思路进行机构重组与职能调整,克服现行统计体系所存在的部门分割、职能重复等弊端,加强国家统计体系的协调能力和工作效率。

第四,实施 NSDS 应积极争取国际支持。多数发展中国家政府都为创建和实施 NSDS 提供经费、人员和技术等各种资源,同时积极争取国际援助,以获得更多的外部资金、技术与智力支持。例如,非洲国家在创建和实施 NSDS 过程中,多数都得到国际组织或多边/双边合作的资金与技术支持,并通过非洲统计机构(AFRISTAT)加强地区统计发展合作(Blazyk,2010)。目前,世界银行、国际开发协会、PARIS21、联合国等机构提供多种项目支持欠发达国家促进统计发展,诸如:(1)世界银行统计能力建设信托基金(TFSCB),由英国、荷兰、德国、瑞士、法国、加拿大等多个捐助方出资,为受援国(特别是 IDA 成员国)提供小额赠款,实施期最长为三年,截至 2008 年该基金已批准为 100 多个统计项目提供资金,阿富汗、不丹、波利维亚、加纳等数十个国家(包括中国)开展 NSDS 工作都获得了该项目支持;(2)统计能力建设规划贷款项目(STATCAP),布基纳法索、乌克兰、肯尼亚和塔吉克斯坦是该项目第一批受惠国,尼日利亚、孟加拉国、玻利维亚、印度、吉尔吉斯斯坦、蒙古、俄罗斯、斯里兰卡、乌干达等许多国家都获得过此项目支持;(3)国际开发协会优惠贷款;(4)地区性开发银行、联合国相关机构、欧盟以及多边/双边援助等也是获得国际资金支持的重要来源。

第五,实施 NSDS 应高度重视可持续性问题。实践当中,少数国家在统计发展规划完成后,短期内实现了某些进步,但在接续的时间里可能由于人员、经费短缺等方面的原因又重新回到原来的状态,使得改革成效丧失。以塔吉克斯坦为例,在 1997 年重获和平之后不久,国家统计委员会即着手制定了为期 3 年的综合改革方案(2000—2002),但由于缺乏经费支持,不少目标根本没有实现,一些可贵的统计改进后来也复归原状,后来在世界银行等的援助下重新开展 NSDS 工作。因此,实施 NSDS 应高度重视可持续性问题,建立长效机制,确保统计产品与服务的改进具有持续性(PARIS21,2010)。一个比较好的做法是非洲地区实施的同行评审,在 PARIS21 的支持下,加纳、坦桑尼亚、赞比亚、布基纳法索、马拉维、莫桑比克、尼日尔等先后开展了同行评审行动,通过对 NSDS 不同阶段的主要行动、成效、经验与问题开展外部评估,不仅有助于不同国家交流和学习经验,而且通过同行评审得到更为客观的意见反馈和增加透明度,有助于确保 NSDS 中统计进步的可持续性发展(Blazyk 等,2010)。

三、中国的行动及评估

2003 年 10 月,党的十六届三中全会通过了《中共中央关于完善社会主义市场经济体制若干问题的决定》,明确提出要"完善统计体制,健全经济运行监测体系,加强宏观经济调控部门间的信息共享"。党中央、国务院领导也先后多次对统计发展做出重要指示,为制定和实施 NSDS 提供了有力的支持。于是,国家统计局开始加快采纳国际标准,推进统计现代化,筹划国家统计发展战略工作。2004 年 11 月,国家统计局与世界银行达成协议,合作开展中国统计体系改革发展战略研究,探讨适合中国国情、并与国际规则接轨的科学、可靠、高效的统计体系目标模式。从 2004 年开始,世界银行通过统计能力建设信托基金(TFSCB)对中国开展国家统计发展战略工作提供资金支持。2005 年初,世界银行课题组运用数据质量评估框架(DQAF)、数据发布通用系统(GDDS)等框架,对中国统计能力进行了全面评估。同年 7 月,国家统计局和世界银行在北京联合召开中国统计体系改革发展战略研讨会,就中国统计改革的总体发展战略、实现途径、组织体系、调查体系、调查方法、法律体系等方面进行深入探讨(世界银行课题组,2005)。2005 年 11 月,国家统计局与世界银行课题组发布《中国统计体系改革发展战略研究报告》,全面评估中国统计体系现状,并就中长期战略规划进行深入研究,正式启动了国家统计发展战略设计工作。

经过较长时间的研究与论证,中国目前已经完成国家统计发展战略的编制工作,形成了统计总体规划(SMP)的文本,规划草案已经初步通过审查(PARIS21,2010)。但是,从行动上看,相对于国家"十一五规划"而言,统计总体规划的工作进度已然落后。正如世界银行课题组(2005)所指出,中国政府统计部门在将战略目标付诸行动与将战略转为工作计划时迈步较为谨慎,尚未做出系统性的总体部署与安排。原因主要在于:一方面,NSDS 需要强大的政治支持来推动,统计系统在中国属于相对弱势部门,对 NSDS 的社会关注与政治支持仍有待进一步提高;另一方面,我国统计体系不仅包括统计局主导的综合统计体系,还包括不同职能部门中的专业统计体系,NSDS 作为一项系统工程,由国家统计局主导来设计和制定 NSDS 比较容易,但国家统计局作为一个副部级单位,对其他部委统计部门的协调能力较弱,若要其他部委与国家统计局共同行动将规划方案付诸实施则较为困难。

中国实施 NSDS 旨在建立一个与市场经济相适应的功能健全、高效的现代统计体系,统计总体规划对作为国家"十一五规划"组成部分的统计制度改革做了详细描述,要点涉及:(1)统计基础设施建设;(2)组织开发;(3)数据建设;(4)物质条件和装备;(5)人力资源开发(PARIS21,2010)。但规划工作也存在一些问题,诸如:其一,尚未制定具体的战略实施计划,统计总体规划主要涉及统计发展目标、愿景、使命、原则等较为宏观的问题和发展蓝图,在付诸实施时需要一个更为具体、详细的行动计划支持,提出明确的行动方案与日程,确保统计总体规划目标的实现;

其二,统计总体规划提出了中国统计发展的科学思路,但未明确战略实施的重点以及有针对性的改进举措;其三,NSDS 强调应与其他统计发展过程充分协调,但规划草案相关论述较为笼统,并未针对 NSDS 实施与 SNA(2008)执行、ICP 项目等过程的结合与协调做出具体安排,有待在实施行动计划中加以明确。

为此,中国开展 NSDS 工作的下一步重点是尽快制定战略实施行动计划(PARIS21,2010)。一般而言,战略实施行动计划应覆盖全系统模式的关键要素(除战略规划文本之外),内容包括:一是加强组织保证,设立国家统计委员会,统一领导和部署 NSDS 实施,协调不同部门的统计发展行动;二是建立良好的跨部门对话机制与利益相关者蹉商机制,以便有效沟通和协调不同部门间、统计生产者与用户、国际机构、捐赠方等之间的关系和行动,确保各方利益共享,最大限度的调动各方对统计总体方案实施的支持;三是制定实施 NSDS 的资源动员与财务预算方案,确保 NSDS 的可持续发展;四是以跨部门合作的方式建立绩效监测系统,以及外部同行评估机制,加强 NSDS 实施的过程监测与绩效管理。

战略实施行动计划的关键在于明确战略实施重点,采取适当、有效的改进举措(世界银行课题组,2005)。针对中国统计体系的现状,战略实施的重点主要在于:(1)从机构观的视角出发,对现行统计机构进行重组与整合,如设立国家统计委员会,调整和协调政府综合统计系统与部门统计系统的关系与职责,调整中央统计系统与地方统计机构的关系,完善县乡级统计机构;(2)从功能观的视角出发,对统计系统各部门进行职能调整,按功能分划的思路改造和重组现行的统计体系,提高系统工作效率与政策执行力;(3)进一步完善国民经济核算制度,加强对 SNA(2008)的研究、开发和执行,作为实施国家统计发展战略的中心内容之一,促进国民账户体系与最新国际标准相一致,提高国民经济核算数据质量;(4)进一步完善统计制度与方法,如修订《统计法》与其它统计制度,加强国家统计的治理、管理、协调和筹资的法律框架,为社会经济统计和指标建立科学的方法和标准,完善统计指标体系、分类标准、数据发布、调查方法等(权贤佐,2001);(5)实施全面数据质量管理,从统计生产、传播、发布和使用等整个过程改进工作效率,提高统计系统的运作能力,包括现场调查、数据加工、数据发布与数据使用等方面;(6)建立统计生产者和用户之间的沟通与协调机制,识别用户的优先需求,建立超前、准确、高效的统计咨询服务体系,增加对用户使用统计(数据)的指导,积极培育与支持统计分析、创新和实验的发展,特别是对微观数据的开发与利用(世界银行课题组,2005);(7)加强统计基础设施建设,增加财政投入,发展综合信息技术,包括计算中心、统计信息网络与数据库、企业名录库、样本框、地理信息系统等方面建设与完善;(8)加强统计人才队伍建设,增加人力资源投资,包括职员技能开发、职业培训等。

四、政策建议

(1)积极推动统计总体规划的采纳和实施,全面加强统计能力建设。正如Tendulkar(2009)所指出的,统计基础设施建设与国家有形基础设施和社会基础设施一样,都有助于促进经济发展和繁荣。NSDS已成为国家统计能力建设的助推器,中国应将创建和实施NSDS作为国家统计能力建设的核心政策,从国家战略的层面、高度全面推动统计能力建设。统计部门在中国社会一直处于相对弱势,统计总体规划迟迟未能实施,某种程度上也是受此影响。统计工作者和研究人员务必加大宣传和呼吁力度,为统计发展争取更广泛的公众支持、舆论支持和政治支持,决策层尽快正式批准、采纳和实施统计总体方案,动员更多资源支持NSDS实施。

(2)按全系统模式制定NSDS实施行动计划,协调不同部门的统计发展行动。中国统计体系正面临着巨大的机遇与挑战,应充分借鉴国际经验,加快实施国家统计发展战略(PARIS21,2010)。中国已完成NSDS设计工作,形成了统计总体规划文本,但行动进展缓慢,下一步工作的重点是尽快推动统计总体规划的采纳和正式实施,按照全系统模式要求制定统一的战略实施行动计划,明确实施工作重点,制定详细的行动方案和具体的日程表。根据总体行动方案和实施重点任务进行分解,厘清不同部门统计体系的NSDS行动和职责、任务,推动不同部门加强统计协调与合作,加快统计总体规划的整体实施步伐,确保统计发展战略目标实现,持续推进统计能力建设。

(3)NSDS实施应与SNA(2008)执行结合,统一部署。SNA作为世界主流宏观经济统计的基本框架,在一国统计体系中居于中心位置,SNA(2008)是在SNA(1993)基础上修订形成的最新版本,维持了原有的基本原则和基本框架,但在许多方面做出了重大修订,以更好地反映经济形势的主要变化以及统计业务和研究的新进展,集中体现在资产、金融部门、全球化及相关问题、一般政府和公共部门、非正规部门等五大领域。中国应将SNA(2008)实施纳入NSDS过程;首先,在NSDS实施行动计划中将SNA(2008)的研究、开发和执行作为工作重点之一,统筹考虑,加强SNA(2008)的研究开发,作为提升统计能力建设的基础;其次,应尽快设计和制定SNA(2008)实施战略,作为NSDS的一个子战略,加快SNA(2008)的采纳实施,改革和完善中国国民经济核算体系,以此推动中国统计体系的现代化,与国际标准接轨。

(4)将全球 ICP 项目活动纳入 NSDS 框架,统筹安排。ICP 项目已成为影响巨大的全球性统计合作框架,参加的国家和地区由 1968 年初创时的 10 个增加到 2005 年的 146 个。2008 年 3 月,联合国统计委员会 39 届会议将 2011 年定为新一轮 ICP 的调查基准年,参加本轮 ICP 项目的国家和地区达 180 多个,中国也首次全面参与(上一轮中国有 11 个城市参与)。ICP 项目的实施与统计能力建设密切相关,2005 年(第七轮)ICP 项目的成功执行不仅为国际比较和各国经济领域研究提供了重要的信息基础,而且充当了增强各国国民核算和价格统计领域能力建设的重要平台。因此,一方面,中国应将 2011 年(第八轮)ICP 项目纳入 NSDS 框架,妥善部署和开展相关各项工作,通过推广 ICP 项目的工作理念、制定符合国际标准的基本方法框架和统计调查体系、开发新的统计培训模式等行动促进统计能力建设;另一方面,应将 ICP 项目活动与中国价格统计体系发展结合起来,改革和完善消费者价格指数、生产者价格指数、房价等价格指标的编制工作,全面提高我国价格统计能力。

(5)加强 NSDS 国际合作,广泛争取外部资源支持。中国在实施 NSDS 过程中应积极争取外部的技术、智力和资金支持,同时,加强国际合作也有助于加快战略实施步伐。联合国统计委员会、世界银行、PARIS21、IMF、欧盟统计局等国际机构提出了大量有关统计体系组织、运行与能力建设的原则、方案及相关文献,为各国创建与实施 NSDS 提供技术援助,并通过多种形式为发展中国家统计能力建设提供资金支持(PARIS21,2004)。此外,其他国际间多边或双边统计发展合作也是获得外部支持的重要渠道。需要注意的是,中国在积极争取外部资源支持和加强国际统计合作时应保持国家统计发展战略的本国主导权,实现本土化发展。

参考文献:

[1] 陈梦根.国家统计发展战略与统计能力建设[J].统计研究,2008(4):7—15.

[2] PARIS21. A Guide to Designing a National Strategy for Development of Statistics (NSDS) [EB/OL]. www.paris21.org,2004—11—1.

[3] PARIS21 Secretariat. A Guide to Using a System—wide Approach to Implement National Strategies for the Development of Statistics (NSDS) [EB/OL]. www.paris21.org,2007—10—31.

[4] 邱东,宋旭光.中国统计能力研究[M].北京:中国统计出版社,2008:205—235.

[5] PARIS21. PARIS21 at Ten:Improvements in Statistical Capacity since 1999 [EB/OL]. www.paris21.org,2009—11—16.

[6] PARIS21. National Strategies for the Development of Statistics Progress Report: NSDS Status in IDA and Lower Middle Income Countries [EB/OL]. www.paris21.org, 2010-5-9.

[7] Blazyk S, Charumbira G, Diop L, et al. Peer Reviews of African National Statistical Systems[J]. The African Statistical Journal, 2010, 10(5): 117-127.

[8] 世界银行课题组.中国统计体系改革发展战略研究报告[A].中国统计体系改革发展战略国际研讨会, 2005-11-21: 21-36.

[9] 权贤佐.转轨时期的中国统计:矛盾、冲突和出路[J].统计研究, 2001(9): 8-14.

[10] Tendulkar, S D. Demand for Better Statistics and Use of Data[C]. Dakar Meeting Paper, 2009-11-16.

2008SNA 执行与国家统计发展战略

摘要:2008SNA 保持了 1993SNA 的基本框架,关键变化集中体现在资产、金融部门、全球化及相关问题、一般政府和公共部门、非正规部门等五大领域。作为当今世界主流宏观经济统计的基本框架,2008SNA 代表着国民经济核算体系发展的方向和目标,也为中国提供了一个迎头赶上国际核算最新发展的难得良机。中国应将研究、开发和执行 2008SNA 纳入国家统计发展战略规划的框架统筹安排,作为统计总体规划的一部分妥善组织、设计与实施。实施 2008SNA 应从目标、组织、编制和发布等四个阶段着手加强过程管理,采纳新的概念、分类、原则与方法,提高国民经济核算水平,加强中国统计能力建设。

国民经济核算体系(SNA)在国家统计体系中居于中心位置,国民经济核算反映一国经济发展与运行的全貌信息,生产许多重要经济指标,如国内生产总值(GDP)、国民收入等。2009 年 12 月,联合国、欧盟、国际货币基金组织(IMF)、经济合作与发展组织(OECD)、世界银行等联合颁布了最新修订版本 2008SNA,研究、开发和执行 2008SNA 成为当前统计部门和研究人员关注的热点之一。

一、2008SNA:主要特点与关键变化

(一)主要特点

(1)2008SNA 保持了 1993SNA 的基本框架。SNA 是一个不断演进的体系,第一个版本 1953SNA 仅是简单的现价核算表和账户集合,标志着标准化国民经济核算体系的诞生;1968SNA 扩展了原有体系,包括投入产出表、价格和物量的一般核算原则、金融账户,初步形成了现代国民经济核算体系的基本架构;1993SNA 包括一套更详尽的国民账户结构和划分为不同章节的卫星账户,对价格与物量核算原则的讨论也更深入,是 20 世纪宏观经济统计和国民经济核算的集大成者(联合国等,1995;UN 等,2009)。2008SNA 在 1993 年版本基础上修订而成,对政府账

户、非正规部门和资本服务等主题的论述更加详细,但2008SNA所做修订的广度不及1993SNA,保持了1993SNA的基本原则和基本框架(Eurostat,2011)。

(2)2008SNA关键变化集中在五大领域。为了更好地反映1993SNA实施以来的经济形势变化[①],吸纳统计业务和研究的新进展,2008SNA在许多方面做出了修订,几乎所有部分都引入了新的内容。总体来看,2008SNA的关键变化集中体现在资产、金融部门、全球化及相关问题、一般政府和公共部门、非正规部门等五大领域(UN等,2009)。

(3)2008SNA核算指南更具普适性。作为一个概念框架,2008SNA提供了国民经济核算的基本标准,同时,也高度强调弹性的重要,为国民账户编制提供的指引适用范围更广(UN等,2009)。首先,2008SNA保留了1993SNA中使用卫星账户的做法,这样,不影响中心框架的可比性;其次,2008SNA引入补充项目和报表等工具,用以处理SNA中有限相关性的项目,供各国选择使用。

(4)2008SNA与其他国际统计标准的协调性增强。增进与国际收支统计、政府财政统计、货币与金融统计等相关标准的一致性也是SNA修订工作的重要考量,2008SNA与其他统计标准、手册的协调性高于1993SNA,强化了国民经济核算在统计体系中的核心地位。首先,SNA与《国际收支手册》的修订几乎同时开展,保证了2008SNA与《国际收支手册》(第6版,BPM6)的一致性;其次,2008SNA中价格与物量核算采纳了国际比较项目(ICP)和国际消费者与生产者价格指数手册的成果;第三,2008SNA与国际劳工统计标准保持一致;第四,2008SNA中环境账户与《国民核算手册:环境－经济综合核算》修订版一致,后者有望成为国际标准;第五,2008SNA与主要分类体系最新标准《所有经济活动国际标准产业分类》修订第4版、《主产品分类》第2版是一致的;第六,《货币与金融统计编制指南》已基于2008SNA进行改进,并于2008年出版;第七,《政府财政统计手册》(GFSM2001)与2008SNA的差异已作注释,以备新版的修订。

(二)关键变化

相比1993SNA,2008SNA所做修订主要涉及六大方面:(1)对统计单位的进一步说明与机构部门分类的修订,包括对辅助性活动单位、非常住单位分支机构、多国经营企业常住地归属、特殊目的实体(SPE)、控股公司、总部办公室、金融服务的

[①] 自1993SNA实施以来,经济结构发生了众多变化,涌现了一些新的经济现象,如生产过程中信息与通讯技术的作用越来越重要,无形资产和服务活动的重要性上升,金融服务膨胀,经济全球化,社会保障系统改革,这些变化无不要求在统计上做出反应。

核算处理,以及非营利机构与金融公司部门次级部门划分问题的说明;(2)进一步阐明交易范围(包括生产边界),对研发活动、中央银行产出、非人寿保险服务、再保险、自产自用产品的处理做出了澄清与说明,改进了计算金融中介服务产出的间接测算方法(FISIM);(3)对资产、资本形成和固定资本消耗概念做出扩展和进一步说明,引入了经济所有权变化的概念,对资产边界与分类、知识产权产品、资产物量账户其他变化的项目分类进行了修订(刘伟,2010),对所有权转移成本、矿产勘查和评估、土地改良、固定资本消耗、水资源等方面的核算做了详细阐述;(4)进一步修订完善金融工具和资产的定义与核算处理,包括证券回购协议、职工股票期权、不良贷款、担保、指数联接债务证券、与外币联接的债务工具、未上市权益估值、未分配黄金账户、特别提款权(SDR)、租约和许可证、养老金权益等的处理方法,并调整了金融资产的分类;(5)有关政府与公共部门交易范围的进一步说明,澄清了私人/公共/政府部门的边界,对重组机构和政府签发许可证、公众公司用累积收入和资产出售所得作额外支付、政府向公众型准公司的额外支付、税收记录原则、税收减免、公共-私人伙伴关系固定资产所有权、保有收益征税的处理方法与原则等提出了详细指南;(6)有关 SNA 与 BPM6 概念和分类的协调,例如,对个人常住地评判及个人常住地变更的资产所有权处理、货物送往国外加工与中介贸易[①]的处理做了澄清与说明。

  从文本上看,此轮修订并未做根本性的颠覆和改变,保持了国民经济核算的原有基本框架,以实现由 1993SNA(甚或 1968SNA,其框架仍在不少国家使用)到 2008SNA 的平稳过渡(Eurostat,2011)。但是,2008SNA 几乎所有部分都有所变化,涉及统计单位和机构部门修订、交易范围、资产概念、资本形成和固定资本消耗、金融工具和资产的处理与定义等各个方面(UN 等,2009;许涤龙、周光洪,2009)。归纳起来,2008SNA 的关键变化主要体现在五大领域:资产、金融部门、全球化及相关问题、一般政府和公共部门、非正规部门(见表1)。

---

① 2008SNA 对货物送往国外加工按所有权变更来记录,不再记作进口和出口,国外加工所付费用记作加工服务的进口与出口。中介贸易是指本国(即核算国)常住单位从非常住单位买入货物再转手卖给另一非常住单位的交易活动,货物不进入本国,1993SNA 对中介贸易的核算没有给予说明,2008SNA 建议中介贸易买入和卖出分别以负出口和正出口的形式处理,对核算国表现为一种服务的生产。

表1 2008SNA 关键变化

领域	关键变化	说明
资产	知识产权产品的核算处理	无形生产资产改称为知识产权产品,对其核算处理做出了澄清与扩展,此类资产作为新经济的标志,伴随着基于某种知识的财产权利而产生。
	研发支出作为资本形成处理	对数据库、原作与复制品的核算处理做出了修订,确立了将研发支出作为资本形成的处理原则。
	修订了资产的一般定义	建立了讨论知识产权产品、研发等的框架,改进非生产非金融资产的核算处理,包括有形资产和无形资产(合同、租约、许可证在特定条件下可处理为资产)。
	武器系统支出的处理	武器系统支出符合资产的一般定义,归类为固定资本形成。
	对资本服务建立了分析性概念	在市场生产者辅助表中作详细介绍,将经济增长和生产率领域近十年来的研究进展引入 SNA,满足用户的分析需求。
金融部门	对金融部门核算建议做出修订	金融部门是宏观经济领域变化最快的部分之一,其新发展在核算处理上需要不断跟进,2008SNA 提供了对金融服务处理更为全面的概览。
	对金融衍生产品的核算处理	数年前对1993SNA 做出修订以应对金融衍生产品的发展,联合国统计委员会1999年3月批准了对金融衍生产品处理方法的调整,为2008SNA 延用。两个最主要的变化是:金融资产边界扩展到包括金融衍生合约,不管交易是否在交易所内发生;伴随利率互换和远期利率协议的流量记作金融交易,而非利息流量。
	修订了非人寿保险服务的核算	以便提供对极端事件(如地震)造成大规模赔付的更现实估计。
	对不良贷款的处理	2008SNA 对不良贷款(受损贷款)核算处理提供了详细指引。
	金融中介服务产出核算	根据1993SNA 的执行实践提出了改进的金融中介服务产出间接测算方法(FISIM)。
	记录养老金权益的详细指南	有关金融核算变化最大的部分是记录养老金权益的指南,无论养老金计划是否有融资来满足,现在都将其记为雇主的负债。对于政府提供的养老金,各国在核心报表中可以适度偏离这一原则。

续表

领域	关键变化	说明
全球化及相关问题	经济全球化下的存量和流量处理	对经济全球化下的存量和流量处理做了澄清与说明。
	移居国外人员汇款的处理	扩展了移居国外人员汇款的核算处理,将与实体经济更近的(汇款)流量也包括在内。
	货物所有权变更核算原则更具普适性	无论是国外还是国内经济中贸易与货物加工在核算时都记录在所有者项下,这一变化使得关注焦点由货物的物理移动转向对产品所有者和加工者的经济影响,结果使其核算处理与在全球化经济中日益重要的国际金融交易一致。
	特殊目的实体分类及核算处理	特殊目的实体(SPE)也被称作壳公司,可由公司或政府设立,2008SNA 提供了对 SPE 何时将其作为机构单位、如何分类以及如何处理其活动的指引。
一般政府与公共部门	澄清和改进了有关的核算原则	适应政府会计准则的变化。
	部门划分标准的澄清	澄清了政府和公共部门与其他经济部门的划分标准。
	公众公司的核算问题	公众公司支付的附加股息和对公众企业的注资的核算处理得以澄清。
	公共—私人伙伴关系的核算处理	提出公共—私人伙伴关系的核算处理原则的要点,详细说明了重组机构的核算处理。
	一般政府与公众公司间交易处理	澄清了一般政府与公众公司之间交易和证券化工具交易的核算处理,改进了那些能显著影响政府债务项目的记录。
	澄清了几类贷款担保的处理	提出了有关标准化担保如出口信用担保和学生贷款担保的新处理方法。
	其他一些不易归类的重要变化	其中值得特别说明的是,对辅助单位和控股公司做了澄清,提出了职工股票期权的核算处理方法,这些在 20 世纪 90 年代就被一些国家使用。
非正规部门	非正规部门的核算处理	2008SNA 包含一章阐述住户非正规活动(所谓的非正规部门)和逃避了正规统计核算的活动(所谓的未观测经济)的测算问题。

注:根据 2008SNA 和 1993SNA 归纳整理。

二、2008SNA 与中国核算体系发展

(一)主要影响

2008SNA 的大多数修订是针对日益全球化的交易特点、金融工具创新、对私人和公共部门财富与债务来源等所做的反应(Eurostat,2011)。实际上,在本轮修订的 45 个核心议题中有 33 个议题涉及金融资产与非金融资产核算,可见有关资本核算方面的研究是核算界关注的一个中心(杨仲山、何强,2008)。总体来看,2008SNA 所做修订对核算理论与实践的影响主要涉及:(1)部分修订将影响 SNA 主要总量指标如 GDP、储蓄和积累等的估算;(2)其他一些推荐涉及广泛的元素,包括定义和分类的澄清、说明,对核算方法、流程与结果都将产生巨大影响;(3)相比 1993SNA,此次修订影响最大的领域包括养老金计划、资本服务成本、研发、军事支出、中间品等的核算处理。

从对中国核算的影响来看,除上述三点外,需要特别关注的是金融核算、国际收支核算、非正规与服务部门核算三个领域。首先,金融核算是 2008SNA 最主要的贡献之一,2008SNA 框架下金融核算与其他国际统计标准的协调性进一步增强,调整了金融资产分类,部分主要总量指标的估算、金融服务产出的核算和金融资产/负债的处理将因此而改变(陈梦根,2011;许涤龙、周光洪,2009),若采用"公允价值"核算呆坏账以及用新的口径计算 FISIM,可能会导致我国国际收支平衡表、国际投资头寸表、资金流量表和资产负债表等发生相应变化。其次,根据 2008SNA 中海外加工货物的所有权原则和中介贸易的核算处理方法,中国对外贸易核算将发生显著变化,这将直接影响到中国的国际收支数据(杨仲山、何强,2008),因为加工贸易在中国外贸中占比超过 50%,采用新核算方法会导致中国对外贸易额大幅下降,进而影响国际收支平衡/失衡的评估。再次,非正规部门与服务部门核算一直是中国国民经济核算中较为薄弱的环节,例如,中国尚未正式建立限额以下批发和零售业、住宿和餐饮业企业、物业管理和房地产中介服务业企业财务统计抽样调查制度,私营和外资道路运输业与水上运输业企业财务统计资料也处于空白状态(许宪春,2009),2008SNA 对服务产出核算的要求更为细致、明确,对非正规部门核算的建议也更为全面、系统,采纳 2008SNA 对完善我国相关核算领域具有重要意义。

(二)机遇与挑战

中国从 20 世纪 90 年代初开始采用 SNA 体系,国家统计局先后颁布了《中国国民经济核算体系(试行方案)》(1992)和《中国国民经济核算体系(2002)》,对国民经济核算的概念、原则、分类、基本框架和核算内容进行规范,2004 年第一次全国经济普查进一步发展和完善了中国国民经济核算体系。目前,中国已初步建立了国民经济核算的基本架构,但在制度和实践方面仍存在不少问题(国家统计局,2003),例如,季度 GDP 核算制度尚不成熟;地区 GDP 核算制度存在明显缺陷;环比核算与统计制度很不完善;服务业统计极不健全;机构部门账户存在众多不足;金融核算留有太多空白等。与先进国家核算水平、国民经济核算最新国际标准以及政府宏观经济管理部门、社会公众和国际社会迅速发展的需求相比,中国国民经济核算水平还有较大差距(许宪春,2009)。当前,中国经济正处于快速发展的阶段,全球化程度日益加深,各种新现象不断涌现,如股票期权、非上市公司分红、基金公司运营、新型金融衍生产品等一些新情况在现行的国民经济核算体系中尚未得到充分体现。1993SNA 的修订和 2008SNA 的实施为我们提供了一个难得的、迎头赶上国际核算最新发展的良机(杨仲山、何强,2008)。

中国应充分利用实施 2008SNA 的契机,积极采纳新的概念、分类、标准与核算方法,发展和完善中国的国民经济核算,逐步建立起一个科学高效、符合国际标准的现代宏观经济核算制度。实施 2008SNA 代表了国民经济核算发展的方向和目标,对整个统计体系的发展具有决定性影响。中国实施 2008SNA,重点应关注:(1)构筑适应 2008SNA 要求的统计制度,诸如完善与 2008SNA 要求相符的法律框架、发展统计系统的战略规划、统计与核算数据生产的科学流程等,这些构成了实施 2008SNA 的制度基础;(2)完善统计与核算基础设施,如企业注册和分类、地理信息系统、数据传输与存储系统、账户编制 IT 工具等,促进我国核算工作与 2008SNA 概念、分类、方法与原则框架的一致性;(3)改进数据收集与处理技术,如统计和行政数据来源、抽样框、原始数据到核算指标的转换机制等,2008SNA 框架下许多方面如中央银行服务产出核算、非人寿保险服务产出核算、未上市权益估值等对基础数据要求更高,而且,改进数据收集与处理技术是提高统计数据质量的关键点之一;(4)改善 2008SNA 的实施环境,包括资源支持、组织环境、人力资源和管理方法、协调机制等;(5)编制国民账户部分特殊问题的处理,如发展中国家普遍较为薄弱的未观测经济、非正规部门和服务部门核算问题。

作为一个发展中国家,中国实施 2008SNA 面临不少的困难与挑战,主要体现在:(1)采用国民经济核算新框架需要强大的政治意愿和经济能力支持,在中国部门权力分割明显、统计部门较为弱势的情况下,谋求强大的政治支持是全面、顺利实施2008SNA的根本保障;(2)2008SNA提供了一个普适性的核算框架,在具体实施当中面临的一个重要问题是,如何在有限资源(数据资源、人力资源和财政支持)条件下将2008SNA的方法要求适应本国国情,提高和发展中国的核算水平与能力,这需要大力加强对2008SNA的研究、开发;(3)采纳新的核算框架需要更多、更强的统计资源支持,2008SNA对统计基础设施方面提出了更高的要求,执行2008SNA要求加大对统计基础设施的各项投入,增强统计基础设施对国民经济核算的支持能力;(4)2008SNA对核算数据质量提出了更高的要求,2008SNA与其他国际统计标准、IMF的数据质量框架的协调性大大增强,对数据质量的各个维度都提出了更高的要求,而我国统计数据质量一直多受诟病,提高核算数据质量是实施2008SNA时应关注的重点之一。

(三)实施途径

2008SNA颁布后,联合国提出了2008SNA实施方案和辅助统计的一项全球统计倡议,旨在帮助各国:(1)实现从1968或1993SNA向2008SNA的概念转变;(2)改善国民经济核算及辅助经济统计的范围、细节和质量(Eurostat,2011)。该倡议要求大多数会员国2014年起改用2008SNA,同时建议各国将2008SNA实施与国家统计发展战略(NSDS)过程、国际比较项目(ICP)全球行动、联合国粮农组织的农业与农村统计全球战略等统计发展方案结合,全面提高国民经济核算水平,促进本国统计能力建设。

2008SNA是国民经济核算的最新国际标准,中国应抓紧研究、开发和执行新框架,提高国民经济核算的水平与能力。理论上,实施2008SNA一般应采用渐进模式,根据本国国情与核算体系发展现状,设定实施进程和阶段性目标,根据本国优先需求编制核算账户和报表,逐步转向全面采纳2008SNA标准(Eurostat,2011)。从方法论的角度看,实施2008SNA应采用整体战略方法,把握好机构能力建设、基础设施、人力资源、法律与制度、调查体系、核算流程建设等的协调发展,并与用户、利益相关者、国际组织建立良好的协调机制,一个最有效的途径就是通过修订和调整国家统计发展战略,将2008SNA执行纳入NSDS框架,制定2008SNA实施战略方案,作为NSDS的子战略,构筑实施2008SNA的框架基础。

近年来,在统计能力建设的国际浪潮中,PARIS21等国际组织倡导的NSDS已成为一国加强统计能力建设的核心平台(陈梦根,2008)。SNA作为当今世界主流宏观经济统计的基本框架,研究、开发和执行2008SNA应成为NSDS的中心内容之一。一方面,SNA是统计协调的基本框架,在社会经济统计体系中居于中心位置,其他相关统计体系要求与SNA保持协调一致,确保不同统计领域中定义和分类的一致性;另一方面,国民经济核算在方法论上依赖于统计发展,例如,不变价GDP核算依赖于价格统计体系的发展,NSDS是国际上促进统计发展和能力建设的核心平台。

三、基于NSDS的2008SNA实施战略

(一)NSDS与2008SNA实施

作为经济统计国际新标准,中国采纳和执行2008SNA是提升统计能力与改进宏观经济统计的重要步骤,提升国民经济核算能力也是NSDS的重要目标之一,二者关系密切:

1. NSDS概念与SNA

NSDS旨在设计与实施一个发展统计的国家战略,以提高统计能力,改进统计体系的绩效。NSDS覆盖整个国家统计,遵循战略管理和公共统计的通用原则,为一国加强统计能力建设指明了途径,是一国为发展统计所实施的未来4—5年的一整套战略举措和一系列行动计划(陈梦根2008)。SNA作为描述一国经济全貌的核心统计框架,为政策设计与评估、国际经济比较提供支持,在政府统计体系占据非常特殊的位置(UN等,2009)。面对SNA的最新修订,统计系统必须对概念标准化、分类变化、方法调整、信息可得性与执行时间表做出反应,因此,国民经济核算系统的改革与发展是NSDS题中应有之义。

2. NSDS评估和SNA

在NSDS统计能力评估阶段,实际也应包括针对国民经济核算工作的评估[①],相关问题如:目前生产的国民经济核算数据有哪些;现行账户与2008SNA的差异在哪;已有核算数据是否切合公众的优先需求;用户对核算数据的关注度如何及对所得数据是否满意;比照2008SNA要求,国民经济核算数据编制和发布当中的管理、方法和过程是否有改进空间等。在NSDS框架下,IMF的数据质量评估框架

[①] 一般而言,对于尚未制定NSDS的国家,在开展NSDS工作时应纳入2008SNA执行的内容;对于已制定但尚未实施NSDS的国家,则可通过调整和修订NSDS规划文本以包含2008SNA执行的内容;对于已实施NSDS的国家,则可在规划调整时或下一期规划中纳入实施2008SNA的内容。

(DQAF)被广泛用作统计能力评估的基准(邱东,2008),也是核算数据的评估基准,评估结果可用于指导 2008SNA 执行。

3. NSDS 设计与 SNA

NSDS 战略设计阶段的目标是对计划期行动方案做基本的选择,有关 2008SNA 实施的战略设计工作主要包括:(1)采用新的账户系列代替当前的账户系列;(2)评估战略规划期内是否签署特殊数据发布标准(SDDS);(3)2008SNA 实施的资源支持方案;(4)当前核算产品供给和未来核算产品供给计划的协调,包括有待增加的部门账户与额外的数据生产;(5)国民账户编制的质量管理和账户修订政策,以及时间限制、方法和数据发布机制等;(6)新的账户编制工具的采用(如 ERETES)或账户编制工具的升级与更新;(7)SNA 与其他机构的伙伴关系和规划方案的协调,如 ICP 等。在这一阶段,需要做好 2008SNA 实施与其他方案或行动的协调,动员更多资源支持核算发展,妥善将 2008SNA 实施战略融入 NSDS 框架。

4. NSDS 实施和 SNA

NSDS 实施阶段主要任务是在计划的时间表内将规划中对不同领域的调整措施付诸行动,并对行动进展和效果进行监控、评估(陈梦根,2008)。联合国、IMF 等机构倡导各国建立国民经济核算委员会,作为国家统计系统的组成部分,负责 2008SNA 实施方案的制定、执行、监控与评估(Eurostat,2011)。NSDS 与 2008SNA 在实施时间上比较一致,一般都是 4—5 年左右。目前,中国已经完成了 NSDS 的设计工作,形成了统计总体规划(SMP)的文本,但尚未正式实施,可以通过对规划文本做适当调整,将 2008SNA 实施战略纳入 NSDS 框架统筹安排。

(二)2008SNA 实施战略框架

为提高执行效率,2008SNA 实施战略应高度重视过程管理。从流程上看,执行 2008SNA 一般包括四个阶段:目标、组织、编制和发布(见图 1),共同构成实施战略的基本框架。

1. 目标

受数据来源可得性、统计能力、核算指标需求等因素制约,中国目前要完全实施 2008SNA 并不现实,不同时期对核算数据需求的优先次序也并不相同。因此,实施 2008SNA 可先设定一个 4—5 年战略规划期的实施目标。根据联合国等提出的准则,设定实施目标通常应考虑的因素主要有:(1)国家统计能力现状,编制国民账户目前可得的数据源;(2)采用正规部门数据来源的可能性,以及按活动或机构部门将这些信息转换为核算指标的能力;(3)经济结构,主要是非正规部门的范围

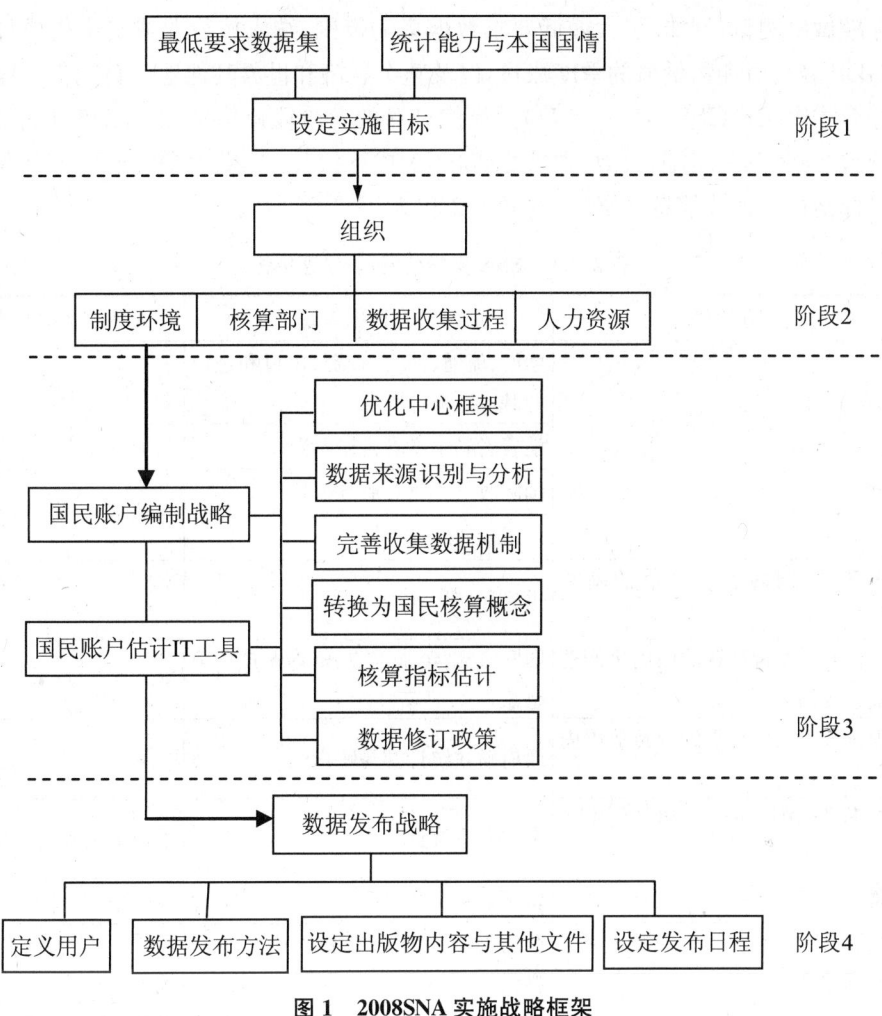

图 1　2008SNA 实施战略框架

及核算能力;(4)实施和发展 2008SNA 的人力资源情况,包括数量和知识水平(ISWGNA,2011)。

在 1993SNA 实施过程中,联合国提出了六阶段评估法和三个数据集方法用以评估各国实施情况(Eurostat,2011;蒋萍,2007)。联合国 2009 年的一项调查表明,72% 的会员国实施了 1993SNA,包括中国在内的绝大多数发达国家、转型经济体、西亚发展中国家、加勒比和拉丁美洲国家都达到了第二个实施阶段。联合国国民经济核算工作组(ISWGNA)指出,由于需要更及时信息以便做出适当的政策反应(如弥补金融危机和信息差距),编制季度国民账户、开发预警和商业周期指标、高频率综合业务周期指标等的重要性上升,2008SNA 要求对实施阶段和数据集的范围标准做出调整,例如,扩大最低要求数据集的范围,纳入按行业或支出构成计算的 GDP 名义值和物量值的季度账户,以及整个经济和世界其他地区直到借出净额的综合季度账户(ISWGNA,2011)。经修订后的六阶段评估法和数据集方法可用于分解 2008SNA 实施目标和评估 2008SNA 执行状况,二者共同构成 2008SNA 执行目标结构与评估信息系统(分别见表 2 和 3)。

表 2 2008SNA 实施范围:阶段评估法

实施阶段	补充数据系统	SNA 相关数据与发展
采用 SNA 前各阶段	生产、流通、消费、投资、出口和进口的基本数据	
	消费者和生产者价格指数	
	国际收支货物和服务账户	
	货币监测统计	
第一阶段:国内生产总值的基本指标	供应和使用表	
按现价和不变价计算的国内生产总值最终支出额	国际收支:经常账户、资本账户和金融账户	
按现价和不变价计算的分行业国内生产总值	政府财政统计交易账户	
第二阶段:国民总收入和其他主要指标	资本存量统计	季度国民账户
· 对国外	国际投资头寸	地区账户
原始收入和经常转移对外账户资本和金融账户	政府财政统计交易和资产与负债存量	环境卫星账户和其他卫星账户
	货币与金融统计	投入—产出分析
第三阶段:机构部门账户(第一步)		
· 对所有机构部门		
生产账户		
· 对一般政府		
收入形成	与第二阶段相同	与第二阶段相同
原始收入分配		
收入二次分配		
可支配收入的使用		
资本和金融账户		

续表

实施阶段	补充数据系统	SNA 相关数据与发展
第四阶段:机构部门账户(中期步骤1) ・对所有机构部门 收入形成 原始收入分配 收入二次分配 可支配收入的使用 资本账户	与第二阶段相同	与第二阶段相同
第五阶段:机构部门账户(中期步骤2) ・对所有机构部门 金融账户	与第二阶段相同	与第二阶段相同
第六阶段:机构部门账户(最后步骤) ・对所有机构部门 资产其他变化账户 资产负债表	与第二阶段相同	与第二阶段相同

注:根据 ISWGNA《联合国国民经济核算工作组的报告》(2011 年 2 月)整理。

按照联合国的方法,第一个数据集是最低要求数据集(MRDS),采纳 1993SNA 的国家已能覆盖;第二个数据集是建议数据集(RDS),建议所有国家都编制;第三个数据集是理想数据集(DDS),如有可能应当编制(Eurostat,2011)。根据拟达到的实施阶段,实施 2008SNA 可设定不同的分解目标:(1)分行业按支出法和生产法估计 GDP,主要结果是支出法和生产法计算的现价和不变价 GDP 及其构成、生产、中间消耗、行业增加值,此目标对应第一阶段,允许一国达到 MRDS 的部分要求;(2)估计国外账户的其他部分;(3)估计国民总收入和雇员报酬、混合收入、生产税等其他基本指标;(4)分行业就业数据、估计供给和使用表(SUTs)、生产账户、按机构部门生成收入账户;(5)估计机构部门的所有账户序列、国外账户;(6)估计机构部门金融账户;(7)估计国际收支平衡表。一国达到某一实施阶段则能够生产与之对应的一组关键核算表,对应不同层次数据集,特定的实施结果反映了各国的核算能力差异,其中分解目标(2)、(3)、(4)对应第二阶段,达到 MRDS 的要求(ISWGNA,2011)。随着实施目标逐步增加,核算的复杂程度上升,第一个目标要求最少的数据,目标越复杂要求更多数据来编制核算账户,但是,复杂目标能对社会经济结构和国家发展提供更现实的描绘,更适合用于政策制定和分析目的。

表3　2008SNA 实施范围:数据集

表格编号	国民经济核算调查表	年度账户	季度账户
	国内生产总值、增加值和就业		
	按行业或支出构成计算的国内生产总值名义值与物量值	MRDS	MRDS
1.1	按现价计算的国内生产总值支出额	MRDS	可选 MRDS
1.2	按不变价计算的国内生产总值支出额	MRDS	可选 MRDS
2.1	按现价计算的分行业增加值和国内生产总值	MRDS	可选 MRDS
2.2	按不变价计算的分行业增加值和国内生产总值	MRDS	可选 MRDS
2.3	按现价计算的分行业增加值构成	MRDS	RDS
	分行业就业	MRDS	RDS
	综合账户和表格,包括综合卫星账户		
1.3/4.1	经济总体的综合经济账户(直到借出净额)	MRDS	MRDS
	供给和使用表	RDS	DDS
5.1	不同分类下的分行业与分部门产出/增加值	RDS	
	旅游账户、环境账户和其他社会经济账户	*	
	按目的分类的支出		
3.1	按目的分类、以现价计算的一般政府最终消费(和其他)支出	RDS	
	按目的分类、以不变价计算的一般政府最终消费支出	*	
3.2	按目的分类、以现价计算的个人消费(和其他)支出	RDS	
	按目的分类、以不变价计算的个人消费支出	*	
	不同部门按目的细分的中间和最终消费	*	
	机构部门账户(直到借出净额)		
4.2	国外账户(直到借出净额)	MRDS	MRDS
4.3	非金融公司部门账户(直到借出净额)	MRDS	RDS
4.4	金融公司账户(直到借出净额)	MRDS	RDS
4.5	一般政府部门账户(直到借出净额)	MRDS	RDS
4.6	住户部门账户(直到借出净额)	MRDS	RDS
4.7	为住户服务的非营利机构部门账户(直到借出净额)	MRDS	RDS
	金融账户		
4.1—4.7	所有部门的金融账户	RDS	DDS
	资产负债表和资产其他变化账户		
	所有部门的资产负债表、资产重估价账户和资产物量其他变化账户	RDS	DDS

注:①没有编号的表格未列入年度联合国调查表;②就机构部门账户而言,住户账户和为住户服务的非营利机构可合并列出;③ * 表示在评估2008SNA 实施程度时应当算入的其他各组数据;④根据 ISWGNA《联合国国民经济核算工作组的报告》(2011 年 2 月)整理。

2. 组织

2008SNA 的高效实施有赖于对相关工作和行动的良好组织,具体包括:(1)核算部门的组织,国民经济核算一般由国家统计局负责编制,核算部门应该设置在经济统计的核心部分,政府为 2008SNA 执行提供充足的经费保证与资源支持;(2)动员和发展人力资源,实施 2008SNA 是一项复杂的工作,专业化要求高,核算部门应积极参加国际、地区组织的培训项目以及有关研讨会和工作小组;(3)明确不同部门在实施 2008SNA 过程中各自的主要任务与职责,如政府账户一般由财政部编制,金融账户一般可由中国人民银行编制;(4)建立 2008SNA 执行的协调机制,实施 2008SNA 是一项系统工程,应在统计生产过程中的不同阶段促进与国民账户数据的一体化(ISWGNA,2011),中国实施 2008SNA 应特别注意加强和改进统计部门内部及与其他部门间(包括行业统计、贸易、金融、农业、教育、医疗、价格等)的协调与合作,从概念、分类、数据来源与收集数据、指标设计、统计口径等各个环节保证一致性,提升核算工作效率与数据质量。

3. 编制

在账户编制环节,需要从核算资源(如经济与社会统计、价格统计的资源,维持可靠的企业注册或编制国民账户的资源)、政策(保证编制过程连续性和稳定性、专业独立性,以及满足国民经济核算部分领域优先需求)、人员专业技能(如数据分析能力和做出可行的经济假设)和获取统计与行政来源数据的渠道等四个方面分析是否达到 2008SNA 的要求(Eurostat,2011),然后做出改进与调整。重点包括两个方面:

一是账户编制流程优化。国民账户编制有其自身的范围、细节、核算方法和工作方式,优化账户编制流程以适应 2008SNA 的要求是实施工作关键所在,具体行动包括:(1)设计和调整中心框架,根据 2008SNA 重新确定核算体系的四大分类,即生产细节、经济活动、交易和其他流量与存量、经济部门分类(Eurostat,2011);(2)识别和优化数据来源,2008SNA 对数据来源提出了更高的要求,一要改进现有的统计数据来源以获得所需的信息,二要实施新的统计调查以提供缺乏的信息,三要发展统计系统与行政机构间更紧密的合作关系以改革和拓展数据来源;(3)建立和完善数据收集机制,包括数据报送协议(哪些数据需要报送、详细程度、频率、报送时间和形式等)、数据检验(时效性、详细程度和完整性)和数据存储(编制国民账户的电子系统表格或数据库)等;(4)调整和优化数据转换为核算概念的过程,根据 2008SNA 的关键变化,在核算分类和定义、国防信息、非法经济(非法劳动、毒品生产等)、金融核算等方面均有较大调整,将原始数据转换为核算概念时应特别注意这些调整和其他修订;(5)核算指标估计,账户编制最重要的环节是指标估计,执行2008SNA时涉及部分指标统计口径调整,还涉及部分新设指标的生产;(6)数据修订,国民经济核算一般包括常规修订、标准修订和方法修订等三大重要修订[①],实施2008SNA涉及对核算指标大范围修订,需做详细解释和说明。

二是核算IT工具的开发或升级。中国在实施2008SNA时可根据国情和核算系统现状决定开发、引进或升级核算IT工具,以更好地适应新体系的要求。国际上一些机构正着手对核算软件系统进行调整或升级,包括:(1)ERETES,由法国和欧盟合作开发;(2)IAS(综合核算系统),由荷兰开发;(3)SNAPC(个人电脑国民经济核算体系),由瑞典统计局开发(ISWGNA,2011)。

4. 发布

国民经济核算数据用户广泛,数据发布的重要性不亚于账户编制(ISWGNA,2011)。实施2008SNA应将改革和发展核算数据发布体系纳入统计数据发布总体战略,统筹考虑,重点应关注:(1)按目标受众发布统计信息的细节,特别是新框架引发的变化与调整情况;(2)对新的核算结果进行全面、具体的阐释;(3)必要的统计方法说明,便于用户理解核算概念;(4)国民经济核算代表对经济全貌的概览,应对新体系下所发布数据作必要的经济分析与解释。联合国和欧盟统计局建议,实施2008SNA应采用IMF的数据公布通用系统(GDDS)和SDDS作为核算数据发布战略的基本框架(Eurostat,2011)。2002年中国国家统计局加入了GDDS,现行经济与金融统计在范围、编制周期、及时性方面已接近或基本达到GDDS的要求,但在公布数据收集、加工整理和核算方法等方面还不够,离SDDS的要求仍有较大差距,中国应通过执行2008SNA力求主要核算指标达到SDDS标准。

四、结束语

实施2008SNA是改革和完善中国国民经济核算体系、迎头赶上国际核算发展的重要机遇。SNA在经济统计体系中居于中心位置,2008SNA的实施路径很大程度上依赖于统计体系采取的总体战略。NSDS作为促进统计发展的一个最广泛的框架,中国在实施2008SNA时应将其纳入统计总体规划(SMP)的基本框架中统筹安排,根据国情和用户需求确定优先事项和实施目标,制定2008SNA的实施战

[①] 常规修订,或叫现行修订,用最新信息对核算指标各期历史值进行追溯修订,以保证可比性;标准修订,或叫主要规则修订,数据来源或国民核算指标统计口径修订,根据以往实践,标准修订一般每五年进行一次;方法修订,主要指国民经济核算原则的变化。

略,以及详细的行动计划与方案。通过采纳 2008SNA 的概念、分类与核算标准,调整和完善核算分类框架、商业登记及框架、数据来源与信息技术基础设施,按照倒序推演的方法逐步改用 2008SNA 的账户体系与核算要求,并以此为契机,通过培训与技术合作、出版指南与手册、研究和宣传等方式促进统计能力建设,全面提升中国的核算水平与统计能力。

参考文献

[1] UN, European Commission, IMF, OECD, World Bank. The 2008 SNA [EB/OL], http://unstats.un.org/unsd/nationalaccount/sna2008.asp. 2009.

[2] Eurostat. Essential SNA: Building the Basics[M]. European Union. 2011.

[3] 陈梦根.2008SNA 对金融核算的发展及尚存议题分析[J].财贸经济.2011(11):74—81.

[4] 陈梦根.国家统计发展战略与统计能力建设[J].统计研究.2008(4):7—15.

[5] 国家统计局.中国国民经济核算体系(2002)[M].北京:中国统计出版社,2003.

[6] 蒋萍.SNA(1993)贯彻执行情况的评估[J].统计研究.2007(1):70—74.

[7] 联合国等.国民经济核算体系(1993)[M].北京:中国统计出版社,1995.

[8] 刘伟.2008SNA 对非金融资产的修订及影响分析[J].统计研究.2010(11):72—77.

[9] 联合国国民经济核算工作组(ISWGNA).联合国国民经济核算工作组的报告[EB/OL].联合国统计委员会.2011(2).

[10] 邱东.中国统计能力研究[M].北京:中国统计出版社,2008.

[11] 许涤龙,周光洪.SNA 关于金融工具核算方法的修订[J].统计研究.2009(9):39—47.

[12] 许宪春.中国国民经济核算体系的建立、改革和发展[J].中国社会科学.2009(6):41—59.

[13] 杨仲山,何强.国民经济核算体系(1993SNA)的修订、影响及启示[J].统计研究.2008(9):64—70.

基于数据质量观的中国统计能力建设

摘要:在现代市场经济中,统计部门为政府、企业、事业单位和公众的决策提供信息,是一国信息体系中的重要组成部分。实施国家统计发展战略(NSDS),是一国加强统计能力建设的重要途径。数据质量是统计的生命线,中国在制定和实施国家统计改革与发展战略时应高度重视数据质量评估和管理,把加强统计数据质量管理作为统计能力建设的核心任务之一,建立科学的数据质量评价机制,采纳全面质量管理体系,切实改进统计数据的质量,真正树立政府统计的权威性,培育国家统计的公信力。

数据质量问题历来是统计学界最为关注的焦点之一。中国在实施统计改革与发展战略的过程中,应把加强统计数据的质量管理作为统计能力建设的重点任务之一,切实改进统计数据的质量,真正树立政府统计的权威性,培育国家统计的公信力。

一、统计能力:基本内涵

理论上,一个国家具有某种能力是指该国成功完成某种活动所具有的基本特征或条件,包括硬件条件(如基础设施、相应的设备等)和软件条件(如管理水平、人们的知识水平和观念等)(谢安,2003)。一般而言,"统计能力"可以定义为一个国家统计系统定期提供满足适用性、准确性、及时性和可比性的统计数据所必须具有的基本特征或基本条件(邱东,2007)。

"统计是决策者的眼睛"(PARIS21,2004)。在现代市场经济中,统计为政府、企业、事业单位和居民决策提供信息,同时,统计也是一国或地区监控、评估体系的重要组成部分,统计的重要性日益受到重视。良好的统计体系能为监测社会经济发展、政府制定政策、公众决策提供充分的统计数据支持,有助于提高社会决策效率,保证国家制定发展政策的质量。当然,要为社会持续不断地提供一致而可靠的统计(产品),必须拥有可持续的统计能力。长期以来,中国的统计部门往往对统计指标强调过多,而对作为基础的统计设施重视不够。若要更好地满足国内外对统计的需要,为社会提供高质量的统计,政府应大力改善本国统计基础设施,不断地提升统计体系的核心能力。

为了推动各国的统计能力建设(Statistical capacity building),联合国、世界银行、IMF和欧盟委员会于1999年11月18—19日在巴黎联合举办了一次会议,发起建立了21世纪促进发展的统计伙伴关系(Partnership in Statistics for Development in the 21st Century,PARIS21)联合体。此后,PARIS21和IMF等国际组织一起不断呼吁、倡导和帮助发展中国家创建和实施国家统计发展战略,改善统计体系的绩效,提升统计能力,而且制定和实施了相关的一系列方案,为各国创建和实施NSDS提供技术与经费援助,并采取措施推动国际间的双边与多边统计合作。

联合国统计委员会第33次会议(2002年3月)指出,统计能力可以从统计资料制作的投入或产出角度予以说明。从投入角度来看,重点在于统计生产所需的各项因素,如机构环境、人力资源和资本等,由此,统计能力可以具体区分为以下要素:(1)机构环境,即统计系统所处的基本法律制度和一般公共部门结构;(2)实物或资本资源,即开展统计业务所必须的建筑物、设备和必要的财政预算,是开展统计工作的基本条件;(3)人力资源,既包括人力资源的数量方面,也包括质量方面;(4)知识资源,统计能力的一个关键要素是工作人员拥有的技术或专门知识,统计知识通常是通过正规训练和实际经验相结合获得的;(5)管理资源。从产出角度来看,考虑的主要是"已实现的统计能力",一般可以用统计产出的数量和质量来说明(邱东,2007)。

在实现途径上,依据PARIS21、IMF等组织的倡导,发展中国家加强统计能力建设的最主要途径是制定与实施国家统计发展战略(National strategy for the development of statistics,NSDS)(PARIS21,2004)。所谓国家统计发展战略,旨在设计与实施一个发展统计的战略,以提高整个国家统计体系(National statistics system,NSS)的能力,改进统计系统的绩效,为经济发展与社会进步提供更好的统计服务。国家统计发展战略作为发展本国统计系统的长期规划,是对未来统计系统的发展目标、路径与拟采取的行动所做出的一系列战略性安排。在这一战略当中,政府提供适当、持续的财政支持是关键所在。同时,各国应充分开展国际合作,包括资金方面的援助,也包括统计技术合作。目前,统计能力建设的国际合作以资金援助为主,缺乏必要的统计技术支持。

二、数据质量与统计能力建设

从某种程度上说,数据质量的优劣是统计能力高低的集中体现。一个功能健全的高效统计体系必须为用户提供高质量的统计产品,满足用户对数据的优先需求,并且要求所提供的统计产品满足适用性、准确性、及时性、可比性、一致性、完整性、易于获取且内涵清楚等主要特征。一国或地区的统计体系能否高效地向用户提供高质量的统计数据,为社会提供尽可能多的优质统计服务,是衡量其统计能力高低的主要标准(Fellegi,1996)。在多数国家中,IMF等提出的数据质量框架扮演了国家统计发展战略(NSDS)内核的中心角色(PARIS21,2004)。

数据质量是官方统计体系权威性和社会公信力的源泉,只有生产高质量的统计产品,提供优质的统计服务,才能赢得社会公众的信任。统计能力概念本身着重强调了统计数据的质量问题,数据质量的好坏不仅影响以其为依据的决策的正确性与科学性,而且还直接威胁着国家统计机构的形象和声誉。改进统计数据质量,提高统计的社会公信力,是统计能力建设的中心内容,也是实施国家统计发展战略(NSDS)的核心目标之一(PARIS21,2004)。为了更好地发挥统计在社会经济管理中的作用,世界各国普遍非常重视数据质量的评价和管理,建立数据质量评价机制和管理体系,不仅采用国际标准开展数据质量评估工作,而且纷纷将数据质量问题纳入统计发展战略规划之中,藉此提升本国统计能力。

PARIS21统计能力建设指标包括质量与数量两方面的指标,供各国从发展统计体系的层面来进行自我评估和同行评估。在PARIS21这套指标体系下区分了三个测度水平(PARIS21,2004):(1)全系统指标(System-wide indicators):区分那些由国家所生产的统计,包括他们用于参照的年份和生产的机构;(2)基于机构的指标(Agency-related indicators):应用于生产统计的机构,各国决定哪些机构包括在内,但为了便于国际比较,负责生产GDP、人口和住户收支统计的机构都包括在内;(3)基于数据的指标(Data-related indicators):应用于特定的统计序列,覆盖面由各国自己决定,但从国际比较来看应包括GDP、人口、住户收入与支出统计。基于数据质量观的理论视角,统计能力建设目标强调应从全系统范围内全面提升统计能力,改善统计系统的整体绩效,具体行动方案可以从机构和数据两方面着手实施。

作为统计能力建设和国家统计发展战略的基础框架,一般都是国际通行的统计标准,也是数据质量的评估标准或框架。这些国际标准或框架主要包括三个层次:第一层次是有关核算的国际准则,其中主要有《国民经济核算体系》(SNA)、《国际收支手册》(BOP)、《政府财政统计手册》(GFS)、《货币与金融统计手册》(MFS)等,这些体系分别包括一套国际性标准,为一国或地区宏观经济统计数据的编制提供了理论基础和方法论基础;第二层次是有关统计数据公布的国际准则,包括《数据公布通用系统》(GDDS)和《数据公布特殊标准》(SDDS),主要对统计数据生产和发布质量方面的规范性进行技术阐释,以增进各国政府统计的透明度;第三层次是有关统计数据质量评估的国际准则,主要是 IMF 制定的数据质量评估框架(DQAF),提供了对统计数据质量进行评估的基本方法。NSDS强调应尽可能地在技术层面上采纳国际标准,这些标准是各国改进数据质量的重要基础,为改进统计质量提供了保证。

三、数据质量管理:国际经验

统计数据质量直接关系到政府部门和各类经济主体决策的科学性与正确性,直接关系到一国统计体系的公信力。世界各国统计机构普遍非常重视数据质量的评估与管理,积累了许多有益经验,多数国家均制定统计数据质量管理手册,建立质量评估标准,实施全面数据质量管理方案(余芳东,2002)。例如,美国商务部分析局国民核算数据质量要求满足可比性、准确性、适用性的质量标准;加拿大统计局制定衡量数据质量的 6 维标准:适用性、准确性、及时性、可获得性、衔接性、可解释性;英国政府统计数据质量标准是准确性、及时性、有效性、客观性。

欧洲统计局(European Statistics System,ESS)于 1999 年 5 月 31 日专门成立了质量领导专家小组,发布了一份统计质量宣言,旨在改进欧洲统计的质量。在宣言中,明确提出了欧洲统计局的使命和愿景,并且要求各成员围绕统计质量问题密切合作(陈小华,2004)。根据宣言中思想与原则的指导,欧洲统计局始终非常关注统计质量管理工作,并采取措施改善统计质量:首先,通过改善统计工作的基本条件以提高统计质量,一方面推进统计编制过程的标准化,另一方面改善与被调查者及其他资料提供者的关系,以此提高统计数据质量。其次,重视使用者的需求,推动使用者与生产者之间的对话。欧盟所采用的对话工具主要有统计委员会、用户满意度调查、统计生产者与主要使用者间的正式协商等。欧洲统计局及大多数的欧洲国家统计机构均设置统计委员会,该委员会的职能除了审核统计计划外,还包括设定统计的优先次序、检验产品质量、设定质量要求及指标、开展用户满意度调查等。再次,欧盟及各国普遍重视建立统计质量的评估工具,常用的有:(1)标杆管理;(2)员工认知调查;(3)用户满意度调查;(4)产品品质指标;(5)统计查核表。

从实践模式上来看,各国统计数据质量管理大体上可分为两类:一类是建立起统计数据质量综合管理体系,即在统一的组织框架下对整个统计机构的数据进行全面的质量评价,如英国、加拿大、芬兰、瑞典、荷兰等;另一类是单项统计数据质量管理机制,即对某一具体统计项目如国民核算、消费者价格指数、国际收支、住户调查等数据的质量情况进行评价和管理。例如,美国的波斯金(BOSKIN)学术委员会专门对美国消费者价格指数(CPI)进行质量评估,美国商务部分析局定期评估国民经济核算数据质量,还有澳大利亚统计局的国际收支和住户调查数据质量评估体系和英国的零售物价指数质量认证标准体系等。

总的说来,各国统计数据质量管理的经验可以概括为四个方面:(1)制定本国质量评估与实施标准,形成统计质量管理手册;(2)引进国际质量认证标准体系(如DQAF)或加入GDDS、SDDS,从数据收集、生产、编制、加工、传输、存储、发布和使用过程入手,开展全面质量管理和控制;(3)重视统计机构的内部自我评价,同时采用外部评估,邀请学术机构、国际组织或外国统计机构的专家参与本国统计数据质量评估,充分利用各国技术与知识资源;(4)大力开展数据质量的量化分析,制定数据质量改进计划,藉此提升统计能力。

四、基于数据质量观的中国统计能力建设:五点建议

近年来,中国统计部门为改进数据质量做出了不懈的努力,数据质量问题被列为统计工作的重点之一。1999年初,中国国家统计局首次公布了国家局和省局两级对主要统计指标数据质量评估的实施办法,以内部评估的方式对国内生产总值(GDP)、农业总产值、粮食产量、农民纯收入、工业增加值、主要工业产品产量、固定资产投资、社会消费品零售额、总人口、价格指数、城市居民人均可支配收入和消费性支出等12项指标数据质量进行了评估,以了解统计数据的可靠程度或误差的大小,提高和改进数据质量(世界银行课题组,2005)。2000年,中国修订的《统计法实施细则》进一步规范了统计活动,规定了统计数据报送、提供以及监控和评估的具体内容,为保障统计数据质量提供了法律依据。2002年4月15日,中国正式加入数据公布通用系统(GDDS)。

然而,我们必须清醒地看到,中国统计体系还存在不少问题,诸如统计造假、统计标准不一致、统计指标口径不一致、数据时效性与易获取性不足等,要想从根本上改善统计数据质量不可能一蹴而就,还有很长的路要走。中国在制定和实施

NSDS 的过程中，应进一步大力加强统计数据的质量管理工作，藉此提升统计体系的实质能力。为此，我们提出如下建议：

1. 以数据质量作为统计能力建设的重点内容，将数据质量管理纳入国家统计发展战略(NSDS)

随着经济全球化进程的加快和信息网络技术的推广应用，社会对统计信息的需求量越来越大，对数据质量也提出了更高的要求，同时也为改进和提高统计信息的质量提供了更便利的条件和手段。用户对数据质量的要求从狭义向广义发展，提出了多维的、全方位的数据质量概念，准确性已不再是衡量统计数据质量的唯一标准。

从国际实践来看，统计数据质量已成为衡量一国或地区统计能力高低的重要标准，发展中国家政府在创建和实施 NSDS 的过程中普遍将提高数据质量作为一个核心战略目标，建立一套全面的、系统的数据质量评价和管理体系，进而为建立以实据为基础的决策和监测体系创造条件。与外国先进水平相比，中国对数据质量的研究比较薄弱，统计质量管理相对落后。目前的数据质量管理中仅以单项数据质量管理为主，缺乏综合的、全面的质量管理体系，对数据质量管理的要求和目标不明确(世界银行课题组，2005)。而且，多数是采有内部评估，没有吸纳公众和统计使用者充分参与，质量评估机制缺乏必要的透明度和有效性，未能取得社会各界对数据质量的充分理解和认可(中外统计体系比较研究课题组，2001)。中国在制定和实施 NSDS 时，应将数据质量管理作为统计能力建设的重点内容，建立起科学的数据质量管理与评估体系，通过充分开展内部与外部评估以提高统计数据的质量。

2. 统计部门应该树立全面的质量管理意识，采纳和实施全面质量管理方案

欧洲统计局质量领导专家小组曾经建议，各国国家统计机构应以全面质量管理为基础，加强统计数据质量管理(Statistics Finland，2002)。许多发达国家(如芬兰等)统计部门均采纳全面质量管理体系，以此保证统计产品的质量。全面质量管理的基本理念是：统计组织应通过政策、员工管理，以及经费与人力资源等投入，经过内部生产过程转换后，生产优质统计服务，达到提高顾客满意、员工认知及对社会的影响。全面质量管理模式已被欧洲各国统计组织及欧洲公共行政部门广泛采用。中国实施 NSDS，可以充分借鉴全面质量管理方案，加强统计数据质量管理。

全面质量管理(Total quality management，TQM)是在 EFQM(European foundation for quality management，欧洲质量管理基础)基础上发展出来的一个数据质量管理框架，其目标是要保证统计组织的良好绩效，最主要的是达到预定的质量标准。全面质量管理体系的突出特点在于:强调数据质量的持续改进,并在统计机构中建立起一种质量至上的组织文化;强调统计生产等整个过程的协调一致;强调数据收集、加工、传输、发布过程中的技术管理。

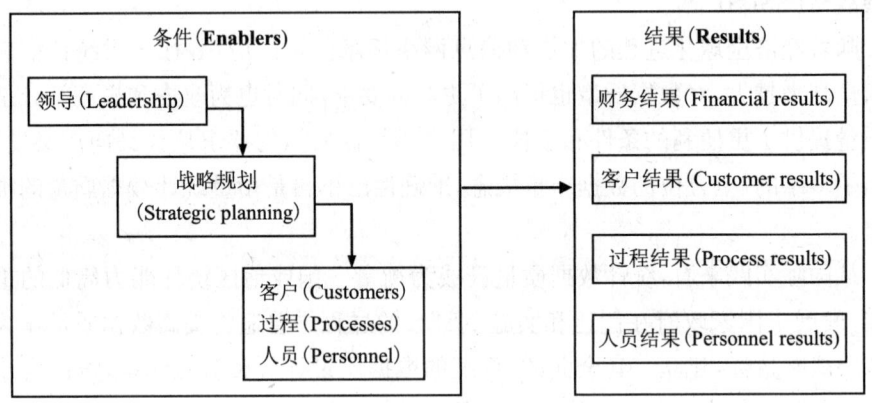

图1　全面质量管理体系(TQM)

全面质量管理的核心在于由单一统计产品及其生产扩展到统计生产的整个系统,以及其它的核心过程,由此扩展到整个管理系统,包括人员、伙伴关系、资源,通过对这些要素的系统管理,创建一个强调质量的操作系统,进而改善最终产品的质量(Statistics Finland,2009)。全面质量管理框架的出发点是客户利益,它通过创建一种系统性方法,搜寻、转移、维持和发展那些保护客户利益的最佳实践。作为一个质量管理系统,全面质量管理框架并不仅仅着眼于统计生产的单一过程开展,而从组织层次、核心过程层次、统计过程层次开展质量管理,将数据质量管理纳入战略规划当中,从领导、客户、过程、人员等各个方面采取有力举措,以确保统计在财务、生产过程、使用者和生产者等方面均取得最佳效果,由此保证统计产品的质量(如图1所示)。

统计质量不仅依赖于统计产品的设计,而且依赖数据的采集、加工、分析、评估、传播与发布等各个环节,为此,应重视对数据从采集、加工、到发布的全过程的质量监督与控制,多层次、全方位地加强数据质量管理。在全面质量管理框架下,保证统计产品与服务质量的举措一般包括以下三个层次(Statistics Finland,2002):

(1)质量规划(Quality planning)。描述用户需求,并将之转为最佳的解决方法,建立适当的体系或结构确保在一定的精度下数据收集、加工、发布的成本最小。

(2)质量保证与核实(Quality assurance/verification)。通过分析最终产品质

量是否符合用户的要求与规划的要求,对产品及其生产过程进行监控,做出质量保证,并要求深入研究生产中的各个过程、行动和任务,确保其恰当执行和实施。

(3)质量改进(Quality improvement)。即消除已觉察到的质量问题的各种行动,它要求对系统进行全面更新或重新设计。

3. 依据国际标准,建立和完善中国统计数据质量评估和控制体系,采纳外部评估与内部评估相结合的数据评估方式,加强对统计的监督审核

在全面质量管理框架下,统计机构将对数据质量进行持续评估,这种评估既可以采用内部自我评估(Self－evaluation)的形式,也可以采外部评估(Outside－evaluation)的形式。为了改进数据质量、便于开展统计的国际比较,IMF 先后制定了 SDDS 和 GDDS,并在其基础上提出了 DQAF 框架,供各成员国参考与使用。从国际上看,各国纷纷向这些国际标准接轨,并邀请统计机构外部专家来评价,如邀请本国政府统计机构以外的部门或专家来评价(主要由国内专家和学者、社会公众从统计专业标准和使用的角度进行质量评价),或者是邀请外国统计同行按国际标准来评价(如邀请外国统计机构或国际组织中有丰富经验的统计同行来评价)。在英国,由以有关专家、学者组成的英国皇家统计学会工作组,每 5 年一次通过公开会议的形式,来评估政府统计数据质量状况。美国也一直开展统计外部评估,例如,劳工局编制的**消费者物价指数**一般邀请有关院校的专家、学者评估。瑞士统计局于 1999－2000 年邀请加拿大统计局现局长伊凡·费里吉(Ivan P.Fellegi)和原副局长雅各·赖特(Jacob Ryten)两位专家,从法律、职能、机构、统计项目设置、资源等多个方面对瑞士统计局的总体状况进行广泛的评估,分析其存在的问题,并提出相应的改进措施,作为制定瑞士统计局改革措施、全面提高数据质量的政策依据。

目前,中国正式加入了数据公布通用系统(GDDS),并且公布了对主要统计指标数据质量评估的实施办法。但是实际当中,中国的统计数据质量管理目前还仅限于内部评估,多为单项数据质量评估。中国必须加紧建设数据质量评价机制和控制体系,完善数据质量评价标准。一般而言,数据质量控制体系的建设可以从两个层次着手:一是建立质量评估标准,完善数据质量管理体系;二是实施统计内部与外部评估相结合的数据质量控制体系。同时,还应加强对统计的监督审核,监督审核是判断统计质量管理体系与相关工作制度执行好坏的有效途径,是统计质量管理过程中不可缺少的一环。

4. 建立统计生产者与使用者之间有效沟通与协调的机制,充分收集用户需求信息与用户对统计数据质量的反馈意见

在加强统计数据质量管理时,一方面,要充分发挥统计人员的积极性、创造性,不断提高统计人员素质,在全社会培育一种质量至上的统计文化,从统计生产过程的各个环节上(统计供给)保证统计产品的质量。

另一方面,应建立统计生产者与用户之间沟通与协调的有效机制,从终极需求上保障统计产品的质量。数据质量的核心是满足用户需求的程度与效率,因此,改进统计数据质量必须在生产者与使用者之间建立起有效的沟通与协调机制,充分了解用户对统计数据的需要和具体要求。理论上,统计数据的质量管理过程应该是透明、开放的,统计生产者可以通过正式会议、非正式讨论、用户问卷调查等方式,充分了解用户对数据质量包括数据的内容、服务方式、发布时间、收费标准等各个方面的意见和建议,从而有针对性地制定改进措施,真正达到提高数据质量的目的,更好地满足用户需求。

过去,中国的官方统计体系一直是以一种"为政府的统计"的姿态运行的,随着市场经济的发展,统计系统逐渐向"政府为的统计"的方向转变。这种转变顺应了社会经济发展的潮流,但是从现状上看,中国官方统计体系在为公众提供优质统计服务方面还应该做得更多一些。为此,必须采取有效措施改进统计生产者与用户的关系,建立有效的沟通与协调机制,获取用户反馈意见,这样能让统计部门更好地了解社会的统计需求,评估统计工作的成效,由此改进自身工作,为社会生产更好的统计产品,提供更优质的统计服务。

5. 改进统计(产品)的传输、储存与发布,整合现有的数据库资源,建立全国性的统计数据库网络体系

中国的统计部门以往对产品发布与使用方面重视不够,用户获取统计产品比较困难,生产者对数据的统计口径、加工处理过程、统计信息发布等环节解释与说明存在不足,向社会介绍统计方法制度、统计数据质量情况不够充分,再加上用户对数据的分析方法单一,导致统计产品的利用效率不高(中外统计体系比较研究课题组,2001)。

数据的易获取性是统计数据质量的重要衡量标准之一。统计产品必须满足用户的优先需求,并且易于获取,生产者在发布数据时应该对统计产品提供必要的说明,以帮助使用者正确使用统计资料。在美国以及欧洲的许多发达国家中,统计部门网站、数据库建设做得都非常好,公众可以通过网络便捷地获取许多常用的统计数据,也可以通过电子邮件向有关统计机构或部门查询或咨询。中国在加强统计能力建设时,也应充分重视统计数据的传输、发布与开发,提高统计数据的利用效率。目前,中国对数据库的建设还处于一个比较混乱的状况,大大小小的数据库林立,一方面,由于重复建设造成资源浪费;另一方面,不同数据库间数据来源、统计分类、标准、方法存在差异。在现代社会中,官方统计,特别是那些有关经济、社会和政府服务的数据,通常都具有公共品的性质[①]。中国在实施NSDS时,应将官方统计数据库建设纳入战略规划中,整合现有资源,通过颁布统计标准、数据库联网建设,建成全国性的政府统计数据库网络体系。数据库联网体系的建设将使用户获取数据更便捷,更易于了解统计制度、标准与方法,从而提高统计产品的利用效率。

参考文献:

[1] 谢安.关于一国统计能力建设的研究[J].统计研究,2003(1).

[2] 邱东.统计能力评估与中国统计能力建设的政策建议[A].国家社会科学基金重点项目研究报告,2007.

[3] PARIS21. A Guide to Designing a National Strategy for Development of Statistics (NSDS)[A]. www.paris21.org, 2004.

[4] Fellegi, Ivan P. Characteristics of an Effective Statistical System[J]. Statistical Journal of the United Nations, FCE, 1996(13).

[5] 余芳东.外国统计数据质量的涵义、管理以及对中国的启示[J].统计研究, 2002(2).

[6] 陈小华.欧洲的统计质量管理[J].中国统计,2004(11).

[7] 世界银行课题组.中国统计体系改革发展战略研究报告[A].中国统计体系改革发展战略国际研讨会,2005-11-21.

[8] 中外统计体系比较研究课题组.中外政府统计体制比较研究[J].统计研究, 2001(3).

[9] Statistics Finland. Quality Guidelines for Official Statistics[A]. http://www.stat.fi/tk/tt/laatuatilastoissa/ guidelines.pdf, 2002.

[①] 参见第三届国际发展成果管理圆桌会议文件《Statistics: Better Data for Better Results》,越南,2007年2月5-8日。

第二部分

金融危机与统计信息缺口

金融危机与统计发展的历史考察

摘要：统计是为一国或地区社会经济分析和管理服务的。回顾近百年来统计发展的历程，国际上历次大的经济或金融危机往往都对统计带来新的挑战与冲击，进而推动统计体系的变革与创新。研究表明，2008年国际金融危机也对统计的发展产生深刻影响，暴露出现行统计体系存在严重的信息缺口。国际社会对此广泛关注，已采取一系列行动应对数据缺口，改进统计体系，以更好地为经济与金融监测提供关键信息。

一、引言

统计是为一国或地区社会经济分析和管理服务的[①]。统计历史悠久，特别是自国民账户体系(SNA)创立以来，国际社会在统计发展方面取得了长足进步。联合国、国际货币基金组织(IMF)、世界银行、经济合作与发展组织(OECD)、欧盟等国际机构先后推出了一系列的国际统计标准、指南或手册，初步建立了一个内容广泛、指导全面、协调一致的统计准则体系，覆盖了宏观经济、金融、财政、价格、贸易、服务、劳工、产业等各个领域，涉及统计的概念、分类、数据生产、评估和发布等各个环节。作为全球性的公共品，国际统计准则体系为各国统计发展和统计能力建设发挥了巨大作用。但是，2008年国际金融危机的爆发，再次突显了现行统计体系在提供信息和危机监测方面的能力仍有不足或缺陷。

实际上，回顾近百年来统计发展的历程，国际上历次大的经济或金融危机往往都对统计带来了新的挑战与冲击，进而推动统计体系的变革与创新。正如伍晓鹰教授所指出，"经济危机和国家的政治、经济、国防需要，一直都是历史上宏观经济计量发展的重要条件，当前这场自大萧条以来最大的全球性金融经济危机也不会

---

① 文中统计一词侧重于指经济统计，部分情况下也涉及社会统计。

例外"①。本文将从历史的视角,考察危机对统计发展的冲击与推动作用,重点探讨2008年国际金融危机对未来统计发展的影响,研究危机视角下现行统计体系所面临的机会与挑战,并提出若干政策建议。

二、金融危机:统计变革的助推器

统计是评价一国或地区经济表现和增长潜力不可或缺的手段,也是进行国际经济比较的基础。从发展历程上看,现代统计体系近百年来的发展主要经历两次重大变革:一次是国民账户体系(SNA)的诞生及发展;另一次是20世纪90年代以来的统计大发展。分析表明,这两次大的发展在很大程度上都源起于经济或金融危机对原有体系的冲击与挑战。

(一) 早期的经济统计

统计工作起源很早,主要是在社会生产发展中适应国家管理的需要而生,如中国在夏朝就有人口和土地数目的登记,其他国家早期历史著作中也有关于人口、土地、居民财产等的数字资料。较为系统的经济统计最早可追溯到17世纪中期,开始涌现了一批里程碑式的大师及代表性著作或工作,最具代表性的是威廉·配第的《赋税论》(1665)和《政治算术》(1676),后被称为统计学的创始人。到了18世纪,在欧洲、北美、澳大利亚和新西兰,宏观经济统计的学理基础有了很大程度的提高,统计部门收集了贸易、运输、财政、金融、就业、工资和价格的数据,人口普查的实施为人口统计分析提供了一个更好的基础,有关农业、采矿业和制造业商品的产出信息也越来越多,特别是随着指数技术的开发,使估计复杂总量的时间变化和空间差异成为可能。例如,从18世纪初到20世纪40年代,英国大概有30次对国民收入测算的尝试。但是,直到第一次世界大战结束,经济统计仍是以民间统计为主(邱东等,2002)。

第一次世界大战后,由于政府在经济生活中的作用越来越大,国民收入统计开始受到政府重视,于是大力支持或参与其中,逐步转为官方统计。这一时期宏观经济理论的发展为经济统计提供了支持,国民收入统计发展非常迅速。此时,国民经济核算和国际经济比较开始受到关注,1928年国际联盟举办了一次有关经济统计的国际会议,旨在鼓励采用一致的方式编制统计资料,并把国际可比性作为经济统

---

① 见《写在中文版问世之际》,载于安格斯·麦迪森《世界经济千年统计》,伍晓鹰、施发启译,北京大学出版社,2009。这里的"计量"一词并非指计量经济学,而更接近统计的意思。

计的一个目标。到第二次世界大战前,已有 10 个国家对国民收入进行了官方连续估算,但是由于当时没有统一的国际准则,因此它们的数据不具可比性(麦迪森,2009)。

(二)20 世纪 30 年代大萧条与 SNA 的诞生、发展[①]

第一次世界大战结束后,世界经济出现极不平衡的繁荣,最终以一场大萧条告终。从 1929 年 10 月 24 日美国股市暴跌开始,危机造成美国经济在 1929－1933 年间下降 30%,失业率从 3% 升至 25%,德国是危机的主要发源地,也是主要受害者,其他国家如英国、法国、日本等均在危机中遭受重创。世界范围的大萧条引发国际范围内宏观经济管理的巨大变迁,各国政府部门加强对国民经济控制的手段之一就是加强政府当局测度和追踪经济发展。

1934 年,西蒙·库兹涅茨对美国国民收入进行了第一个官方估算,当时美国经济仍处于极度低迷当中,国民收入账户被认为是改进公共政策的一个重要工具。1940 年 2 月,英国经济学家梅纳德·凯恩斯出版《怎样支付战争经费:为财政部长提供的一个激进计划》,其论证结构即建立在科林·克拉克所开发的国民帐户基础上。当时,英国经济学家理查德·斯通在战时内阁办公室工作,发展了一套描述英国经济形势的账户,凯恩斯正是斯通工作的上司,批准了这套账户,在 1941 年的预算中包括这套账户,当年由斯通和詹姆斯·米德对英国的国民收入进行了首次官方估算。很快,这套国民经济核算账户成为经济政策制定的一个重要工具。1944 年,斯通与美国、加拿大的同行们一道举行了有关国民经济核算的早期国际讨论,协商将国民收入统计概念和方法标准化。经过长期努力,最后于 1953 年由联合国统计委员会发布《国民经济核算体系及其辅助表》(1953SNA),标志着 SNA 体系的正式诞生。同时,与斯通一起为 SNA 诞生做出过巨大贡献的统计学家米尔顿·吉尔伯特还和其他学者一道,对货币购买力平价进行了官方测算,并于 1954 年由欧洲经济合作组织(OEEC)发布。顺应社会经济形势的变化,SNA 诞生之后历经多次修订,最重要的三次分别形成 1968SNA、1993SNA 和 2008SNA。

可见,20 世纪 30 年代的大萧条是 SNA 诞生的重要动因,而 SNA 的诞生和发

[①] 需要说明的,20 世纪 30 年代的大萧条是一场世界范围的经济危机,当然最初也是从股票市场大幅下跌而开始爆发的。考虑到现在各国经济爆发危机主要是货币、债务、汇率和金融市场领域,再传导至经济各个领域,本专题使用"金融危机"为题而非"经济危机"。另一方面,现行国际经济统计准则体系中有关实体经济的统计标准相对更为成熟,对其做革命性变革的余地较小,更多的是通过修订加以优化和完善,而现行统计体系对虚拟经济(金融领域)的监测相对薄弱,还有许多地方需要进一步发展、创新和完善。

展给经济统计带来了革命性的变革①,这体现在:(1)推动以国民收入统计为主、分散的经济统计转向基于国民账户体系的综合性统计分析体系;(2)在国际范围内建立了一套标准化的统计概念和分类框架;(3)SNA 的实施促进了超国家的统计协调,世界绝大多数国家逐步采纳了 SNA,包括原来采用物质平衡表体系(MPS)的国家;(4)SNA 在宏观经济统计中占基础性地位,成为经济统计的中心框架;(5)为国际经济比较奠定了基础,早期统计界就将 SNA 的发展和国际比较项目(ICP)的确立视为统计界的两大革命。斯通本人也于 1984 年获得诺贝尔经济学奖,以表彰其工作对政策制定的重要性。

(三)20 世纪 90 年代金融危机与统计发展

20 世纪 90 年代世界政治经济形势风云变幻,可谓多事之秋,苏联解体,东欧剧变,危机频频。从 1991 年开始的日本金融危机到 1992—1993 年的欧洲货币危机、1994—1995 年的墨西哥金融危机、1997—1998 年的亚洲金融危机,再到 1998—1999 年的俄罗斯金融危机、1999—2000 年的巴西金融危机,一波未平一波又起,给世界经济带来巨大冲击。20 世纪 90 年代的金融危机②表现出以下几个特点:(1)传染性;(2)突然性;(3)破坏性;(4)频繁性。特别是 1994 年墨西哥金融危机、1997 年亚洲金融危机几乎在没有任何可认知的征兆下悄然接踵而至,使得世界经济发展受到极大损害。金融危机给各国带来了深刻教训,由于没有及时掌握危机发生国的社会经济统计数据,对危机爆发前金融市场出现的危险征兆未能察觉,故而无法对危机状况做出准确判断。

在总结经验教训的基础上,IMF 等国际组织及各国政府普遍认为,金融危机暴露了国际金融体系的弱点,同时也表明全球化既有益也带来风险,统计体系应确保关键数据的可获得性,以便尽早地发现脆弱性的根源,从而有助于及时采取纠正措施。于是,国际组织与有关国家加强合作,努力改革和完善统计制度,推动经济统计 20 世纪 90 年代中后期至今持续繁荣发展,各类指南、手册新修订或新标准迭出不穷,在统一于 1993SNA 整体框架的基础上更加广泛和深入,扩展到各个领域,可谓全面开花结果。具体来看:

(1)制定季度国民核算指南。及时的数据有助于更好地监测和应对危机,IMF

---

① 除 SNA 之外,20 世纪 30 年代的大萧条还在其他许多方面对统计发展产生革命性影响,例如,莫里斯·汉森在对失业率统计中发展出了抽样调查方法,见萨尔斯伯格(2004)。

② 根据 IMF1998 年 5 月发表的《世界经济展望》,金融危机大概可以分成四种类型:货币危机、银行危机、系统性金融危机和债务危机。其中系统性金融危机主要是指货币危机和银行危机的双重危机。

在1993SNA的基础上制定了《季度国民账户手册：概念、数据、来源和编制》(QNAM2001)，致力于帮助各成员经济体提供更及时的季度统计数据。

（2）推出货币与金融统计国际标准。IMF先后颁布《货币与金融统计手册》(MFSM2000)和《货币与金融统计编制指南》(MFSCG2008)，改进货币与金融统计的关键数据是金融危机最重要的经验，IMF的货币与金融统计体系为各国货币与金融统计工作提供了实践指南。

（3）创建金融稳健评估体系。金融危机突显了建立金融风险预警和预测机制的重要性，各国必须建立有效的监管体系对金融风险进行及时和必要的监测。在此背景下，IMF有关部门于2001年6月提出了金融稳健指标体系的初步方案和框架，并于2006年正式颁布《金融稳健指标编制指南》(FSICG2006)。目前，该体系已成为各国对金融稳健性和系统风险进行评价和监控的主要手段之一。

（4）修订政府财政统计体系。IMF于1986年颁布了《政府财政统计手册》(GFSM1986)，总结该手册实施十余年来所暴露出的不足，同时对世界经济形势的新发展和金融危机的经验教训做出反应，经修订后形成GFSM2001，在核算范围、会计准则、分析框架、财政收支定义和核心指标体系等多方面对政府财政统计理论方法体系做出重大变革。

（5）制定数据发布的国际标准。经历20世纪90年代的多次危机后，IMF认识到在新的国际经济、金融形势下，有必要制定统一的数据发布标准，以便各成员国按照统一程序提供全面、准确的经济金融信息。于是，IMF先后开发了两套数据发布标准：其一是数据公布特殊标准(Special data dissemination standard, SDDS)，为那些已经进入或正准备进入国际资本市场的国家制订的经济数据发布标准；其二是数据公布通用系统(General data dissemination system, GDDS)，为所有尚未达到SDDS要求的成员国提供经济数据发布标准，加入GDDS是对所有成员国的最低要求。

（6）建立数据质量评估框架。2003年7月IMF正式发布数据质量评估框架(Data quality assessment framework, DQAF)，融合国际普遍认可的良好统计实践和联合国官方统计基本原则，以及SDDS和GDDS所采用的概念和定义，提供了对统计数据质量进行定性评估的一套方法。在通用框架之外，还制定了有关国民帐户统计、国际收支、政府财政统计、货币统计、生产者价格指数和消费者价格指数等专项数据质量评估框架，以提高统计数据的质量，增加统计数据的透明度和可比性。

（7）制定债务和外汇储备统计管理的相关指南。IMF于2001年分别发布了

《外汇储备管理指南》和《公共债务管理指南》,IMF、国际清算银行(BIS)、OECD、世界银行等七家机构于 2003 年联合制定了《外债统计:编制者和使用者指南》。

(8)努力增进金融财政的透明度。金融危机的另一教训就是各国金融财政的透明度不足,IMF1998 年 4 月批准发布《财政透明度良好做法守则》,1999 年 9 月批准发布《货币与金融政策透明度良好做法守则》,并于 2007 年制定了《财政透明度手册》(MFT2007),为各国增进货币、金融和财政的透明度提供指南和建议。

(9)其他进展。IMF 和联合国统计署、世界银行、OECD、欧盟等众多国际机构还修订或制定了一些其他指南或标准,以推进各国统计的发展与进步,诸如《全部经济活动的国际标准行业分类》(ISIC2002)①、《中央产品分类》(CPC2005)、《外贸统计业务手册》(2002)、《国际服务贸易统计手册》(2002)、《未观测经济测算手册》(2002)等,这些进展也或多或少、直接或间接地与金融危机的经验教训有关。

正如时任 IMF 总裁的霍斯特·克勒在 MFSM2000 的"序"中所写:"90 年代的金融危机暴露了国际金融体系的弱点,并突出了全球化既带来明显的益处又带来风险的事实。"而在 GFSM2001 的"序"中他进一步指出:"最近的经验,特别是金融危机期间的经验表明,尽早发现脆弱性的根源并及时采取纠正措施至关重要。"20 世纪 90 年代金融危机带来的统计发展已深入到各个领域,各类指南与标准大量涌现或更新,但所有标准采用的都是相同的概念框架、分类、术语和记录原则(蒋萍,2006),互为补充,既独立又统一,共同推动各国统计体系的发展。

表 1 20 世纪 90 年代以来制定或修订的统计标准

序号	标准	简称	时间	主要变革	备注
1	季度国民账户手册:概念、数据、来源和编制	QNAM	2001	(1)金融危机表明,及时的、高频的关键经济数据有助于更好地识别脆弱性的根源;(2)季度国民核算数据在监测经济金融表现方面扮演重要角色。	首次颁布
2	货币与金融统计手册	MFSM	2000	提供货币与金融统计概念与分类框架。	首次颁布
3	货币与金融统计编制指南	MFSCG	2008	为编制货币与金融统计提供指南。	首次颁布

---

① 联合国经济和社会事务部统计司 1989 年发布 ISIC 修订第 3 版,2002 年 3 月联合国统计委员会第 33 届会议通过了 ISIC 修订 3.1 版,2008 年发布了 ISIC 修订第 4 版。

续表

序号	标准	简称	时间	主要变革	备注
4	政府财政统计手册	GFSM	2001	对GFSM1986进行修订,在政府财政统计的理论方法体系上做出重大变革与创新:(1)扩大核算范围;(2)以权责发生制取代现金收付制;(3)重新定义财政收入和支出;(4)建立一组新的核心财政分析指标体系;(5)提供了流量和存量核算的闭合分析框架;(6)将流量区分为交易和其他经济流量。	首次修订
5	金融稳健指标编制指南	FSI	2006	首次建立金融稳健指标体系,为各国评估金融体系的稳定性提供指导。	首次颁布
6	数据公布特殊标准	SDDS	1996	为那些已经进入或正在准备进入国际资本市场的国家制订的经济数据发布标准。	首次颁布
7	数据公布通用系统	GDDS	1997	(1)为所有尚未达到SDDS要求的成员国提供经济数据发布标准;(2)是对所有成员国的最低要求。	首次颁布
8	数据质量评估框架	DQAF	2003	(1)对统计数据质量进行定性评估的一套方法;(2)包括DQAF通用框架和专项框架。	首次颁布
9	公共债务管理指南	GPDM	2001	旨在帮助各国提高公共债务管理质量,降低面对国际金融冲击的脆弱性。	首次颁布
10	外汇储备管理指南	GFERM	2001	帮助各国改进外汇储备管理的政策框架,增强对来自国际或国内金融市场冲击的修复能力。	首次颁布
11	外债统计:编制者和使用者指南	EDS	2003	(1)20世纪90年代末爆发的国际金融危机突出表明可靠和及时的外债统计至关重要,是尽早发现各国脆弱性的关键因素;(2)指南重点在于改善重要外债数据的质量和及时性及促进记录做法的趋同。	首次颁布
12	财政透明度手册	MFT	2007	(1)对1998年发布的《财政透明度良好做法守则》做出修订;(2)首次形成《财政透明度手册》,帮助各国增强财政透明度。	首次颁布

续表

序号	标准	简称	时间	主要变革	备注
13	所有经济活动的国际标准行业分类	ISIC	2002	(1)联合国统计委员会第33届会议通过了ISIC修订3.1版;(2)旨在成为生产性经济活动的一种标准分类,其主要目的是提供一套能用于根据此类活动收集和提供统计数据的活动类别。	多次修订
14	中央产品分类	CPC	2004/2005	联合国制定的产品分类国际标准,是一部涵盖货物和服务的完整产品分类。	多次修订

注:①根据有关资料整理;②统计时间范围为20世纪90年代至2008年国际金融危机爆发。

三、2008年国际金融危机对统计的影响

(一)2008年国际金融危机的特征

2008年国际金融危机堪称百年一遇,对经济的影响是战后最为严重的。此次危机的主要特点在于:(1)危机从发达世界的中心美国爆发,不同于以往危机那样从外围开始,如20世纪90年代早期的瑞典和日本、20世纪90年代末的东南亚和俄罗斯、21世纪初期的阿根廷,2008年国际金融危机从美国爆发后迅速向世界其他地方传导;(2)危机的焦点是金融部门,特别是影子银行部门,其重要性在20世纪90年代后期以来迅速上升,并快速向实体经济扩散;(3)危机反映了住户部门延伸过长,累积了巨额的债务,特别是抵押贷款,债务累积大部分是建立在房价长期上涨预期之上,在多数家庭收入停滞时这种债务通过抵押贷款再融资可以按收入分布的最高水平来支持私人消费;(4)美国金融动荡向其他国家和全球实体经济蔓延的速度极快,突显市场和地区间的相互关联程度高,使得危机真正成为全球性的,显示全球化不仅带来好处,也潜藏着新的脆弱性。上述特征彼此交织,使得危机在市场和国际间快速传染。

(二)对统计发展的主要影响

危机的统计含义各不相同,可以从多种角度观察。例如,从危机爆发的原因角度观察,可能关注有关房价崩溃及随后的抵押贷款违约等的信息;从危机前的经济和金融市场结构状况角度观察,则强调对住户和金融机构高杠杆、非银行中介机构规模和特征、场外(OTC)金融工具和表外项目的大规模扩张等方面的统计;从危机

后果角度观察,则关注对住户造成的资本损失、财务困境以及企业的信贷获得和利润等方面的监测。危机提供了一个重新评估这些领域的统计缺口的一个机会,同时也促使各界反思和识别一些综合性的统计问题如覆盖面、及时性、微观数据可得性、测度标准体系选择(Choice of metrics),以及统计范式的变换,即从"经济增长"的统计到更广义的"可持续和均等福利"(Sustainable and equitable well-being)的统计。

面对危机,原本看似已初成体系的统计显得无能为力,现有的统计与监测体系无法及时地提供有关危机从哪里来、往哪里去的关键信息。2008年国际金融危机对世界各国社会、政治、经济、文化等各个方面均产生深刻影响,对统计带来的影响同样极其深刻。具体体现在:

1. 传统统计存在信息缺口

在危机爆发之前和过程当中,各界人士对危机影响的广度、速度和严重性方面认识远远不够,当然,这与我们对经济和金融系统结构变化对冲击传导机制的影响理解不够充分密切相关,而这种理解有赖于对关键统计数据的分析。2008年国际金融危机暴露出在预测和应对危机方面尚存巨大的信息缺口,现行统计体系在提供关键数据方面还无法完全满足用户需求。

信息缺口的主要根源在于信息披露和统计框架落后于金融创新的发展。总体上,危机显示信息缺口严重,主要体现在:(1)关于风险暴露的数据有限,部分源于未监管的领域和新型金融工具或中介的膨胀,如影子银行、表外项目和复杂结构性产品等;(2)信息内容上的缺口,部分统计指标给出误导信号,削弱早期预警的效力;(3)未预期的金融系统、跨境网络及其相互依赖性,如表外项目、跨境敞口头寸、OTC衍生产品市场等,放大金融系统和实体经济危机以及国际危机的触及范围与严重性。信息缺口,特别是监管信息和公开信息极少,透明度不高,关键信息严重不足,致使真实风险暴露一直以来都是难以识别的。

2. 加总统计的方法存在缺陷

传统的经济统计主要基于加总方法,重视总量数据的生产与发布。然而,危机的教训告诉我们,总量数据有平均化的含义,往往会掩盖多种脆弱性,存在明显的局限性。道理其实很简单,如果没有债务在不同收入家庭间的分布信息,住户负债总额/GDP的指标意义就不大。以美国为例,20世纪90年代中期美国家庭部门债务头寸由净借出转为净借入,原因在于高额健康投资和低储蓄。然而,负债增长对家庭资产负债表的影响由于同样巨大的家庭资产再估值而缩小,家庭净财富一直保持在可接受的适当水平,2008年美国家庭持有的存款、信用市场工具和其他非股权资产等流动资产至少平均来看仍然超过未偿债务价值。从这个角度看,家庭债务的累计总量可能显示"正常",而判断其可持续性则需要根据不同资产价格情境来评估家庭资产负债表的脆弱性,SNA 总量数据无法揭示大量家庭出现负资产的风险程度,即未偿抵押贷款高于其住房的价值。若住房价格小幅下跌,该风险实际出现,多数家庭将出售房产以偿还债务,由此可能进一步导致房价大幅下跌。很显然,这种脆弱性不易通过 SNA 有关住户部门的加总数据明确显示,加总统计的方法已经无法满足数据使用者的需求,势必引发对经济统计方法论的大变革。

3. 经济统计范围与内容方面的新要求

现行统计体系主要以国民账户体系(SNA)为基础,其他专业领域也大多形成了由联合国、IMF、世界银行等国际组织制定的统计标准,该体系采用相同的概念、框架、分类和统计原则。例如,统计按机构单位展开,划分为非金融公司部门、金融公司部门、广义政府部门、住户部门、为住户服务的非营利机构部门和国外,按存量、流量(包括交易和其他经济流量)进行统计。危机的启示不仅是金融机构常规框架的改革,还涉及公共和私人部门责任的平衡,以及经济增长率和国家进步其他维度的平衡,而且还对我们理解复杂经济系统功能实现机制提出了疑问,彰显了现有统计基础设施在识别结构脆弱性、资产估值和监测经济绩效的充足性方面尚存不足。

2008 年国际金融危机显示,危机影响实体经济部门,经济和金融统计如 SNA 中组织和综合的那样,在评估各国危机前状况、脆弱性及危机影响时扮演重要角色。但是,不能指望 SNA 提供理解危机所需要的全部信息,用户已拥有大量统计数据,基本挑战不仅在于缺乏数据,更在于识别最相关的指标和正确解释这些指标。危机提供了一个评估 SNA 现行结构是否能够充分提供相关数据的机会,也为区分 SNA 系统的统计内容、数据收集频率和可得数据的及时性提供了机会。在范围和内容方面,最重要的启示在于危机对现行统计体系提出了新要求,各国普遍缺乏针对所有部门的金融和非金融账户数据,或者数据编制严重滞后。例如,监测住户和非金融公司资产负债表对资产价格冲击的脆弱性仍有待改进,这将要求编制按家庭类型划分的非加总住户部门账户,而且,改进金融部门中非银行金融机构资产负债表和交易数据也是极其必要的。

4. 经济统计应建立国际网络模型

金融危机的首要政策反响是政府监管部门应采纳宏观审慎方法或者说系统监管方法,目标是降低系统风险,实施该方法要求对金融机构之间传染和网络效应的潜在可能性及因素进行分析。理论上,我们对传染和网络效应的理解还在开始阶段,宏观审慎方法的一个主要贡献是使我们更加理解国际网络结构,当国内监管当局建立本国各自银行相互关联之后,扩展其与外国金融机构关系的能力受到相当大的限制。为了实现这一目标,能够获得跨机构的微观层面数据至关重要,但由于这一数据需求的敏感性特征,一个可行的办法是设计国际机构共享数据的平台,建立国际网络模型(International network model)。为此,建立监管同盟与合作,以及加强国内监管机构的合作是改进对金融网络理解的主要决定因素,国际组织可能是最适合作为编制此类数据和获得此类数据的安全渠道。

建立系统重要性金融机构网络的数据代表着一个巨大的国际化公共品,网络建设要成功需要大量资源和合作支持,这也将是未来完善此类重要信息缺口的必要步骤。从数据需求角度来看,主要涉及两类:一类是非加总的单个机构资产负债表数据,针对国际重要性金融机构的次级集团,资产负债表数据应包括流动资产、资本和重要的银行间资产与负债;另一类是为了理解机构间的关联性需要直接的交易对手风险暴露数据,以及对资产/部门的共同风险暴露数据。

5. 金融脆弱性的测度远远不足

20世纪90年代以来的金融危机突显了金融脆弱性的重要性,加强金融稳定分析和脆弱性监测成为统计部门和金融监管部门的工作重点之一。金融体系的脆弱性是现代经济金融危机爆发的主要根源,2006年IMF制定了《金融稳键指标编制者与使用者指南》,为评估经济金融脆弱性和稳定性提供了一个标准框架。然而,2008年国际金融危机过后,国际社会普遍认识到,现有的脆弱性测度理论、方法与实践都还有巨大不足和缺陷,难以真正满足危机预测和危机应对的要求。例如:(1)现有的FSI指标体系无法有效预警危机爆发和监测危机破坏程度;(2)SNA总量数据无法揭示大量家庭出现负资产的风险程度,住户和非金融部门潜藏的脆弱性尚缺乏相关测度;(3)国内经济对外部冲击的脆弱性监测还需大力发展。因此,改进微观审慎监管和宏观审慎监管的协调配合,加强对经济与金融体系脆弱性的监测,是应对未来危机的重要手段。

6. 统计应改进数据频率与及时性

危机除暴露出数据缺口之外,还突显了现行统计在数据频率与及时性方面的重大缺陷,在季度部门账户方面还存在严重缺口,应尽快发展针对主要部门的季度账户,这需要付出巨大努力。例如,对于国际投资头寸数据,目前是年度频率和9个月时效性的要求,国际社会需要集中力量改善国际投资头寸数据编制和发布,提高该类数据的可得性和时效性。

因此,各国应花大力气努力建立季度金融和非金融账户,当然,改进工作必须是务实的,可以从部分领域或少量细节开始,但信息应具有一致性,在全部账户序列中都包括此类信息。美国和欧元区已经能够提供针对所有机构部门的全部季度账户数据,欧盟有关季度部门账户包括资产负债表信息的工作也已取得了一定进展。欧盟收集和编制季度部门数据的模式是从国家或国际层面发展未来数据的极好范例,数据集是季度的,但覆盖了全部账户序列,提供完整的部门信息,综合金融和非金融流量与存量。

7. 危机突显社会统计方面的不足

危机过后其社会效应即变得更为明显,除经济效应的监测与统计外,改进和加强对危机社会影响的监测显得极为迫切。危机特别是长期和深刻的危机可能会在很短的时间内就改变人们的社会状况/条件,但其影响的完全显现可能需要较长时期。2008年国际金融危机同样对社会统计的整个体系带来了压力,这种压力很大程度上源自这样一个假定,即社会变迁缓慢发生,能够通过低频率的住户调查来监测。具体体现在两个方面:

(1)家庭/住户收入统计。从社会层面看,现有工具已无法满足数据用户需求的首要领域是贫困趋势和收入不平等的监测,过去数年来统计发现的住户收入模式常被认为是导致经济系统脆弱性的原因之一。对收入不平等的关注并未因危机的过去而淡化,有关危机对收入分布的影响还有不少问题也尚未解决。部分OECD国家仍缺乏年度的收入分布调查,一些开展相关调查的国家加工和编制调查结果的时间过长,数据公布严重滞后。

(2)住户财富统计。除收入外,危机将关注点聚焦于财富,这是决定人们生活水准的重要因素。家庭财富变化的影响对不同群体和个人不同。股票市场崩溃不仅造成个人财富损失,也会影响退休者和即将退休的人员,类似的,房价下降将挫伤中产阶级家庭。但是,捕捉这些影响需要家庭财富分布的信息,而现实是此类信息缺乏或受限,不同国家调查范围差异,调查方法和评估过程也不同,使得无法得到足够数据以揭示住户部门的脆弱性。

传统的统计以及基于统计的信息体系一般依赖于集中趋势(均值)的测度,很明显,考虑主要经济变量的完全分布状况将有助于识别系统中某一部分存在的风险,其影响将向整个经济和社会扩散。更为重要的是,便捷的微观数据有助于在危机到来时改进对危机结果的治理,掌握其对不同人群、企业和地区的不同影响,由此产生的一个新问题就是当基础分布有偏时如何来测度异质性。总之,收入和财富的平均测度常常不足以捕捉生活水准的变化,平均数需要分布信息作为补充,这就要求将收入和财富的国民经济核算概念与其微观经济概念结合,融合形成宏观与微观数据集。

8. 传统统计的风险测度存在重大缺陷

2008年国际金融危机表明,传统的风险统计理论与方法存在重大缺陷。以方差为主的风险测度理论忽略了尾部风险的测度,而这恰恰可能导致致命的伤害。同时,分布信息的缺乏也制约了对风险的监测。此外,以往的金融风险统计对以下方面的关注很少:(1)交易对手风险暴露,在金融网络化结构中,交易对手风险对金融体系的稳健性至关重要,现行体系提供的相关信息极少;(2)对资产/部门的共同风险暴露,金融机构可能通过持有相同资产而产生风险暴露,例如,一个陷入困境的金融机构为了冲抵巨大的损失可能减价出售某项资产,这样,一个本来有偿付能力的、并非直接关联的机构可能面临压力;(3)表外风险暴露,资产负债表数据的收集应与获得更好的有关影子银行系统信息的行动结合起来,将表外风险暴露也包括在内是比较理想的,因为这样才能有效捕捉或有负债信息;(4)OTC衍生产品市场风险,监管部门一直以来对OTC衍生品市场风险信息知之甚少,2008年国际金融危机使得监管者不得不将透明度视为监管OTC衍生产品市场及更一般的信用衍生产品市场系统风险的最重要政策目标;(5)系统重要性金融机构的风险,系统最重要金融机构可能影响整个体系的稳健性,加强对其风险监测是当前完善关键信息缺口的必要步骤,BIS正在研究如何定义系统重要性,第一层次的系统重要性金融机构假定是银行,下一层次是扩展该分析到其他重要性机构如套利基金、保险公司等非银行金融机构。

(三)国际社会的主要应对行动

针对2008年国际金融危机对统计的影响,国际组织已采取一系列应对行动,主要包括:

一是应G—20(二十国集团)财政部长和央行行长会议工作组的要求,IMF和FSB在广泛征求数据使用者和编制者的意见后,提交了研究报告《金融危机与信息缺口》,作为对2008年国际金融危机做出的反应。该报告提出了应对信息缺口的二十条建议,主要涉及四大主题:(1)金融部门风险积聚;(2)跨境金融联系与跨境风险;(3)国内经济对外部冲击的脆弱性;(4)改进政府统计的交流与共享。

二是IMF执董会同意基于SDDS框架开展数据缺口研究,以SDDS作为提高透明度的重要手段。如表2所示,相关工作包括:(1)SDDS鼓励指标在现有基础上增加7个金融稳健指标,以加强金融部门信息和更好地监测系统风险;(2)倡议签约国按季度频率和季度时效性公布国际投资头寸数据,而不是按目前的年度频率和 9 个月时效性的要求,以便更好地理解跨境联系与风险;(3)在鼓励指标基础上,增加一个有关国家按剩余期限分类的外债简表,以更好地监测国内经济对外部冲击的脆弱性;(4)要求数据发布者对 SDDS 元数据说明统计中何处不同于国际标准,并要求按国际通用质量评估方法每 7—10 年做一次数据质量评估;(5)IMF 启动对 GDDS、SDDS 的更新工作,预计 2013 年底或 2014 年完成,此外还考虑制定专门的金融数据发布标准。

表 2　SDDS 的主要修订:提高透明度

序号	主要修订	说明	层次	目的
1	引入 7 个 FSI 指标	具体包括:(1)监管一级资本/风险加权资产;(2)监管一级资本/资产;(3)不良贷款减去准备金/资本;(4)不良贷款/全部贷款总额;(5)资产回报率;(6)流动性资产/短期负债;(7)外汇净敞口头寸/资本。	鼓励的	加强有关金融部门的信息和更好地监测系统风险。鉴于许多 FSI 尚不具备足够的国际可比性,IMF 执董会强调应适当改进其测度一致性,并允许成员国在数据频率方面留有一定弹性。
2	国际投资头寸(IIP)	数据报告频率由年度转向季度,最大滞后期限为一个季度(即季度时效,原框架中为两个季度)。	必须的	更好地理解跨境联系与风险。
3	增加外债报表	在鼓励指标的基础上,增加一个按剩余期限分类的国家外债简表,以更好地监测国内经济对外部冲击的脆弱性。鼓励发布有关一年内本金与利息支付数据。	鼓励的	金融危机显示需要更多有关对外流动性的信息,强调将现有的、及时的季度国际收支数据与季度国际投资头寸联系配合使用,以掌握一国或地区对外脆弱性的全景。
4	评估与修订	加快 IMF 对数据公布标准文件的评估与修订。	未来工作	确保 SDDS 作为一个核心弹性报告框架,各国和国际社会一道弥补新数据缺口和增强透明度。
5	金融数据发布标准	IMF 部分专家提出,在 SDDS 修订之外,考虑制定专门的金融数据发布标准的可行性。	未来工作	专门负责协调系统重要的金融部门的信息发布。

注:根据 IMF 有关资料整理。

三是在 2008SNA 和 BPM6 修订出版的基础上，IMF 等机构迅速启动对政府财政统计、货币与金融统计等重要国际统计标准的修订与更新，其中已发布《政府财政统计手册》修订草稿，货币与金融统计标准正在加紧修订当中。此外，2008 年国际金融危机及许多国家相伴而来的大规模财政赤字和杠杆，削弱了财政统计作为国家财政和外部可持续性分析主要元素的效力。为此，IMF 还制定了《季度政府财政统计：编制者与使用者指南》（QGFS2013），其所用概念框架与 2008SNA、BPM6、PSDS2008、GFSM2013 等保持协调一致，关注如何改进政府财政运营和债务统计的质量和及时性，拓展记录的覆盖范围，改进财政统计的数据频率与及时性，增加财政透明度。

四是对《金融稳健指标编制指南》（FSI2006）进行全面评估和修订。根据 IMF 制定的《金融稳健指标编制指南》（FSI2006），目前约有 70 余个国家在 IMF 网站发布相关指标数据。受危机影响及巴塞尔协议Ⅲ的实施，IMF 启动了对 FSI 指标体系的评估，2011 年 11 月在华盛顿专门举行会议讨论其修订问题。

五是对有关债务、外汇储备、投资头寸的统计指南进行修订。IMF 统计部在征询储备资产技术专家组（RATEG）和成员国意见后，于 2012 年发布了修订后的《国际储备和外汇流动：数据模板指南》（IRFCL2012）[①] 和《季度国际投资头寸统计：数据来源与编制技术》（QIIPS2011），以便更好地评估一国的外部脆弱性。此外，IMF 与欧盟统计局、联合国、OECD、国际清算银行等一起于 2011 年制定了《公共部门债务统计：编制者与使用者指南》，并于 2013 年发布了最新修订的《外债统计：编制者与使用者指南》（预出版）。

四、启示与建议

此次危机对世界社会经济发展产生了巨大影响，也给各国发展和治理提供了重要经验，例如，必须关注制度建设、结构变化的社会维度、一国政治与文化传统等，其中极为重要的一条就是要大力发展和改进统计标准与原则，提供更好地经济金融数据，改进金融监测，促进经济金融稳定。具体来看，2008 年国际金融危机对统计发展的启示主要有以下几点：

（1）统计对危机预警、监测和应对至关重要。关键数据的可获得性是脆弱性监测和应对危机的有力武器。2008 年金融危机中去杠杆化从膨胀的影子银行开始，

---

① 该模板最初于 2001 年发布。

迅速向所有相关部门扩散,包括最终借款人、投资者和中介。然而,危机前对影子银行部门的价格和交易量并没有进行严格监管,对其知之甚少。危机爆发后,跨境风险(Cross－border exposure)、相关性、期限错配(Maturity mismatch)、超杠杆(Hyper－leverage)和再中介化(Re－intermediation)等关键信息的不足,制约了各国对危机的有效应对。

(2)危机为统计变革带来机会。无论是20世纪30年代的大萧条还是20世纪90年代的金融危机,均对统计体系带来了冲击与挑战,产生新的数据需求,进而催生统计的革命性变革与创新。当前,IMF等国际组织和各国学者高度关注2008年国际金融危机对统计的影响研究,已取得部分共识。

(3)2008年国际金融危机对统计未来发展的主要影响体现在八个方面:①信息缺口;②加总方法缺陷;③统计范围;④经济统计国际网络模型;⑤脆弱性监测;⑥数据频率与及时性;⑦社会统计;⑧风险测度。

(4)面对2008年国际金融危机对统计的冲击与挑战,国际组织已采取一系列的应对行动。G-20、IMF、联合国、世界银行、OECD等国际组织及部分国家纷纷采取措施,弥补信息缺口,更好地满足用户数据需求,其中最重要的是G-20数据缺口计划(DGI),在应对信息缺口方面已取得巨大成效。这些行动对各国统计实践已经和正在产生深刻影响,包括数据的收集、生产、评估和发布等各个环节。

正如克勒所指出的[①],改进统计信息方面的工作,有利于政府、企业和居民等各类主体在面对不确定性时更好地进行决策。对中国来说,从金融危机的视角反思统计的不足与缺陷,弥补信息缺口,改进现行体系,也是推动中国统计进步的有效途径。下面针对中国统计发展提几点政策建议:

(1)积极参与国际统计标准的制定或修订工作。中国过去参与IMF、联合国等国际组织有关国际统计标准制定或修订的工作很不够,更多的是接受培训,中国政府统计部门与统计学术界应进一步加强沟通合作,共同推动中国统计水平的提升。

(2)加快中国统计体系的改革与发展。在全球化日益深入的今天,中国的统计体系应在考虑本国国情的基础上,全面采纳国际标准,充分利用世界范围内2008SNA全面实施,以及BPM6、金融统计、财政统计等诸多专业领域国际统计标准全面修订、更新的契机,大力加强对各类新手册或指南的研究和开发,尽快采纳新标准,促进我国统计能力建设。

(3)积极弥补各类信息缺口。危机对统计的最核心启示就是信息缺口,面对社会经济发展中涌现的新现象、新问题与新情况,大力开发新工具以改进识别脆弱性

---

① 引自克勒,2001:《季度国民账户手册(QNAM)》中的"序"。

的能力,加强对脆弱性的及时和准确测度,增强关键数据的可获得性,是防范、监测和应对未来潜在危机的基本途径。

(4)加强金融风险监测研究。风险是一个永恒的研究主题,加强和改进金融风险监测是金融稳健统计的重要内容。危机之后,尾部风险、分布信息、外部冲击等问题备受关注,因此,改进风险统计信息,加强金融风险监测,成为摆在统计理论与实务工作者面前的一个重大课题。

(5)积极推动跨境金融联系统计。跨境金融联系与风险是导致危机快速蔓延扩散的重要根源之一,中国应积极探索跨境联系和跨境风险的统计理论与方法,为科学地描述和预测我国的外部脆弱性提供关键数据,一个可行的思路是通过与国际组织的协调,尽快尝试建立《国际投入产出表》和《国际资金流量表》。

参考文献:

[1] IMF Staff and the FSB Secretariat. The Financial Crisis and Information Gaps:Report to the G－20 Finance Ministers and Central Bank Governors [EB/OL]. International Monetary Fund. October 29, 2009.

[2] IMF Statistics Department. Monetary and Financial Statistics Manual and Compilation Guide Revision Experts Group Meeting:Discussion Note[EB/OL]. IMF, Washington D. C. , Feb 22－23, 2012.

[3] IMF. Monetary and Financial Statistics Compilation Guide[M]. IMF, Washington D. C. , 2008.

[4] IMF.International Reserves and Foreign Currency Liquidity : Guidelines for a Data Template[EB/OL]. Washington, D. C.:International Monetary Fund,2013.

[5] International Monetary Fund.Revision to GFSM 2001－Draft Chapters and Appendices (GFSM2013) [EB/OL]. http://www.imf.org/ external/ pubs/ ft/gfs/manual/gfs.htm, 2013.

[6] UN, European Commission, IMF, OECD, World Bank. The 2008 SNA [M], http://unstats.un.org/ unsd/nationalaccount/ sna2008.asp. 2009.

[7] 安格斯·麦迪森.世界经济千年统计[M].伍晓鹰,施发启译.北京:北京大学出版社,2009:3－13.

[8] 陈梦根. 2008SNA 对金融核算的发展及尚存议题分析[J]. 财贸经济,2011(11):74－81.

[9]国际货币基金组织.国际收支和国际投资头寸手册第六版(BPM6)[M].美国华盛顿:国际货币基金组织,2009.

[10]国际货币基金组织.货币与金融统计手册[M].美国华盛顿:国际货币基金组织,2000.

[11]国际货币基金组织.金融稳健指标:编制指南[M].美国华盛顿:国际货币基金组织,2006:2-6.

[12]蒋萍.国际统计标准属性及研发特点[J].统计研究.2006(3):22-27.

[13]邱东等.国民经济核算[M].经济科学出版社.2002:3-10.

[14]萨尔斯伯格.女士品茶——二十世纪统计怎样变革了科学[M].邱东等译.北京:中国统计出版社,2004:175-179.

[15]许涤龙,欧阳胜银.货币与金融统计国际准则体系的发展与启示[J].财经理论与实践,2012(1):109-113.

金融危机与统计信息缺口

摘要:2008年国际金融危机爆发后,数据缺口问题受到国际组织和各国政府的高度关注。广义而言,危机背景下信息缺口主要表现为三个相互关联的方面:一是金融部门的风险累积;二是跨境金融联系;三是国内经济对冲击的脆弱性。从统计视角来看,信息缺口主要包括两大类:(1)不可得信息;(2)信息内容缺口。危机提供了统计变革的机会,将对未来统计发展产生显著影响。

一、问题的提出

2008年一场百年一遇的金融危机席卷全球,对世界经济产生巨大冲击。作为自上世纪30年代以来最严重的一场危机,其波及面广,影响度深,对世界政治、经济、社会、文化等各个方面产生了持久而深刻的影响。危机过后,反思危机爆发原因、以及危机监测和应对策略中存在的不足与缺陷是人类社会进步的重要途径。

正如20世纪30年代世界大萧条推动了国民账户体系(SNA)的创建及其后的蓬勃发展,以及20世纪90年代历次金融危机推动了经济统计巨大变革与国际统计标准全面繁荣一样,2008年国际金融危机也将对统计发展产生巨大影响。实际上,虽然在20世纪90年代金融危机后国际组织与各国政府对原有的统计体系和标准进行了全面的改进与发展,但2008年国际金融危机仍在没有任何征兆的情况下悄然而至,显示现行统计体系在危机监测方面仍然存在缺陷,实际上危机暴露出在评估金融机构和金融系统稳定性时存在严重的信息缺口。总结危机教训,其中重要的一条就是要大力改进统计体系,弥补信息缺口,完善宏观审慎分析框架,更好地监测金融体系的稳健性。本文分析金融危机背景下信息缺口问题,从统计视角探讨信息缺口的类型,评估弥补信息缺口的优先性及国际行动,并提出相关政策建议。

二、危机视角下的信息缺口

危机往往提供变革的机会,2008年国际金融危机引发国际组织及各国政府反思应如何管理金融系统的风险,全面评估我们是否拥有管理风险所需要的正确信息。于是,信息缺口问题成为危机之后国际社会改革和重塑制度体系的关注重点之一。

(一)金融系统结构变化:新的信息需求

近年来,国际范围内金融系统出现了一些值得关注的结构变化:(1)机构规模巨型化,全球主要金融机构资产规模近十年翻了一倍,如果这些机构自我修复能力受到损害,将影响金融系统和实体经济的平稳、健康运行;(2)机构关联网络化,全球范围内的金融机构表现出更大相互关联性(Greater interconnectedness),机构之间(银行和非银行)相互依赖性显著上升,并且,这种依赖性可能来自不同渠道,包括通过直接信用风险暴露和通过进入共同的市场,意味着单个机构的前景不能独立于网络中其他机构而评估;(3)金融活动全球化,更大的规模和相互关联性部分地反映出金融活动的全球化,要全面理解金融系统的发展需要高质量的跨境信息(Cross-border information);(4)金融创新复杂化,创新推动金融系统造成更大的复杂性,例如,证券化通过建立长长的、相互交织的非透明关系链条,允许风险在金融系统不同参与者之间分配。

这些变化对整个金融系统的行为具有重大影响,无疑也将形成新的信息需求。其中,新信息需求的关注重点领域包括:大型和复杂金融机构风险暴露的微度披露(Granularity of disclosures);复杂结构产品的披露和评估;修订金融稳定分析指标,以聚焦于包含更多早期预警内容的指标;提高OTC衍生品市场的透明度。

(二)危机监测框架:多维度的数据需求

2008年国际金融危机对实体经济的影响是战后最为严重的,但时至今日,对危机的反思与认识还远远不够。此次危机由发达世界的中心美国爆发,迅速向世界其他地方蔓延,危机焦点是金融部门,由金融部门爆发之后并快速地向实体经济扩散。金融动荡向其他国家和全球实体经济蔓延的速度极快,突显市场和地区之间相互关联程度高,面对危机的监管真空和政策反应迟顿恰恰源于相关信息的缺乏。

表 1　危机的不同维度与效应

危机领域	机构部门			
	金融公司	非金融公司	住户	政府
财务效应	资产损失,流动性风险,偿债能力风险,更低的证券化,更低的信用评级	金融财富(养老金和储蓄)损失,非住宅物业损失,更低的信用评级,信用紧缩	金融财富(养老金和储蓄)损失,住宅物业(房地产)损失,信用紧缩	对金融机构的转移支付增加,公共债务上升,持有金融企业的股份增加,更宽松的货币政策
经济效应	收入损失,需求和利润下降,货币流失和相关损失	收入损失,需求和利润下降,投资减少,存货增加,外贸下降,货币流失和资产损失	就业减少,收入损失,信心下降,消费下降,汇兑减少,货币流失和资产损失	用于救助和支持非金融机构与住户的公共支出增加,货币流失和相关损失
社会效应	—	破产增加,创新和投资减少,创业活动减少	变得更为贫困,企业专有人力资本损失,脆弱性上升	社会转移支付增加
可持续性(长期)效应	经济和金融资产损失,信任和信心下降,对环境威胁和绿色/社会投资的关注下降	经济和金融资本损失,信任和信心下降,企业专有人力资本损失,资本/劳动关系更加紧张	教育支出减少,容忍度和信任下降,社会功能障碍增大,对环境威胁的关注减少,慈善捐款减少	公共债务和债券收益率上升,主张重新考虑养老金组合安排,公共养老金紧张,基础设施投资下降,对环境威胁的关注减少,对外援助减少

资料来源:OECD。

如表1所示,2008年国际金融危机冲击领域涵盖了金融公司、非金融公司、住户和政府等各个部门,其影响包括财务效应、经济效应、社会效应和可持续性(长期)效应。危机的不同维度说明,危机从金融危机开始,逐步演变为经济危机和社会危机,其影响是长期性的。危机的每一个维度都将影响社会不同部门,危机不同阶段的预警与监测和不同部门所受影响的测度与评估对统计提出了新的要求。例如,对于某些现象(如金融机构之间关系或金融机构可持续性评估)做更好的监测,可能会是产生新的数据收集需求,要求监管机构跨国界地共享信息;其他一些现象可能采用现有工具或经边际修正后的现行工具进行评估和测度。实际上,危机的监测包括事前、事中与事后监测等不同层面,任何监测层面都必须依赖于信息的支持,与危机效应的多维度特征一致,这种数据需求也是多维度的。统计数据是危机监测框架的关键要素之一,建立和完善危机监测的基本框架有赖于统计体系的全面改进。

(三)主要信息缺口:危机视角的反思

现有统计体系对预测国际金融危机影响的广度、速度和严重性方面还很不够,金融稳健性监测体系也并未发挥应有作用,这突显了危机视角下的统计信息缺口。实际上,努力弥补过去危机所暴露的信息缺口,也恰恰是为防范和应对下一次危机提供更好的信息支持。虽然由于各国国情差异,精确的数据需求在不同国家是不同的,会计准则和财务报告制度要求方面也都存在差别,但是从危机视角考察现行统计体系的信息缺口,改进对金融系统的认识和理解,是现行统计体系所面临的新要求与挑战。具体要求包括:一是反思已有金融指标在危机预警中的有用性,识别在评估相互关联度不断提升的全球金融系统脆弱性方面的主要信息缺口;二是识别关键额外信息,包括定性和定量信息,有助于提供更好的对危机及其破坏力的早期预警;三是勾画弥补信息缺口的步骤和行动方案,寻求统计资源支持。

广言之,从危机视角来考察现行统计与监测体系的信息缺口,主要涉及以下相互关联的三个方面:

(1)金融部门的风险累积。金融危机突显了捕捉系统的杠杆程度和位置或额外风险承担信息的困难,同时也证实了金融稳健指标的重要性,特别是有关那些尚未纳入监管或监管度低的机构和工具(如影子银行系统)的信息,以及有关那些已纳入监管的机构的流动性、信用和尾部风险的信息。一个与之相关的问题是,在风险转移工具快速发展的背景下,如何更好地理解风险在机构和市场中的实际分布状况。同时,许多金融稳健指标的构建和确保其充分的及时性与一致性都需要改进的数据信息支持,而许多"软信号"(Soft signal)类型的信息如贷款标准,在某些情形下也是非常缺乏的。此外,危机还显示,加强对金融部门风险累积的监测,必须改进编制与发布总量统计或平均数这么一种传统的统计范式,关注总量指标的波动范围与分布状况。

(2)跨境金融联系。正如前面所说,在全球化背景下国际金融网络联系快速发展,但相关的统计信息极为缺乏。例如,业务触角遍及全球的大型金融机构持续快速增长,如跨国银行、国际投行、保险公司等,使得一国金融稳定分析中跨境网络联系的重要性显著上升,但有关这些网络的信息与数据却十分缺乏。此外,银行和非银行等大型金融机构投资于相同的资产类别和(或)在资金供给构成相同方向风险的市场上融资,形成高集中度的交易,但有关交易集中度的信息极为缺乏。

(3)国内经济对冲击的脆弱性。为了有效监管国内经济机构的行为和风险暴露,降低外部脆弱性,需要加强相关数据的可得性,主要包括三个方面:①评估金融机构、政府、非金融公司和住户部门资产负债表头寸中潜藏的脆弱性;②评估上述多个机构共同涉及的市场的状态,如房地产市场;③经济中金融和实际部门的联系,包括跨境金融联系。

三、信息缺口的统计解析

从唯物史观的角度说,数据缺口是市场和机构不断发展的一个必然产物。2008年国际金融危机与以往历次危机一样,由于缺乏及时、准确的信息,妨碍了政策制定者和市场参与者做出有效的反应,突显了数据缺口问题的重要性。从金融危机来看,潜在的信息缺口所涉及的范围很广,但关注焦点应有所限制,必须是从系统的金融脆弱性分析视角看能够产生显著增加值的领域,并且认识到信息的提供、收集和分析是有成本的,从而设定改进统计产品的优先性。而且,这种评估应该是前瞻性的。从统计视角来看,危机所暴露的信息缺口主要包括两大类:一是尚不可得的信息或非公开披露的信息;二是有关信息内容的缺口,即在信息使用中因为对指标内涵的理解不准确或指标本身存在的误导性内涵,部分削弱了其对危机的早期预警,这种信息内容上的缺口同样非常重要。

(一)不可得信息

实际上,信息缺口的核心在于信息和披露框架无法跟上金融创新的步伐。受放松管制、技术进步和监管套利(Regulatory arbitrage)等刺激,最近十年来全球范围内金融创新飞速发展,可谓是日新月异。结果,在一些数据报告不透明或尚无统计的领域中,金融活动快速膨胀。特别地,在以下五个领域中金融活动急剧膨胀:(1)复杂结构产品;(2)表外项目(OBSE);(3)银行资产负债表交易账户;(4)场外(OTC)衍生产品市场,特别是信用违约互换(CDS);(5)非银行金融机构(NBFI),如投资银行、养老基金、保险公司和套利基金等。

相比于银行的银行业务账户,上述工具和机构的一个共同特点是他们在统计上的描述较少,透明度不高。一直以来,银行业务账户是传统金融稳定分析关注的焦点,而对非银行金融机构的关注较少。同时,在金融危机早期预警方面,诸多不同领域无法获得高质量数据,或者部分数据存在明显的局限性,限制了对危机的预测与监测能力。表 2 对与危机有关的金融市场指标进行了全面评估与分析,目前来看,在信息可得性方面,受到批评最多的关键信息缺口主要有:

(1)主要银行机构风险暴露的数据不充足。金融创新使得部分产品复杂性大大加剧,而微度披露(即对金融机构与工具细节信息的披露)又明显不足,导致对系统重要性的主要银行风险暴露信息缺乏,特别是有关跨地界和跨市场关联性的信息严重不足。一方面,银行资产负债表持有的和表外项目中的巨额复杂结构产品,监管部门和公众对相关信息尚未充分掌握,其对经济部门和交易对手风险暴露的集中度也没有被充分认知,这种不透明往往导致对其风险转移和分散程度的高估。另一方面,甚至被监管金融机构发布常规报告,其信息披露也可能仍缺乏一致性和透明性,特别是微度披露(Granularity disclosure)严重不足。由于交易账户风险暴露报告缺乏针对性和一致性,妨碍了宏观金融稳定分析中的机构风险评估、跨机构与跨产品的比较和加总,以及压力测试等。

(2)复杂结构产品的资产估值技术和风险模型发展尚不完善,不能捕捉尾部损失和支持价格相关性分析。特别地,对资产估值与建模和实际资产价格行为过程并不一致,包括用于模型测度和事后检验的假设和数据也不够精确,因为这种拟合是基于信用周期(Credit cycle)的人为分割而展开的,与现实的情形之间总是存在差异。直到危机提供极端的、现实的压力测试,这些新的结构产品的价格分布和交叉相关性从来没有受到价格下跌的检验。

(3)有关杠杆和系统重要性非银行金融机构风险暴露水平与集中度方面信息缺乏,以及他们与其他金融机构关联性的信息缺乏。受 20 世纪 90 年代金融危机的影响,金融监管由微观审慎分析转向宏观审慎分析,开始同时关注个体金融机构与整个金融体系的稳健性。然而,2008 年国际金融危机暴露出现行金融稳定分析还存在明显不足之处,其中最核心的是对金融体系的总杠杆和系统性风险测度不足。例如,其中一个广泛的非透明领域是银行对套利基金的风险暴露,以及非银行金融机构的风险暴露与集中度。

(4)与市场有关的统计尚不充分,不足以支持对金融风险的全面评估。2008年国际金融危机表明,有关价格、交易量、OTC 交易工具集中度的信息不充分,阻碍了对流动性和市场风险的评估。

表2 与危机有关的金融市场指标评估

监测风险	指标	来源	高质量数据的可得性 借款人/投资者	高质量数据的可得性 官方部门	解释
抵押贷款起源	贷款规模	贷款绩效,指数,HMDA	有	有	HMDA(Home Mortgage Disclosure Act)为《房屋抵押信息披露法》。
抵押贷款起源	借款人信用质量和借款性质(收入、FICO评分、LTVs等①)	贷款绩效,指数,HMDA	无	无	次级贷款和财产评估的错误数量描述,无证明贷款缺乏相关数据,借款人很难理解创新型贷款术语,如不易理解的可调整利率抵押贷款(Adjustable rate mortgages,ARM)。
抵押贷款证券化	MBS,ABS-CDO规模	交易员,数据服务,CRAs	有	有	数据未能说明哪个(些)部门最终承担风险暴露,CRAs(Credit rating agencies)为信用评级机构。
抵押贷款证券化	抵押贷款池中微观数据	银行监管档案,公司提案,交易员,CRAs	无	无	MBS基础抵押物的数据没有标准化或不易比较。
抵押贷款证券化	MBS,ABS-CDO,ABX价格和掉期	银行监管档案,公司提案,交易员,CRAs	有	有	MBS(Mortgage-backed security)为抵押贷款证券化;ABS为资产支持证券;CDO(Collateralized debt obligation)为担保债务凭证;ABX为次贷衍生债券综合指数。
信用违约互换	CDS价格	交易员,市场调研机构Markit	有	有	CDS为信用违约互换。
信用违约互换	按参考项目分的CDS规模	DTCC,交易员	无	无	目前有关CDS合约的高频数据很有限,DTCC为美国证券托管结算公司。
信用违约互换	按交易对手和参考项目分的CDS风险暴露	DTCC,BIS,交易员,企业/基金信息披露	无	无	对于主要CDS交易员评估交易对手风险暴露或风险集中而言,CDS风险暴露的信息特别重要。

① 信用评分(Credit score)是信用机构评估借款人信用水平高低的数字表示,多采用费尔·艾萨克公司(Fair Isaac Corporation)的FICO评分方法。另外,LTVs(Loan to value)表示贷款对资产价值的比率。

续表

监测风险	指标	来源	高质量数据的可得性		解释
			借款人/投资者	官方部门	
OTC产品,特别是衍生产品	分类型OTC产品规模	交易员,数据服务,CRAs,BIS	无	无	金融机构OTC衍生产品风险暴露信息尚不可得。
	OTC产品价格	交易员,数据服务,CRAs	有	有	
	按交易对手和类型分OTC产品风险暴露	交易员,数据服务,CRAs,BIS	无	无	BIS即国际清算银行。
货币市场	银行间和货币市场利率和利差	数据提供者,中央银行,交易员	有	有	
	银行间交易量,特别是美元交易量,包括系统盈余或赤字	一些中央银行	无	无	有关银行间市场交易规模的数据有限,特别是高频数据,美联储不像其他中央银行,不发布有关系统流动性的估计。
	单个银行的银行间融资利率,特别是非Libor和Euribor利率	银行监管档案,公司提案,交易员和CRAs	无	无	仅Libor或Euribor供款者可获得有关数据,甚至Libor申报都成问题。
	单个银行资金盈余或赤字的数额	交易员,CRAs,银行监管档案,公司提案,中央银行	无	有	在一定程度上中央银行可获得相关数据,特别是银行联入中央银行流动性系统时;但银行层面的数据不向公众披露。
基金市场	货币市场共同基金	数据提供商和行业组织,交易员,CRAs	有	有	
	单个货币市场共同基金的风险暴露	数据提供商和行业组织,交易员,CRAs,官方来源	无	无	货币市场基金风险暴露的微观数据非常有限,特别是高频数据。
	非银行与非MMF货币市场投资者的流量和风险暴露	特定机构	无	无	证券借出者和离岸货币市场基金风险暴露与活动的微观数据有限。

续表

监测风险	指标	来源	高质量数据的可得性		解释
			借款人/投资者	官方部门	
银行	银行股票价格和波动率,以及 CDS 价差	数据提供商	有	有	
	银行财务报告	监管档案,公司提案,数据提供商	有	有	在频率上,美国按季度报告,欧洲按半年度报告;报告不是根据投资者的风险评估能力而编制。
	银行风险暴露,包括表外项目	监管档案,公司提案,交易员,CRAs	无	无	风险暴露的微观数据,特别是问题资产,不足以支持危机预警。
非银行机构	结构性投资工具(SIVs)和 ABCP 渠道投资	交易员,CRAs,新闻报导	无	无	ABCP 和 SIVs 持有者的详细信息披露在危机前很有限,对于银行这一点在 2007 年后有所改善,但其他持有者仍难以得到相关数据。ABCP（Asset backed commercial paper）为资产支持商业票据。
	SIVs 和 ABCP 风险暴露,包括通过信贷或赞助方式	银行监管档案,公司提案,交易员和 CRAs	无	无	信息可以获得,但风险不易理解或被低估。2007 年后信息有所改善,但仍不够全面。
	SIVs 和 ABCP 商业票据利率	CRAs	有	有	
	基金结构和 SIVs、ABCP 杠杆	交易员,CRAs,新闻报导	无	无	有关 SIVs 资产负债表和风险的数据基本上可从信用评级机构和交易员处得到,但是更广泛的高频信息尚不可得。
	GSE 股票价格和公司债券、CDS 价差	数据提供商,交易员	有	有	GSE（Government－sponsored enterprises）为政府支持企业。
	GSE 财务报告	银行监管档案,公司提案,交易员,CRAs	有	有	

续表

监测风险	指标	来源	高质量数据的可得性		解释
			借款人/投资者	官方部门	
	GSE风险暴露和流量	银行监管档案,公司提案,交易员,CRAs	无	无	有关风险暴露的微观数据,特别是非GSE资产,被认为仍然有限。
	其他非银行机构的杠杆	银行监管档案,公司提案,交易员,CRAs	无	无	非银行机构信息披露的精度各不相同,某些机构特别是套利基金信息披露极为有限。
	其他非银行机构风险暴露和流量	银行监管档案,公司提案,交易员,CRAs	无	无	NBFI信息披露的精度各不相同,某些机构特别是套利基金信息披露极为有限。对公司而言,同样如此,信息披露也很有限。

注:根据IMF和FSB有关资料整理。

(二)信息内容缺口

除不可得信息外,另一类信息缺口主要关注被监测指标的信息内容。具体来看,这种信息内容缺口主要涉及:

(1)FSI指标体系无法为金融稳定分析提供充分信息。标准的金融稳健指标(FSI)被强调作为IMF监管体系的主体内容,但是作为金融动荡的早期预警指标时总体表现不佳,一些核心指标持续甚至在基础资产负债表和市场条件出现恶化后继续发出金融机构稳健和流动性充足的信号。特别地,关注焦点包括监管资本指标(巴塞尔资本充足率,Capital adequacy ratio,CAR)、银行交易账户中复杂金融工具以及其他为满足CAR要求发生的表内或表外交易风险,但相比之下,部门杠杆(Sectoral leverage)能够提供更好的有关风险趋势的信号,却不属于FSI核心指标集,而且对非银行数据的收集还特别不完全。

(2)市场指标提供危机严重性的提前警示信息有限。金融机构稳健性测度如违约距离(Distance to default)似乎更多地是由同步信息驱动,其用于预测的价值仍有待进一步评估。恰恰在危机之前,以波动率作指标的风险测度处于历史低水平,无疑,风险测度存在缺陷,无法提供危机的早期预警信号,而且,交易量与价格包含的更多地也是同步或滞后信息。同时,金融资产/负债估值方法以及金融机构的风险管理评估包括评级机构所做的评级一般太过主观,难以作为因子计入尾部风险的潜在相关性分析之中来考察。

(3)少数观察者和分析师的定性评估对宏观金融风险可能更为敏感,但要将定性监测转化为定量分析比较困难,从而妨碍其可靠性与说服力。危机紧要关头的评估往往标记部门风险暴露(如房地产市场),表达监管当局、公众和投资者对压缩价差(Compression spread)、风险抑价、承保标准下降(Underwriting standard)、风险暴露透明度不足的关切。上述信息缺口,以及受部门风险影响而对工具和机构广度的总体低估,使得以数据分析来充实定性评估非常困难。由于无法将那些可能导致触发危机的特定的潜在风险点进行充实和数量化,或者识别事前拐点,往往会削弱预测信息的有效性,特别是在一段较长时期和似乎永久的经济上升期中更是如此。

四、信息缺口的应对:优先性与行动评估

作为2008年国际金融危机的一个重大教训,现行统计与监测体系存在严重的信息缺口,而且部分用于危机监测的关键数据只有在较长时滞后才可获得,如跨境银行业风险暴露数据和大型金融机构的资产负债表信息等,然而监管者、投资者与公众往往需要及时的数据。因此,弥补信息缺口,改进数据质量、频率与时效性,是危机后统计与监管体系改革和完善的重要一环。为此,国际社会采取了一系列行动应对数据缺口问题,而各国之间加强和改进官方统计的交流,推进和创新学术、政策和统计等领域之间的互动,也是非常有必要的。

(一)关键缺口分析

信息缺口导致的一个严重后果是,甚至预言家也难以对危机的爆发、过程、影响面及损害程度做出令人信服的准确预测。同时,危机对经济与金融稳健性监测也提出了新的信息需求。归纳而言,现行统计体系关键性的信息缺口主要包括以下六个方面:

(1)关键缺口——金融创新。近年来,部分新兴金融领域的快速创新和增长,包括复杂结构产品、资产负债表外项目、银行资产负债表交易账户(Trading books of banks' balance sheets)、场外金融衍生产品交易、非银行金融中介(投资银行、保险公司、套利基金、抵押经纪)等,此类市场和工具历史较短,信息披露要求和统计

数据都较为有限,受到的监管也较为宽松。

(2)关键缺口——主要银行。系统重要性银行信息缺口对危机影响至关重要。首先,与商业银行和投资银行借贷有关的信息缺口如复杂结构性产品和表外项目的采用,常常会致使对风险转移的高估;其次,信息披露的一致性与透明性不足,特别是细节性信息缺乏,削弱了对机构层次和整个系统的风险评估;再次,有关跨境风险暴露和资本流动的数据不足,妨碍了对跨国溢出效应(Cross-country spillovers)的分析。

(3)关键缺口——资产估值技术和风险建模。其一,部分测度存在缺陷,如现行资产估值技术与风险建模多数是基于对信用周期的随意、主观分割而展开,用以评估危机期间非连续性的基础并不充分;其二,当前体系所用模型常常仅用于部分组合或者说部分覆盖,对市场、流动性、信用和信誉风险的相互作用考虑不足;其三,不同机构异质风险的建模方法存在缺陷,对其的监管也不足。

(4)关键缺口——OTC工具。20世纪90年代以来,国际范围内OTC衍生品市场发展迅速,市场规模持续扩大,在金融稳健性评估中重要性上升。但相关的信息缺口在危机来临时可能产生严重后果:一方面,OTC衍生品市场由于缺乏集中清算和交易导致显著的信息缺口,现行统计与监测体系对OTC市场交易未追踪,交易对手风险未知,而且,OTC市场采用净额结算的模式存在根本性不足,易掩盖关键信息;另一方面,OTC工具风险累积信息缺乏透明性,如有关该金融工具的基础风险以及谁承担风险不透明。

(5)关键缺口——非银行金融机构。对于非银行机构的信息缺口,主要涉及有关货币市场基金、保险公司、抵押经纪商、养老基金、套利基金等机构的信息,以及有关风险暴露、杠杆和期限匹配的信息。同时,上述机构之间的相互关联性也是脆弱性的重要根源之一。

(6)关键缺口——信息内容。现行体系部分领域已有相应的概念/统计框架,并已开展数据收集与发布,但在统计的相关性和内容上存在不足,限制了其在经济、金融稳健性监测中的有用性。例如,FSI指标体系作为金融稳定分析的中心框架,在2008年国际金融危机中表现不尽人意。同时,市场指标一般受同步信息驱动,在危机中表现同样失败,经典的风险指标如波动率测度也未能提供危机预警的可靠信号。宏观审慎建模总是提供不充足的信息或不涉及有关系统风险、溢出效应和网络效应等内容,难以支持全面的金融稳定分析。

(二)优先性分析

数据缺口是市场和机构持续发展过程中不可避免的结果,当缺乏及时、精确信息妨碍了政策制定者和市场参与者做出有效的反应与决策时,这些信息缺口的重要性将被突显,所带来的损失(成本)将更为巨大。国际经验表明,缩小信息缺口需要制定科学的行动计划,并通过制定强有力的战略性框架推动计划实施,还需要持续的政策支持。从实践上看,弥补信息缺口需要潜在的资源应用,是有成本的。IMF和FBS等建议,各国在应对信息缺口时一方面应继续执行已有的统计能力提升计划,同时实施专门的、新的统计改进行动,弥补危机背景下暴露出的信息缺口。新的行动应以一种更紧迫的方式进行,并科学地设计统计改进行动的优先次序。在所有新的行动建议中,以下三方面具有最高级优先性:(1)发展金融系统中总体杠杆度和期限匹配状况的测度;(2)加强具有系统重要性的全球金融机构的金融联系方面的信息;(3)识别非银行金融机构的跨境活动与联系。

进一步地,为了确保改善数据覆盖和弥补缺口的行动有效、高效,所有工作必须是协调一致的,必须将现有资源做最大化的利用。这就要求各个机构、监管者、行业团体、中央银行、统计机构和国际组织共同采取行动和展开合作,完善数据编制者与数据用户的协调机制。同时,现行的统计基础设施应尽可能加以利用,特别是部分国家对有关数据收集的法律框架还需要做出修订与加强,而且,政府部门应继续充分地利用私人部门可得的相关数据。

(三)国际行动评估

为了缩小信息缺口,国际上建立了一系列机构或组织结构来制定与实施各种行动方案,以此促进国际合作,动员统计资源,降低改进成本。主要包括:(1)FSB和IMF有关部门密切合作,向G—20提交《金融危机与信息缺口》的报告,并持续监测该报告的实施进展;(2)2008年末建立经济与金融统计联合工作组(IAG),成员包括IMF(主席)、国际清算银行(BIS)、欧洲中央银行、欧盟统计局、OECD、联合国和世界银行等,旨在协调国际机构间改进经济和金融统计的有关各项工作,包括统计方法与数据收集;(3)2009年6月FSB成立脆弱性评估常设委员会和监督与管制合作常设委员会,前者致力于评估和监测国际金融系统的脆弱性,后者探讨国际金融系统中的监督与管制合作问题;(4)2009年1月IMF与FSB合作建立了加强金融稳定分析合作圆桌论坛;(5)许多其他常设组织如IMF国际收支统计委员会(BOPCOM)、全球金融系统委员会、秘书处间国民经济核算工作组(ISWGNA)、机构间金融统计工作组(FFS)和证券数据库工作组(WGSD)等,也从不同角度和不同专业领域出发制定或实施了有关改善数据缺口的工作方案。

这些组织结构在密切合作的基础上,致力于制定和实施统计改进方案,增加关键数据的可得性,弥补危机所暴露的信息缺口。通过国际组织与有关国家的广泛合作,目前已采取了一系列行动举措,主要包括:一是加强巴塞尔协议Ⅲ(BCBS)三级资本的银行信息披露;二是改善结构性产品披露(START 项目);三是修订表外项目的报告要求(国际会计准则理事会,IASB);四是改进 CDS 的集中结算(纽约联邦储备银行,FRBNY)和交易数据披露(美国证券托管结算公司,DTCC);五是加强评级机构的信息披露(国际证监会组织,IOSCO);六是改进套利基金向投资者/客户和交易对手的披露(套利基金工作组,HFWG);七是改进经济统计的行动,例如,改进债务证券统计(证券数据库工作组,WGSD),改进货币与金融统计和经济/金融统计的国际合作(经济和金融统计跨机构小组,IGEFS)。

理论上,部分数据缺口可以通过、实际正在通过已有的一些统计改进计划来缩小或弥补,其他一些必须通过实施新的行动方案和从私人部门收集额外的数据才能弥补。在国际应对行动的实践当中也产生了一些重要问题,诸如:首先,部分国家有关数据收集的法律框架需要加强;其次,增加数据收集将提高成本,弥补信息缺口应在成本预算约束下制定详细的行动计划和时间表;再次,国际组织、各国统计与金融部门、以及监管当局应建立良好的沟通与合作机制,指导和实施统计改进方案,以便在协调实施行动、争取资源、成本最小化等方面扮演重要角色;第四,最重要的是,各国应确保统计信息收集与金融市场的快速变化相适应。

在所有的应对行动当中,最重要的是 G—20 的数据缺口计划(DGI)。依据 G—20 财政部长和央行行长会议的要求,IMF 和 FSB 于 2009 年 11 月联合制定了《金融危机与信息缺口》的报告,其中提出了应对信息缺口的二十条建议,DGI 计划旨在实施这些建议。

五、总结与展望

2008 年国际金融危机暴露了严重的信息缺口问题,为了弥补这些缺口,现行统计体系正面临着巨大的挑战,首先需要识别具体的统计缺口,厘清优先关注的领域,然后才能采取相应的改进措施。国际社会应进一步加强交流与合作,这种合作关键要义在于:一是确保数据收集框架和定义的一致性;二是便利跨境风险暴露数据的收集;三是努力避免监管套利。虽然目前国际社会针对信息缺口问题采取了一系列行动,部分措施已初见成效,但是从长远来看,已有的行动仍然不够。实际上,应对信息缺口的工作本身具有极大的挑战性,未来还有很长的路要走,下一步工作的重点在于:

(1)改进银行和系统重要性非银行金融机构(NBFI)的披露标准。建立和完善对系统重要性机构的信息披露标准,弥补危机所暴露的相关统计信息缺口,其中:①大银行,增加或改进披露有关市场头寸、对经济部门的头寸暴露、大型交易对手、表外行为、银行业务和交易账户等方面信息,不同国家采用相同模板以允许加总、机构比较和识别网络联系;②系统重要 NBFI,虽然在信息披露方面要求相对更少,但应按类似于银行的表式披露杠杆、期限匹配和大规模风险暴露等信息;③金融监管者,要求其评估数据质量,识别不同市场和机构信息披露中的实质性缺口,并加以改进。

(2)重新确定金融稳健指标的优先性。为此,重新评估和审定 FSI 指标的优先性,对 FSI 指标体系进行扩展。一方面,应高度关注有关指标的信息内容,诸如:①调整银行的 CAR 和流动性测度;②改进对系统重要性 NBFI 的杠杆和其他测度;③加强部门(住户和公司)资产负债表和资产价格覆盖;④发展和囊括系统风险指标;⑤加强对资金流量数据的关注。另一方面,应积极分析后续改进行动或措施,并将国家、机构和市场特定环境等因素考虑在内。

(3)积极发展系统性风险分析的数据和工具集。改进系统性风险分析,首先要求识别系统重要机构、市场和工具,考察维度包括基本指标(规模、集中度)、网络和相互依赖性(Co—dependence)等;其次,需要加强有关机构间风险暴露的测度,并监测在监管体系范围之外的项目等的数据;再次,需要创建新的、科学高效的分析工具,诸如多维评分技术、分析金融网络的方法、尾部事件/非连续性的模型等。

(4)大力加强有关复杂模型评估技术的披露和信息交换。风险评估的透明性要求主要覆盖系统重要性机构,包括银行与非银行金融机构,应要求其披露风险管理实践、估值技术、风险模型、压力测试结果等的特征信息。对于央行或金融监管当局,应强化金融稳定评估质量的责任,特别是应将实施统计改进后增加的新信息整合进金融稳定评估。

(5)改进 OTC 衍生品市场的透明度。改进 OTC 衍生品市场的透明度所需要的关键数据要求将关注焦点从有关价格与交易量的信息转移到有关风险暴露、交易对手和市场集中度的信息,而且应积极完善相关的统计基础设施,可以通过将交易转移到集中清算系统和集中交易市场来加强信息或数据披露。

参考文献:

[1] 本·伯南克. 监测金融体系. 银行家,2013(6):75—78.
[2] IMF Staff and FSB Secretariat. Fourth Progress Report on the Implementa-

tion of the G—20 Data Gaps Initiative. http://www.imf.org/external/ns/cs.aspx? id=290, September, 2013.

[3] IMF Staff and FSB Secretariat. Progress Report on the G—20 Data Gaps Initiative: Status, Action Plans, and Timetables. http://www.imf.org/external/ns/cs.aspx? id=290, September 30, 2012.

[4] IMF Staff and FSB Secretariat. The Financial Crisis and Information Gap: Implementation Progress Report. http://www.imf.org/external/ns/cs.aspx? id=290, June 30, 2011.

[5] IMF Staff and FSB Secretariat. The Financial Crisis and Information Gaps: Progress Report, Action Plans and Timetables. http://www.imf.org/external/ns/cs.aspx? id=290, May 31, 2010.

[6] IMF Staff and FSB Secretariat. The Financial Crisis and Information Gaps: Report to the G—20 Finance Ministers and Central Bank Governors. http://www.imf.org/external/ns/cs.aspx? id=290, October 29, 2009.

[7] Bier, Werner. Data Requirements and Improvements Necessary for Assessing the Health of Systemically Important Financial Institutions. IMF—FSB Users conference, July, 2009.

[8] Johnston, R.Barry, Effie Psalida and Phil de Imus, et al. Addressing Information Gaps. IMF working paper, http://www.imf.org/external/pubs/ft/spn/2009/spn0906.pdf. 2009.

G—20应对信息缺口建议及其政策含义

摘要：信息缺口与金融稳定分析息息相关，特别是一些关键领域的信息缺口甚至严重影响金融危机的动态演进。G—20数据缺口计划作为国际社会最重要的应对举措，将对统计与监测体系的未来发展产生巨大的影响。G—20应对金融危机信息缺口的二十条建议主要包括两类：一类是必须发展新概念/统计框架的建议；另一类是已有概念/统计框架、需加强数据收集的建议。从实施进展来看，DGI计划已取得显著进展。最后，对我国进一步完善和发展经济金融统计监测体系提出了政策建议。

一、引言

2008年一场百年一遇的国际金融危机席卷全球，对各国社会经济产生巨大冲击。在经济和市场全球一体化的背景下，危机突显了及时的、国内一致且国际可比的统计数据极端重要。实际上，自20世纪90年代以来，国际社会建立了众多的国际统计标准，在发展一致性经济金融统计体系方面取得了巨大进步，极大地增进了数据透明度。虽然金融危机并非由缺乏适当的经济与金融统计所引发，但危机暴露了与金融部门脆弱性有关的严重的信息不足和数据缺口。

信息缺口与金融稳定分析息息相关，特别是一些关键领域的信息缺口甚至严重影响金融危机的动态演进。一方面，危机起源国家的经济统计数据未能提供危机发生的预警信号，也未能预测危机对经济的破坏程度；另一方面，受影响国家也未能通过统计数据判断和估计危机扩散与传染情况。危机促使国际组织及有关国家对现行统计体系进行全面的评估与反思，并提出了诸多的改革建议，其中最重要的是G—20数据缺口计划（Data gaps initiative，DGI）。该计划旨在缩小2008年国际金融危机所暴露出来的信息缺口，中心任务是落实由国际货币基金组织（IMF）和金融稳定理事会（FSB）联合向G—20财长与央行行长会议提交的《金融危机与信息缺口》报告所提出的二十条建议。

金融危机引发 G—20 财政部长和中央银行行长加强国际合作和提高金融市场一体化工作组建议,倡议 IMF 和 FSB 探讨信息缺口和针对加强信息收集向 G—20 财政部长和中央银行行长会议提供适当建议。2009 年 10 月,IMF 和 FSB 联合提交了《金融危机与信息缺口》的报告(G—20 报告),针对危机暴露的信息缺口问题提出了应对举措及行动计划。本文拟深入剖析 G—20 应对金融危机信息缺口的二十条建议及其政策含义,评估 DGI 计划实施的最新进展,并对我国进一步完善和发展经济金融统计监测体系提出政策建议。

二、背景分析

正如 20 世纪 30 年代的大萧条和 20 世纪 90 年代的金融危机一样,2008 年国际金融危机似乎再次确认了一个古老的教训:好的数据和好的分析是国家层次或国际层次有效监管和政策反应的生命线。为了更深刻地理解金融危机,需要高质量的统计数据,而强化对金融稳定性分析的数据支持,更进一步的工作是发展更为稳健的宏观审慎政策和概念框架。危机暴露出在将金融部门联系纳入传统宏观经济模型时存在诸多基础脆弱性,市场和政策制定者在那些信息缺乏的领域往往准备不足,如复杂工具、表外项目风险暴露以及金融机构跨境联系等。

20 世纪 90 年代以来,国际范围内金融危机频频爆发,促使 IMF、联合国等国际组织积极开发国际统计标准,推动各国统计的标准化与国际可比性。在宏观经济统计方面,初步形成了一个相对完整的现代统计体系,以国民账户体系(SNA)为中心框架,包括实体经济部门、价格测度、国外部门、货币金融、政府财政、公共部门债务、外汇储备等各专业领域都已建立相应的国际标准。特别是针对宏观审慎统计,2006 年 IMF 制定《金融稳健指标编制指南》(FSI2006),为金融稳健统计提供了国际标准的概念框架与方法体系。然而,2008 年国际金融危机在事先没有任何迹象的情况下悄悄发生,由此暴露出现行统计体系尚存巨大的信息缺口,在金融脆弱性监测和风险预警方面存在明显缺陷。

归纳起来,2008 年国际金融危机暴露的信息缺口主要表现在以下六个方面:(1)大量创新型金融机构的统计信息缺失,如共同基金、对冲基金、投资银行和专业房贷机构等新型非银行金融机构大多未纳入金融统计范围,在银行统计中也未列为一类特定交易对手进行明确统计,而传统金融机构甚至部分非金融企业通过设立子公司或特定目的实体(SPE)参与大量金融交易,却游离在金融统计与监测范围之外;(2)复杂结构性金融产品和场外(OTC)衍生品的统计信息极度缺失,如信用违约掉期(CDS)和担保债务凭证(CDO)等既无总量统计,也无风险敞口统计;(3)对跨境金融风险传染缺乏有效监测手段,现行金融统计体系以金融机构资产负债表为核心,对跨境、跨市场、跨机构、跨业务的交易监测不足,监管部门难以全面、准确地追踪和掌握风险传导的渠道和规模;(4)金融系统脆弱性统计监测仍然薄弱,传统的统计体系缺乏测度金融系统总体风险的总量指标,基于资本充足率和偿付能力的传统统计体系侧重于单一金融机构的监测,主要关注银行业与保险业,对证券业等关注不足,缺乏对整个金融体系的风险监测,无法满足评判金融部门风险积聚和金融体系脆弱性的要求;(5)官方统计信息共享基础薄弱,各国金融统计一般由货币银行统计、金融监管统计和国际收支统计三个体系构成,但彼此之间标准存在一定差异,协调性和共享性不足,导致无法从整体视角审视金融市场,进一步地,从国际上看各国之间金融统计的交流与信息共享则更是极其薄弱,无法满足和适应全球金融机构与金融市场联系日前密切的现实要求;(6)政府财政与债务统计数据失真与不透明,与20世纪90年代墨西哥金融危机、亚洲金融危机等一样,统计数据失真和低透明度也是美国次贷危机、希腊债务危机爆发的重要原因之一。

从原因上看,上述信息缺口产生的主要根源在于:(1)对金融产品创新及其影响认识不深,对金融衍生产品计值与风险监测不足,对影子银行、资产证券化、特殊目的实体等未能建立全面的统计体系;(2)对货币政策传导渠道新变化的认识不够清晰,金融统计未能做出反应;(3)对金融风险传导途径的认识与监测不够深入,结构性产品风险传导和金融风险跨境、跨市场传导缺乏系统、深入研究;(4)统计体系滞后于信息技术的快速发展,致使现有统计手段落后、信息有限,数据频率与及时性方面不足,无法适应金融监管的要求。

危机一个主要教训就是要改进金融统计,弥补信息缺口,以便更好地理解金融部门的行为。最有挑战性的是那些最具显著性但最不了解的领域,而这些方面数据收集的改进需要时间,因为无论要满足何种特定的统计需求,首先必须发展分析性和概念性框架,即建立起概念或统计框架,然后才可能开展新的数据收集。其中,以下两个方面值得特别关注:

一是有关金融系统关键节点的更好信息。金融机构信息披露要求应以其对更好地理解金融系统行为的重要性为准绳,理论上,我们并不知道下一次危机需要什么数据,这也是为什么银行及其他金融机构需要持续、快速地改进其信息供应能力的重要原因,同时,企业也应建立更好的系统以便更好地理解其风险暴露状况。首先,危机表明银行信息需要大大改进,在巴塞尔协议Ⅲ的框架下,银行应提供更丰富的数据序列,包括表外工具、或有周转性短期贷款风险暴露等方面的信息,国际组织和各国监管部门应积极改进银行信息披露模板,敦促银行更微度和更常规地披露有关信息;其次,一个明确需要改进的领域是企业流动性风险数据,包括更高频率、更大量的流动资产持有信息、主要资金依赖关系与或有融资需求信息等;再次,在银行信息披露得到强化后,还需改进金融系统其他主要参与者的信息作为补充。

二是有关金融网络联系的更好信息。在金融网络化发展的背景下,单独观察某一机构的资产负债表无法获知理解系统性风险状况的信息,若要识别和测度金融系统的潜在溢出效应,统计体系应提供有关相互关联性的更好信息,因此,需要收集更好的有关机构间风险暴露的数据。一方面,需要更好的有关交易活动的信息,包括市场主要参与者的交易行为和交易量等,以识别市场风险的累积状况;另一方面,还需要改进有关部门之间和跨界金融联系的数据,通过收集更多国家和市场的数据,构建起一个改进的国内和国际资产流量图,需要指出的是,在全球化背景下认识金融系统相互关联性,国际维度将是关键。

三、G-20 建议解析

DGI 计划旨在改进对金融部门风险积聚、跨境金融联系、国内经济的脆弱性和部门联系的识别与监测,以及加强官方统计的交流,最终目标是建立一个适合于全面监测全球金融与非金融流量和头寸的全球信息系统。为了有效应对 2008 年国际金融危机所暴露的信息缺口,2009 年 10 月 IMF 和 FSB 应 G-20 财长与央行行长会议的要求提交了《金融危机与信息缺口》的报告,经广泛征求数据使用者与编制者的意见,提出了应对信息缺口的二十条建议,DGI 计划的中心任务就是落实 G-20 建议。

(一)总体分析

G-20 报告已成为国际社会应对危机数据缺口的纲领性文件。正如该报告所指出的,各国之间金融联系日益密切,加强国际合作对完善信息缺口至关重要,有助于获得有关国内和其他市场上系统重要性全球金融机构的更好数据。同时,G-20 建议强调了分析尾部风险的重要性,认为加总数据可能产生误导,掩盖金融系统中暗含的脆弱性,呼吁披露更详细、非加总的数据,鼓励在部分情况下将微观数据用于宏观风险分析。各国合作改进信息收集与共享对本国或多边层面的金融稳定分析具有正的外部性,为此,G-20 呼吁国际社会加强数据的国际可比性和及时性。

此外,G—20报告还指出,统计信息是一种软信号,受一国特定实践和国情制约,对数据的正确使用和解释至关重要,而且,各国加强数据收集应在保密和透明度之间做出适当权衡。

总体来看,如表1所示,G—20二十条建议主要集中于四大主题:(1)金融部门的风险积聚;(2)跨境金融联系;(3)国内经济对冲击的脆弱性;(4)改进官方统计的交流。对于二十条建议的分布,其中:首先,第1条建议可视为导论,对后续工作安排提出要求;其次,第2—7条建议主要涉及第一个主题,着眼于如何更好地监测金融部门风险;再次,第8—14条建议涉及第二主题,关注的重点是国际金融网络联系问题;第四,第15—19条建议关注部门和其他金融与经济数据集,目的是如何更好地监测国内经济对冲击的脆弱性;第五,最后一条建议涉及第四个主题,如何改进官方统计的交流与共享。根据所涉信息是否已有概念/统计框架,G—20建议可分为两类,其中:一类是已有相应的概念/统计框架,未来只需对正在进行的数据收集做出加强与改进,包括建议♯2、5、7、10、11、12、15、17、18、19和20;另一类是需要发展新的概念/统计框架,然后开展新的数据收集,包括建议♯3、4、6、8、9、13、14和16。

表1　G—20二十条建议解析

主要领域	需要发展的概念/统计框架	已有概念/统计框架和进行数据收集但需要加强
金融部门的风险积聚	♯3(金融系统尾部风险、分布变化与集中度) ♯4(总体杠杆和期限错配) ♯6(结构化产品)	♯2(金融稳健指标,FSI) ♯5(信用违约互换,CDS) ♯7(证券数据)
跨境金融联系	♯8和♯9(系统重要性金融机构) ♯13和♯14(非银行金融机构、非金融公司)	♯10和♯11(组合投资联合调查,CPIS;国际银行业统计,IBS) ♯12(国际投资头寸,IIP)
国内经济对冲击的脆弱性	♯16(分布信息)	♯15(部门账户) ♯17(政府财政统计) ♯18(公司部门债务) ♯19(房地产价格)
改进官方统计的交流	—	♯20(全球主要指标)

注:根据IMF与FSB有关资料整理。

G—20 建议的核心内容包括以下六个方面：

(1)加强系统重要性金融机构信息披露,促进信息披露更细致、更一致。具体涉及:①大型银行,信息披露应是经常性的,覆盖市场头寸以及对经济部门、大型交易对手和国家的风险暴露,同时,银行表外活动也应包括在内,信息披露还应采用通用的报表模板,允许加总和识别重要网络关联和风险暴露以及跨国比较,以满足宏观审慎评估需求;②系统重要性非银行金融机构(NBFI),如保险公司、大型投资基金,应采用与银行一致和可比的格式报告包括杠杆与风险暴露指标在内的信息;③监管者、中央银行、市场参与者和 IMF 及其他国际组织之间应加强协调合作,以促进和支持加强银行与系统重要 NBFI 信息披露的行动。

(2)修订和拓展金融稳健指标(FSI)体系,对特定国家环境和系统重要性金融机构予以更多关注。经验表明,FSI 仅能作为金融稳定性分析的起点,在改进 FSI 体系有用性、数据质量及其分析方法上还需做更多工作。FSB 和 IMF 在帮助各国开展金融稳定分析,发展和改进 FSI 体系中扮演重要角色,未来主要工作涉及:一是重新评估 FSI 指标的优先性,强化和改进对银行资本充足率(CAR)、流动性与杠杆的测度;二是适当扩展 FSI 指标覆盖面,以包括系统重要性的 NBFI;三是扩大部门风险暴露指标的覆盖范围(住户和公司),适当时包括外汇交易。

(3)强化大银行、系统重要性 NBFI、信用评级机构有关复杂估值模型和风险管理实践的信息披露。监管当局可要求此类机构披露更加完整和标准化的信息,包括:①模型估值技术和风险管理实践的主要特点,包括用于测度主要风险参数的压力测试数据集,以及信用和流动性风险管理方法的主要特点;②风险模型或参数与宏观经济条件的联系。

(4)中央银行和监管当局的金融稳定部门应在将披露信息转化为有效的机构与系统风险评估中扮演领导角色。针对报告机构所披露的信息,监管者应确保将其转换成政策制定者的清晰信息,由此形成可执行的建议。G—20 建议指出,金融稳定部门的评估结果应向所有相关机构发布,包括国内和国际在金融稳定分析和早期预警系统工作中需要该评估结果的机构。

(5)改进有关场外(OTC)衍生品市场的信息透明度和覆盖面。有关 OTC 衍生品市场的信息包括风险暴露数据尚存不少问题,G—20 报告建议国际清算银行(BIS)评估其 OTC 衍生品数据库的有用性和改进途径。目前来看,改进 OTC 衍生品市场信息的工作重点应考虑下列问题:①地域和工具的覆盖面;②报告的频率;③有关工具、交易对手和市场集中度信息披露的微度(Granularity of disclosure),即加强细节信息披露;④数据收集的关注焦点应从交易量信息转向风险暴露信息。

（6）增加信用评级方法的透明度。G—20建议指出，各国政府应要求信用评级机构加强对所用评级方法和模型的信息披露。特别地，根据2008年国际金融危机的经验，国际社会应确保信用评级机构提供更多有关结构化信用产品评级方法的信息，以及评级结果对冲击的敏感性的信息。正如IMF《全球金融稳定报告》所经常强调的，对该类工具采用不同的评级尺度/标准，将有助于鼓励更审慎地评估其对多次调降评级的脆弱性。

（二）政策含义

按照G—20数据缺口计划，各国实施统计改进方案时应根据本国国情和所拥有的统计资源确定实施进程，制定详细的进展监测和报告方案，并保留适当弹性。最为重要的是，实施方案要对具体的特定产出和统计改进给出详细说明，并对改进计划如何支持金融稳定分析和宏观政策制定做出说明。具体而言，G—20建议对统计数据编制的政策含义主要体现在：

（1）关注部门数据问题。部门数据的生产必须保持与2008SNA的部门分类一致，特别地，各国应致力于改进本国经济分部门资产负债表数据，高度重视流量数据。G—20建议对部门数据信息极为关注，具体体现在：①建议♯15重点关注资产负债表方法（BSA）和资金流量数据；②建议♯12关注国际投资头寸（IIP）；③建议♯17关注政府财政统计（GFS）；④建议♯18关注公共部门债务（包括广义政府）；⑤建议♯7关注证券统计，其中对报告格式的建议也包括部门分类，支持部门资产负债表中保险和持有证券的数据编制；⑥建议♯19关注房地产价格，支持非金融资产的数据编制（不仅是住户部门，还涉及商业地产）。此外，鉴于系统性风险分析是针对金融机构的，2008年国际金融危机后数据使用者强调要改进非银行金融部门的覆盖面，G—20报告中多条建议呼吁分开识别非银行金融部门，以提供更好的关于其重要性和活动范围的全貌，诸如：建议♯11关注国际清算银行（BIS）的国际银行业统计（IBS）；关于IIP的建议♯12明确提出，作为IMF《国际收支和国际投资头寸手册（BPM6）》的加强条款，分开识别非银行金融机构；建议♯14倡导建立标准化模板，覆盖非银行金融机构的国际风险暴露；建议♯15关注BSA方法和资产数据。

（2）关注识别风险和敞口头寸的数据。由于风险和风险暴露的类别众多，G—20建议所涉类型包括：①货币、期限（特别是剩余期限）匹配和杠杆风险。很明显，过度杠杆、融资风险和货币风险是此次全球危机中脆弱性的主要来源，DGI计划对此给予了高度重视。首先,在国民经济核算范围内,BSA方法的关注焦点是货币、期限匹配和杠杆(建议♯15);季度IIP数据(债务和股权)与BPM6对货币分类强化一致性(♯12);债务证券问题和股票统计模板的实施(♯7);按货币和剩余期限划分的公共部门(包括广义政府)债务(♯18)等,都支持这些风险的识别。其次,在国民经济核算框架之外,建议♯4倡议发展对金融系统总杠杆和期限匹配的测度,超出了SNA的测度范围。②交易对手风险(包括部门的和跨境的)。由于资产价格波动助推危机跨界传染,使得交易对手风险的重要性在国际金融危机中得到彰显。G—20报告中大量建议旨在加强有关交易对手风险暴露的信息,既包括部门层面也包括国家层面,例如:其一,♯11有关CPIS的建议倡导对国外债务人(Foreign debtor)作机构部门分类,能够支持从债权人和债务人角度分别进行跨境证券持有情况分析;其二,♯11有关IBS的倡议,在合并数据中单独区分非银行金融机构,这将使部门分析更加微观和细致;其三,建议♯15鼓励编制和发布BSA与资金流量数据,也支持交易对手风险分析;其四,建议♯5中全球金融系统委员会(CGFS)[①]关于信用违约互换(CDS)的工作,可提供有关CDS交易对手的更多信息,包括中央结算机构的信息。③跨境风险暴露(不仅对金融公司,而且对非金融公司)。现行基于常住性的数据(Residence—based data)提供有关此类风险暴露的统计信息不完全,需要发展基于合并数据的风险暴露测度。建议♯13呼吁IAG研究监管和测度跨境风险暴露,包括通过衍生产品和担保等工具,以及离岸机构发行的传统融资工具(如债券和贷款)引发的跨境风险暴露。此外,金融稳健指标(FSI)是识别影响金融体系稳健性和风险积聚的重要指标,其中的存款吸收机构数据通常是以所谓的合并基础统计的,包括国外分支和下属机构。随着发布FSI的国家日益增多,建议♯2倡议对FSI指标名单进行评估,纳入更多的非银行金融机构和非金融公司的指标。无疑,从基于常住性的统计到跨境合并信息,相关统计工作的扩展必将有助于改进对跨境风险暴露的统计监测,但这需要统计部门、监管机构和会计公司,以及各国之间密切合作。

(3)突显对高频和及时数据的需求。2008年国际金融危机再次突显了现在对月/季度和滞后期短数据的需求,而非仅仅是年度数据,改进数据频率和及时性的压力明显增大。在G—20报告中,数据频率问题在建议♯2(关于FSI)、♯10和11(关于CPIS)、♯12(关于IIP)、♯15(关于BSA)、♯16(关于分布数据)、♯17(关于GFS)和♯18(关于公共部门债务)中得到体现。此外,在国际层面,G—20建议敦促IAG进一步完善PGI网站(建议♯20),以促进G—20成员经济体数据的可比性

---

① CGFS是一个中央银行论坛,监管和检查与金融市场和系统相关的广泛议题。

与及时性,这也是对统计部门从全球层面加强交流和共享信息所做出的反应。

(4)应更好地理解国际金融市场的发展。近二十年来,金融市场结构和特征发生巨大变化,复杂性产品盛行,G—20建议高度重视对金融市场复杂性的统计。例如,建议♯10和11倡导着眼于国家覆盖面和已有数据的附加信息或修正来加强IBS与CPIS数据;建议♯7有关证券数据收集的倡议也支持CPIS的改进;鉴于非银行金融机构在国际资本流动中所扮演的重要角色,建议♯14再次确认了对其有关国际风险暴露的改进信息的需要;此外,CFGS针对CDS的工作(♯5)也支持改进对信用衍生产品市场的理解。

(5)应发展基于合并基础的金融风险暴露和分布信息统计。金融敞口头寸(Financial exposures)按合并基础(Consolidated basis)进行加总是经济统计一个相对较新的研究领域。由于FSI指标体系在理论方法和统计内涵方面本身还不甚明晰,要理解如何使合并数据框架(Framework for consolidated data)与传统的基于常住性编制的金融统计相容或一体化,尚需做大量工作。此外,总量数据有时会产生误导信号,以分布信息补充国民经济核算数据极为必要,因此,G—20报告鼓励IAG推动分布信息的生产和发布(建议♯16)。

(6)必须加强有关市场的信息。这方面工作的重点是针对复杂金融工具,包括结构产品(♯6)、CDS(♯5)和证券(♯7)。当然,其中也包括房地产价格(♯19),实际上房地产常常成为导致系统性大规模损失的根源,但可比的跨国房地产价格数据的可得性还很有限。

(7)应大力开展原创研究和建立新的数据集。实际上,G—20建议各个专题之下都需要新的思想、理论与方法的支持,必须加大对原创研究的支持力度。例如,为了改进对金融系统风险累积的分析,全球危机显现了对尾部风险识别做出改进(建议♯3)的必要性,以及对发展金融系统总杠杆和期限匹配情况测度方法(♯4)的必要性。类似地,为了更好地理解跨境金融网络联系也需要新的数据,因此,建议♯8要求FSB研究改进有关金融机构之间联系信息的收集与共享,建议♯9要求FSB与IMF密切合作,发展捕捉全球系统重要性金融机构(G—SIFI)对不同金融部门和市场风险暴露的统计数据模板。

(三)实施优先性

当前,面对危机数据缺口的挑战,国际社会形成了诸多共识,改进现行统计体系,弥补数据信息缺口,对监测金融脆弱性、防范和化解危机具有重要意义。从实际来看,加强数据可得性,有助于为各国金融稳定建立一个更好的、前瞻性和目标明确的风险识别体系。然而,改变和增加数据收集框架是有成本的,而一国统计资源是有限的,在不同的潜在改进行动中需要设计好优先性,才能更科学、适当地安排统计改进行动。

理论上,应对数据缺口问题,必需建立和加强金融稳定分析和金融风险全球监管的分析性/概念框架,一个更加稳健的概念框架将有助于澄清数据优先性,而更好的数据反过来又将有利于检验和优化分析框架。IMF曾倡议,各国监管机构和统计部门在数据收集中应加强合作,鼓励众多数据收集机构共同努力,减轻各自提供数据方面的负担,增加数据分析的协同效应,同时,还应强化在数据收集和增进数据协调性方面的国际和机构间合作与信息共享。弥补数据缺口,应基于成本收益分析来设定优先次序,特别是应考虑本国统计能力建设的战略需求和资源约束。目前来看,经过广泛沟通与交流,国际社会在以下四类数据的优先性上形成了基本共识:

(1) 金融部门数据。2008年国际金融危机表明,金融部门是金融危机中风险的主要承担者和携带者,风险传导倾向于集中到相对较少的系统重要性全球金融机构。加强和改进金融部门的信息披露,是弥补数据缺口的首要任务。为此,G—20建议各国监管机构加强披露框架标准化与信息共享,强化财务会计标准和信息披露的一致性,加强对特定数据序列需求的研究。如果各国采用相同的信息披露和报告模板,将更便于进行数据加总和机构比较,以及对总杠杆、集中度测算和金融网络联系的识别。目前,编制和发布FSI得到众多国家政府的支持,已成为金融稳定分析的重要数据基础,应重新审定FSI指标的优先性,对指标名单进行重新评估,并将其中部分关键指标纳入数据公布特殊标准(SDDS),同时扩大FSI数据发布的国家覆盖面。G—20报告还强调了对影子银行部门、非银行金融机构(NBFI)等的数据捕捉问题,如套利基金、结构性投资工具(SIV)、资产支持证券、回购市场等的信息,系统重要性NBFI应及时披露资产、资本、到期时间匹配和大规模风险暴露,这对金融稳定分析至关重要。此外,有关跨境风险暴露和本土金融与非金融机构国外活动的数据也是需要优先关注的一个领域。

(2) 部门和其他经济数据集。过去,对非金融公司部门和住户脆弱性监管的必要性并未受到关注。改进有关非金融公司和住户部门的信息对金融稳定分析具有重要意义,资产负债表方法(BSA)被认为是一个好的框架,其重点关注到期时间、杠杆和货币构成等方面数据。在全球化背景下,金融系统和实际经济不断上升的强反馈,已经很好地由金融与非金融部门综合账户覆盖,但对于开展尾部风险信息分析,有关分布和其他方面的指标也极为重要。同时,本国与国外之间的经济活动已成为部分经济体脆弱性的重要来源,而对其进行有效监管则存在较大困难,因此,外部头寸和资产流量、跨境金融联系、非金融公司和住户在国外市场的隐形头寸、外债最终风险等数据,已成为(对外)脆弱性监测的重要信息缺口。

(3)风险转移和市场数据。根据危机经验,有关证券化产品的基础资产性质和源自基础资产与交易对手(包括部门和地理)的风险暴露的更好信息,对金融稳定分析至关重要。G—20建议强调对信用风险转移工具如CDS(信用违约互换)的信息需求,而对于交易对手风险信息,借助于中央清算系统、中央数据中心和标准化合约可在一定程度上缓解其数据收集制约。此外,虽然理论上讲过去可能无法很好地指导未来,但各国仍应鼓励发布更好的市场流动性数据、银行间市场交易量数据、资产价格比率等市场信息,并将其作为广义金融稳定分析的一部分而受到监管。

(4)住房及相关数据。在全球范围内,以房地产为基础资产的金融衍生产品规模巨大,2008年国际金融危机中房地产价格下跌是危机爆发的导火线之一。G—20报告强调,国际社会应努力改进住宅和商业地产数据,深刻理解和监管银行通过此类资产的融资模式,加强对相关数据的分析。

实际上,弥补数据缺口部分领域可以在已有的统计框架或工作基础上开展,部分领域需要建立新的框架和方法,收集和发布新的数据。针对信息缺口的行动建议,在上述四大领域中,以下三个方面具有最高级优先性:一是发展金融系统中总体杠杆度和期限匹配状况的测度;二是加强对系统重要性全球金融机构的金融联系方面的信息;三是识别非银行金融机构的跨界行动。

四、进展评估

从2010年开始,IMF和FSB每年发布一份DGI进展报告,对G—20二十条建议实施情况进行评估,并提交G—20财政部长与央行行长会议,2013年9月发布了第四份进展报告[①]。

1. 总体进展评估

无论是从国际层面还是从国家层面来看,DGI二十条建议实施均取得了巨大进展(IMF和FSB,2013)。从目标上看,DGI建议涉及两大类:一类是相关信息缺

---

① 2010年5月发布第一份《进展报告:行动计划和时间表》,2011年6月发布第二份《实施进展报告》,2012年9月发布第三份《G—20数据缺口计划进展报告:现状、行动计划和时间》,2013年9月发布《G—20数据缺口计划实施第四份进展报告》。

口需要发展新的概念/统计框架,再进行数据收集与发布(Ⅰ类);另一类是相关信息缺口已有相应的概念/统计框架,需要加强已有的数据收集,包括改进国家覆盖面、数据细节、频率、及时性和可得性(Ⅱ类)。IMF 和 FSB(2012)采用评级方法对各条建议实施情况进行了评估,具体评估依据包括:(1)发展概念框架的状况(针对以前没有概念/统计框架的建议);(2)发展数据报告模板的状况;(3)所报告数据的全面性(包括细节、频率和及时性的要求);(4)G—20 成员中报告该类数据的经济体数。结果按 0—10 给出评分,0 表示尚无任何行动或进展,10 表示建议实施全面完成、G—20 经济体充分报告和发布实际数据。如图 1 所示①,Ⅰ类建议列于图中左侧,Ⅱ类建议列于图中右侧,很明显,有关加强现有数据集的建议在实施当中进展尤为显著,而有关需要建立新的概念/统计框架和发布新数据方面的建议在实施当中存在诸多挑战,已有工作离 DGI 建议的全面实施还有一定距离。

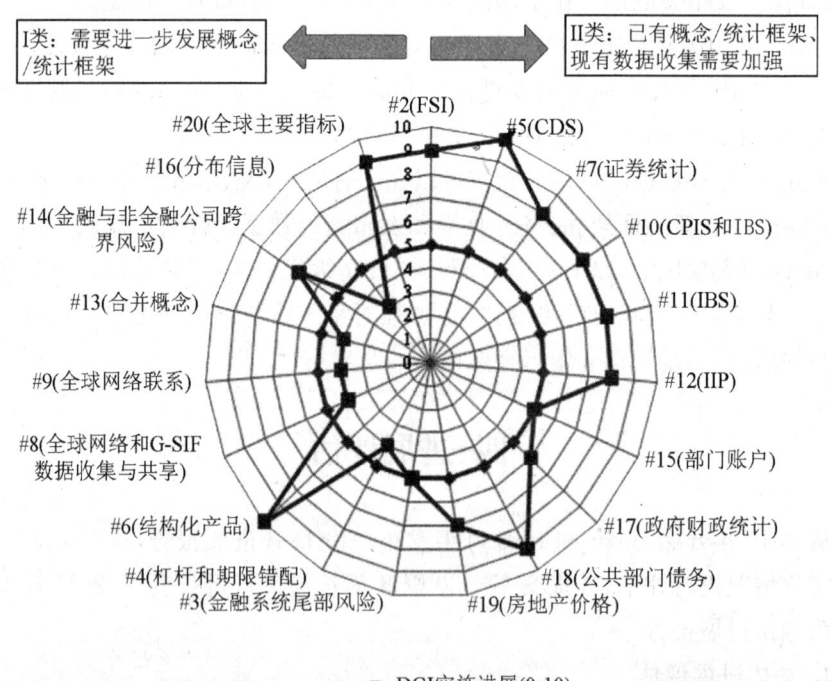

图 1　G—20 数据缺口计划二十条建议实施进展

---

① 图中数据引自 IMF 和 FSB(2012),个别数据根据 IMF 和 FSB(2013)中所介绍的进展状况做了适当修正。

2. Ⅰ类建议实施状况

此类建议在实现新数据收集和发布之前,首先要建立相关的概念/统计框架,因而实施难度较大。如表 2 所示,Ⅰ类 DGI 建议多数也已取得显著进步,其中建议♯6 主要针对结构化金融产品,IOSCO 已基本完成相关实施工作,而♯14(跨境风险暴露)在 2013 年取得较大进展。但是,应该指出的是,Ⅰ类建议在实施过程中多数富有一定挑战性,建议♯3、4、8、9 和 13 目前尚处于已完成或接近完成相关概念/统计框架的阶段,下一步工作重点是推动实际数据的收集和发布,而个别建议(如♯16)进展则相对缓慢。

表 2 关于发展新的概念/统计框架的建议实施状况

建议	实施状况	未来计划和时间表
♯3	(1)FSI 顾问小组会议上专家认为,针对金融体系总体的集中度和分散度测度对金融部门分析是有用的,但基于分位数的分散度测度在某些情况下可能引发置信度的问题。 (2)2012/2013 年度 IMF 发表三篇研究报告:一是有关脆弱性和尾部风险测度的新方法;二是有关测度尾部风险的操作框架;三是有关近似同步指标。	IMF 计划邀请成员经济体(自愿)参与为 FSI 编制集中度和分布测度数据的试点。
♯4	(1)BIS 已完成有关本建议的工作,包括两个层面:一是根据 BIS 国际银行业统计中系统层次的期限错配(融资缺口)测度方法,从概念框架层面构建有关银行的国际资产负债表;二是从统计框架层面加强 BIS 国际银行业统计,提高该数据集对构建期限错配和杠杆测度的有用性。 (2)FSB 建立专门小组,发展关于加强影子银行系统监测和管制的建议。	FSB 将针对收集影子银行机构和市场有关到期时间与流动性错配的数据开展进一步工作。
♯6	(1)2010 年 4 月,IOSCO 发布了一个关于资产支持证券信息披露原则的报告,为各国证券监管部门发展和评估资产支持证券公开发行与上市信息披露制度提供指南。 (2)2011 年 4 月,IOSCO 新成立的风险和研究常设委员会举行了首次会议,探讨证券监管者监测系统性风险的方法。 (3)2012 年 2 月,IOSCO 正式发布《资产支持证券持续信息披露的原则》的最终报告。	该建议已实施完成。

续表

建议	实施状况	未来计划和时间表
#8、#9	(1)FSB专门建立数据缺口和系统联系工作组,以推进建议#8和#9的工作。工作组发展了全球系统重要性银行(G—SIB)通用数据模板,并由2011年4月FSB全体会议批准通过,该模板将促进数据的收集和共享。 (2)作为实施过程的阶段1,2013年3月BIS设立数据中心,并首次收集了有关G—SIB基于机构对机构(I—I)的双边信用暴露和基于机构对加总(I—A)的关联风险因素敞口的一致信息,这一阶段此类信息仅与各个系统重要性银行的母国监管当局共享。	(1)FSB全体会议决定于2014年3月收集有关双边融资关系(I—I)的改进数据和更详细的合并资产负债表数据(I—A),扩大数据共享(实施过程阶段2和3)。 (2)由各系统重要性银行的母国监管当局和中央银行组建数据中心治理小组,对信息的获取与共享进行监管。
#13、#14	(1)专门成立了一个由IAG资助、BIS领导的工作组。 (2)2011年1月,工作组与中央银行统计欧文·费雪委员会合作举行了有关建议#13的专题讨论,对基于常住单位的数据和基于全球合并基础的国家数据进行比较。 (3)作为有关工作的第一步,改进金融与非金融公司国际风险暴露的数据可得性,工作组建立了跨境头寸已有数据的清单(见于PGI网站),并制定了一个从该清单不同来源获取跨境头寸数据(特别是有关非银行金融机构)的标准化模板(草案)。该模板补充G—20所有成员数据后于2013年7月在PGI网站发布,并由IMF维护(阶段1)。	(1)IAG正对2011年1月建议#13专题讨论的背景论文进行修订,吸纳有关机构的反馈,最终形成一个有关按国家基础的合并概念框架的参考文件,相关工作将于2014年完成。 (2)建议#14的工作接近完成,国际机构将继续改进该模板的覆盖面和报告形式,修订后的模板计划于2013年末发布(阶段2)。
#16	OECD和欧洲统计局于2011年初成立了由成员国参与的两个专家小组:一个基于国民账户框架(微观—宏观),集中研究分布不一致性的测度问题;另一个研究收入、消费和财富(微观)的联合分布问题。 两个小组已于2013年6月完成初步工作。	下一步工作是建立一个专家小组,精选有关分布信息的编制方法,确保其与宏观经济指标在及时性上一致。

注:根据FSB和IMF《G—20DGI实施进展报告》(2010—2013)整理。

3. Ⅱ类建议实施状况

对于Ⅱ类建议,由于已有相关概念/统计框架,甚至可以生产部分数据,各成员经济体只需对已有数据集进行加强和改进。因此,此类建议实施进展成效显著,其中♯2、5、7、10、11、12和18都已完成大部分工作。由于统计基础良好,传统发达国家如美、英、法、德、日、澳、加等国实施情况一般好于新兴市场经济体。同时,除建议♯10、11(IBS)外,大多数国家在前期举措的基础上仍制定了开展或完成建议实施的下一步行动计划(见表3)。

表3 G—20成员有关加强已有数据集的建议实施状况

建议	实施现状:已完成或正在进行的经济体		未来计划:已有开展或完成实施的计划	
	经济体	经济体数	经济体	经济体数
♯2	按季度或更高频率报告7个纳入SDDS⁺的FSI指标:澳大利亚、印度尼西亚、韩国、墨西哥、南非、土耳其和美国	7	计划改进FSI数据的报告:澳大利亚、巴西、加拿大、中国、德国、印度、印度尼西亚、意大利、日本、韩国、墨西哥、俄罗斯、沙特阿拉伯、土耳其和英国	15
♯5	8个有显著CDS市场的经济体均向BIS的OTC调查提交报告:澳大利亚、加拿大、法国、德国、意大利、日本、英国和美国	8	计划改进CDS数据的报告:无(所有CDS报告经济体均已完成)	无
♯7	向BIS报告部分证券统计数据:所有成员经济体	全部	计划根据《证券统计手册》改进证券统计的报告:阿根廷、澳大利亚、巴西、加拿大、中国、法国、德国、印度尼西亚、意大利、日本、韩国、墨西哥、俄罗斯、南非和美国	15
♯10、♯11(IBS)	向BIS/IBS报告建议实施进展:阿根廷、澳大利亚、巴西、加拿大、法国、德国、印度、印度尼西亚、意大利、日本、韩国、墨西哥、俄罗斯、南非、土尔其、英国和美国	17	计划向BIS/IBS报告数据或实施加强相关数据集的建议:所有经济体	全部

续表

建议	实施现状:已完成或正在进行的经济体		未来计划:已有开展或完成实施的计划	
	经济体	经济体数	经济体	经济体数
#10、#11(CPIS)	向 IMF/CPIS 报告:阿根廷、巴西、加拿大、法国、德国、印度、印度尼西亚、意大利、日本、韩国、墨西哥、俄罗斯、南非、土尔其、英国和美国	17	计划向 IMF/CPIS 报告数据或实施加强相关数据集的建议:澳大利亚、巴西、加拿大、中国、法国、德国、印度尼西亚、意大利、日本、韩国、墨西哥、俄罗斯、沙特阿拉伯、南非、土耳其、英国和美国	17
#12	按季度及时性报告季度 IIP 数据:澳大利亚、加拿大、德国、印度、日本、韩国、墨西哥、土耳其、英国和美国	10	计划报告季度 IIP 数据或实施加强 BPM6 建议:巴西、中国、法国、德国、印度尼西亚、意大利、日本、韩国、墨西哥、俄罗斯、南非、土耳其和英国	13
#15	报告部分或全部季度部门账户:澳大利亚、加拿大、法国、德国、意大利、日本、韩国、土耳其、英国和美国	10	计划报告或改进部门账户数据:所有成员经济体	全部
#17	根据 GFSM2001 按权责发生制报告季度广义政府数据:澳大利亚、加拿大、法国、德国、意大利、英国和美国	7	计划按 GFSM2001 报告或改进政府财政数据:澳大利亚、巴西、加拿大、中国、法国、德国、印度尼西亚、意大利、日本、韩国、墨西哥、俄罗斯、沙特阿拉伯、南非、土耳其和英国	16
#18	向世界银行公共部门债务统计网站报告广义政府债务总额数据:澳大利亚、巴西、加拿大、法国、德国、印度尼西亚、意大利、日本、韩国、墨西哥、俄罗斯、英国和美国	13	计划加强对公共部门债务数据的报告:巴西、法国、德国、印度尼西亚、意大利、韩国、俄罗斯、南非、土耳其、英国和美国	11

续表

建议	实施现状:已完成或正在进行的经济体		未来计划:已有开展或完成实施的计划	
	经济体	经济体数	经济体	经济体数
#19	在BIS网站发布住宅价格指数:澳大利亚、巴西、加拿大、中国、法国、德国、印度尼西亚、意大利、日本、韩国、墨西哥、俄罗斯、南非、土耳其、英国和美国	16	计划改进房地产价格数据的报告:所有成员经济体	全部
#20	在PGI网站发布数据:G—20所有成员经济体和10个拥有系统重要性金融部门和开展为期5年的强制性金融部门评估项目(FSAP)的非G—20成员经济体	全部+10	计划建成一个新的数据平台,改进各国数据可得性、频率和及时性:G—20所有成员经济体和10个拥有系统重要性金融部门和开展为期5年的强制性金融部门评估项目(FSAP)的非G—20成员经济体	全部+10

注:根据FSB和IMF《G—20DGI实施进展报告》(2013)整理。

4. 未来行动展望

根据IMF和FSB(2013)的规划,DGI项目预计将于2015年基本完成,2014和2015年仍将继续发布年度进展报告。其中,2014年工作重点包括:(1)加强国际银行业统计数据收集的阶段2工作(BIS);(2)完善全球系统重要性银行(G—SIB)的通用数据模板(FSB);(3)发布改进后的CPIS数据(IMF);(4)推进部门账户的数据合作(IAG);(5)敦促SDDS签约国发布IIP季度数据(IMF);(6)改进部门账户和资产负债表数据(IMF和OECD);(7)制定以国家为基础的合并概念框架参考文件(BIS)。2015年工作重点包括:(1)实施和报告有关G—SIB的阶段2和3行动(FSB);(2)制定《商业地产价格指数(CPPI)手册》(欧盟统计局)。

五、结束语

理论上,数据缺口是市场和机构持续发展过程中不可避免的结果。2008年国际金融危机之后,弥补信息缺口成为国际社会面临的一项重要课题。为了缩小信息缺口,国际上建立了一系列组织结构制定和实施缩小数据缺口的各种行动方案,加强国际合作,动员统计资源,降低各项行动实施成本。例如,FSB 和 IMF 有关部门合作制定 DGI 系列报告,监测 DGI 计划的实施进展。

正如 20 世纪 30 年代的大萧条和 20 世纪 90 年代的金融危机一样,2008 年国际金融危机暴露了原有统计体系的缺陷与不足,必将引发统计领域产生一系列革命性变革。G—20 的 DGI 计划是统计界的一件大事,对经济统计的未来理论发展具有重要影响,无疑将推动一系列统计新概念、新方法与新标准的诞生。中国作为 G—20 的重要成员,应积极参与国际社会有关弥补数据缺口的各项重要行动,藉此参与国际统计标准的制定与修订,推动我国相关统计工作的进步,促进我国统计体系发展与统计能力建设。从实践上看,我国在弥补数据缺口的行动方面,与其他发达国家相比,还存在不小差距。

经验表明,缩小信息缺口需要制定多年行动计划,通过制定强有力的战略框架推动计划实施,而且需要持续的政策支持。下一步,我国应更全面、更深入地研究中国在弥补信息缺口与脆弱性监测方面的行动与做法,根据 G—20 建议及其行动倡议,作为加强统计概念框架的一部分,全球化背景下的金融传导机制和金融系统与实体经济之间的强反馈机制被认为是未来研究的重要主题。在宏观经济统计(包括实体经济部门、国外部门、货币和金融、政府财政)中,国民账户体系(SNA)是基础性的中心框架,为此,中国应大力加强对 2008SNA 的研究、开发和执行,同时积极采纳国际上有关财政、金融、国际收支(BPM6)、公共部门债务、外债等专业领域的最新标准及最新修订。特别是在宏观审慎统计框架方面,中国虽然自 2005 年以来开始正式发布《中国金融稳定报告》,但在主要概念、指标的标准化和国际可比性方面还有待进一步加强,而有关影子银行、非银行金融机构脆弱性、跨境风险、尾部风险和分布信息等方面的测度与评估还尚未或刚刚起步。

当前,中国金融体系发展迅速,金融系统与实体经济的联系日益密切,国内与国外的金融联系也日益密切,各种新型机构与工具不断涌现,如支付宝、ETF、理财产品、结构化衍生产品、主权财富基金(SWF)等规模快速扩张,甚至 OTC 衍生产品市场也得到一定发展①,交易品种包括债券远期、人民币外汇远期、货币掉期、利率互换及远期利率协议等。因此,积极弥补信息缺口,改进金融稳健统计,加强宏观审慎分析,更好地监测经济金融脆弱性,防范和化解金融风险,已成当务之急,但中国在这方面还有很长的路要走。

---

① 目前中国 OTC 金融衍生品交易集中在银行间市场,一般通过中国外汇交易中心进行。此外,中国的交易所金融衍生产品相对缺乏,曾有或现有的仅权证、可转债和黄金期货交易等。

参考文献:

[1] IMF Staff and FSB Secretariat. Fourth Progress Report on the Implementation of the G—20 Data Gaps Initiative. http://www.imf.org/external/ns/cs.aspx? id=290, September, 2013.

[2] IMF Staff and FSB Secretariat. Progress Report on the G—20 Data Gaps Initiative: Status, Action Plans, and Timetables. http://www.imf.org/external/ns/cs.aspx? id=290, September 30, 2012.

[3] IMF Staff and FSB Secretariat. The Financial Crisis and Information Gap: Implementation Progress Report. http://www.imf.org/external/ns/cs.aspx? id=290, June 30, 2011.

[4] IMF Staff and FSB Secretariat. The Financial Crisis and Information Gaps: Progress Report, Action Plans and Timetables. http://www.imf.org/external/ns/cs.aspx? id=290, May 31, 2010.

[5] IMF Staff and FSB Secretariat. The Financial Crisis and Information Gaps: Report to the G—20 Finance Ministers and Central Bank Governors. http://www.imf.org/external/ns/cs.aspx? id=290, October 29, 2009.

[6] Johnston, R.Barry, Effie Psalida and Phil de Imus, et al. Addressing Information Gaps. IMF working paper, http://www.imf.org/external/pubs/ft/spn/2009/spn0906.pdf. 2009.

[7] 杜金富.货币与金融统计学(第三版).北京:中国金融出版社,2013.

附录　G—20应对信息缺口的二十条建议

建议#1：

金融稳定理事会(FSB)和国际货币基金组织(IMF)工作组在2010年6月前向G—20财政部长和中央银行行长会议报告进展情况,针对各条重点建议拟定具体行动计划,包括时间表。此后FSB和IMF工作组每年对进展情况更新一次,金融稳定专家、统计学家、监管部门应共同努力确保计划成功实施。

(一)监测金融部门风险

建议#2：

IMF督促更多经济体发布金融稳健指标(FSI),使覆盖范围包括全部G—20成员,改进金融稳健指标网站,力争实现按季发布,重新评估金融稳健指标名单。

建议#3：

在征询各国监管当局意见和吸收《金融稳健指标编制指南》经验的基础上,IMF应着力研究、开发和鼓励实施一套标准测度方法,以提供有关尾部风险、集中度、分布方差和指标时变波动率等方面的信息。

建议#4：

国际社会应进一步探索系统层面的宏观审慎风险测度方法,作为起步,国际清算银行(BIS)和IMF应充分利用全球金融体系委员会(CGFS)和巴塞尔银行监管委员会(BCBS)的成果,尽快制定金融体系总体杠杆率和期限错配的测度方法。

建议#5：

CGFS和BIS应与各国中央银行和监管当局密切合作,加强对信用违约互换(CDS)市场的统计,以改进对该市场中风险转移状况的理解。

建议#6：

国际证监会组织(IOSCO)应与各国证券监管机构进一步合作,完善复杂结构性产品的信息披露要求,包括对财务报告的公众信息披露要求,以及应监管当局和相关部门的要求,提出其他必要的改进建议。

建议#7：

各国特别是 G-20 成员经济体的中央银行和统计部门应积极参与 BIS 的证券数据收集工作,支持 BIS-ECB-IMF《证券统计手册》(HSS)的编制与完善,证券数据库工作组(WGSD)尽快制定有关 HSS 的协作方案。

(二)国际网络联系

建议♯8:

FSB 应研究能否通过监机构合作和作为危机管理的信息交流等手段,改进对单个金融机构之间关联性信息的采集与共享,此项工作必须充分考虑信息保密、法律问题和监管机构之间已有的信息共享机制。

建议♯9:

FSB 应与 IMF 密切合作,召集各国央行、监管当局和其他国际金融组织,在 2010 年前制定一套全球系统重要性金融机构的通用数据报告模板(草案),以便更好地理解这类机构对不同金融部门和不同国家市场的风险暴露。这项工作应与有关系统重要性金融机构的其他工作一起开展,在数据报告框架实施之前还应广泛征询各方意见,充分考虑保密的问题。

建议♯10:

所有 G-20 成员应积极参与 IMF 的组合投资联合调查(CPIS)和 BIS 的国际银行业统计(IBS),IMF 和 BIS 应继续扩大 CPIS 和 IBS 对主要金融中心的覆盖范围。

建议♯11:

BIS 和 CGFS 在其他改进工作之外,应考虑如何利用银行业合并数据和追踪国际金融体系中融资方式的信息,对非银行金融机构(NBFI)进行分离识别。IMF 应与其下的国际收支统计委员会(BOPCOM)协商,着力加强 CPIS 数据发布的频率和时效性,并考虑其他可能的改进行动,如国外债务人的机构部门(分类)。

建议♯12:

IMF 应继续督促更多国家报送国际投资头寸(IIP)数据,并争取按季报告 IIP 数据。G-20 经济体应尽快采纳《国际收支和国际投资头寸手册(BPM6)》针对 IIP 所提出的改进建议。

建议♯13:

经济和金融统计跨机构工作组(IAG)应研究对跨境活动的监管和测度问题,包括外汇、衍生产品、非金融和金融公司的风险暴露等,尽快推动报告指南的编制和数据发布。

建议♯14：

IAG 应与 FSB 合作，重新审视 G-20 的建议，吸取 BIS 的国际银行业统计、现存和在建数据库的经验，并与利益相关者协商，研究制定一个有关大型非银行金融机构国际风险暴露的标准报告模板的可行性。

(三)部门和其他金融与经济数据集

建议♯15：

IAG 囊括了国民账户秘书处间工作组(ISWGNA)中的所有代表机构，应继续推动资产负债表方法(BSA)、资金流量和更一般的部门账户数据的编制和发布。此项工作可由 G-20 经济体开始，非银行金融机构的数据应优先解决，充分借鉴欧洲中央银行(ECB)、欧盟统计局和 OECD 的经验。中期来看，应考虑在数据发布特殊标准(SDDS)的数据分类中纳入更多的部门资产负债表数据。

建议♯16：

当改进数据来源和分类的建议得以落实后，统计专家应寻求在编制总量指标之外采集分布信息(如范围和分位数信息)。IAG 应努力按更高频率、更及时地编制与发布这些数据，OECD 还应继续努力探索国民账户数据与分布信息的联系。

建议♯17：

IMF 应鼓励各国采用《政府财政统计手册(2001)》作为国际标准，及时地发布跨国的、可比的政府财政统计数据。

建议♯18：

世界银行应与 IMF 合作，征询金融统计跨机构工作组(TFFS)的意见，在 2010 年建成公共部门债务数据库。

建议♯19：

价格统计秘书处间工作组(ISWGPS)应尽快完成《房地产价格指数手册》的编制工作，BIS 和成员国中央银行应研究在 BIS 网站公开发布房地产价格数据，IAG 应考虑在全球主要指标(PGI)网站纳入包括房地产(住宅和商业)价格。

(四)官方统计的交流

建议♯20：

G-20 经济体应支持加强 PGI 网站建设，尽力提供本国数据，缩小数据缺口。IAG 应考虑提供更长时期的历史数据。

金融稳健指标体系的发展与评估

摘要：金融稳健指标旨在加强对各国和国际金融体系的监督，防范和预警金融危机爆发的可能性。然而，2008年国际金融危机在事先没有任何征兆的情况下悄然爆发，对金融稳定分析提出了新的挑战与要求。FSI体系不同指标的有用性各有差异，面对新的形势，下一步应进一步发展和完善金融稳定分析的方法体系，对FSI指标体系进行全面修订，重新确定指标名单并划分核心指标与鼓励指标，以更好地开展金融稳定分析。最后，对我国发展和完善金融稳健统计与分析提出几点政策建议。

一、引言

20世纪90年代的国际金融危机促使国际货币基金组织（IMF）等国际组织积极倡导发展金融稳定统计，于是，金融稳健指标（Financial soundness indicator, FSI）逐渐受到国际社会和各国政府的广泛关注。金融稳健指标是衡量一国金融机构整体以及作为金融机构客户的公司和住户部门当前金融健康状况和稳健性的指标，这些指标是具有创新性的、新领域的宏观经济数据。金融稳健指标旨在加强对各国和国际金融体系的监督，防范和预警金融危机爆发的可能性。然而，2008年国际金融危机在事先没有任何征兆的情况下悄然爆发，对金融稳定分析提出了新的挑战与要求。因此，改进和完善金融稳健指标体系，成为当前金融统计领域的一个重大课题。

从文献上看，国内外对金融稳健指标的研究主要集中在评价指标的选择，以及从监管层面对金融稳健监测与控制进行制度设计和规则研究。如Bergo（2002）考察了利用金融稳健指标体系评估金融稳健性的若干要点，认为在进行银行破产预警时要考虑债务和家庭可支配收入的关系，在考虑金融机构对企业的贷款损失模型时房地产价格水平和债务额都是重要的变量。自亚洲金融危机爆发以来，国内研究人员也开始关注和重视金融稳定统计与金融安全预警指标体系问题，例如，何建雄(2001)较早地探讨了金融安全预警系统的基本框架、指标体系和运作机制,认为有效的金融风险预警系统必须综合微观审慎指标、宏观审慎指标和市场指标来全面监测。总体来看,国内有关金融稳健指标体系的研究主要包括两个方面:

其一是对国际金融稳健指标体系的引介。其中,虞伟荣、胡海鸥(2004)从分析框架和统计指标两个方面介绍了 IMF 金融稳健性指标评价体系的最新进展。刘涛(2008)介绍了金融稳健指标体系的发展背景、基本内容、数据来源及特点等。许涤龙(2008)介绍了金融稳健统计监测的国际标准,认为金融稳健统计是通过一系列统计指标来监测一个国家金融体系的运行状况,反映金融体系的风险和脆弱性。李正辉、曾得利(2009)对有关金融稳定性定义、效应、形成原因及评估体系的研究文献进行了梳理,从 IMF、主要发达国家、风险预警数理模型、中国金融稳定性评估等四个方面说明金融稳定性评估的发展情况,并总结了金融稳定性评估方法论的演进过程。余珊萍、邓益民(2012)介绍了近年金融稳健性评价指标的最新发展情况,并探讨了采用该监控指标体系对我国商业银行风险管理的意义。

其二是有关金融稳健指标在我国应用及发展问题的研究。例如,仲彬、陈浩(2004)参照 IMF 金融稳健指标,结合宏观经济金融发展的实际情况,尝试构建适合我国国情的金融稳定监测体系。朱远程、闫玉震(2010)借鉴 IMF 金融稳健指标体系构建了我国金融稳健评价体系,并采用熵值法对我国 2003－2009 年的金融稳健性开展实证分析。钟伟等(2006)建立基于"可能－满意度方法"的金融体系稳健性综合评价方法,研究发现中国金融体系的稳健性较差,原因主要在于制度因素和效率因素水平落后,金融体制市场化改革的效果不明显。王静(2011)采用类似的 43 项指标和支持向量描述预警技术(SVDD),衡量了 1995－2008 年我国的宏观金融稳健状况,实证结果表明,模型的结果与宏观金融实际运行结果较为吻合。此外,周华和李豪明(2004)探讨了金融稳定统计的框架问题;夏龙、秦仲芳(2005)分析了金融稳定评估指标体系编制和使用的难点,并对我国情况提出了实施建议;而易传和、安庆卫(2005)和刘学军(2011)则探讨了区域金融稳定指标体系问题。

下文拟基于 2008 年国际金融危机的视角全面评估金融稳健指标体系的发展及所面临的新形势与新挑战,评估 FSI 体系及各指标的效果,探讨其改进思路,并为我国发展和完善金融稳健统计与分析提供理论参考与政策建议。

二、发展回顾

(一)脆弱性与金融稳定分析

与 20 世纪 30 年代开始建立国民收入统计一样,金融稳定统计与金融稳定分析的必要性也是源自危机。20 世纪 90 年代频频爆发的金融危机使得金融脆弱性问题受到空前关注,所谓金融脆弱性,广义上说是指一种趋于高风险的金融状态,泛指一切融资领域中的风险积聚(黄金老,2001)。在 IMF 等国际组织的倡导和推动下,金融稳定分析开始纳入金融监管部门的常规工作内容之中,特别是 1997 年亚洲金融危机直接诱发了金融稳健指标的诞生。政策制定者需要根据新型信息做出决策,需要金融稳定分析为经济与金融体系的健康发出预警,由此,金融稳健统计逐步成为一国或地区金融统计体系的重要组成部分。

早在 1996 年 IMF 就曾对银行体系稳健性和宏观经济政策提出相关建议,但仍然没有避免 1997 年亚洲金融危机的发生,金融稳健指标一词最早即出自 IMF 当年发布的一份研究报告《银行体系稳健性和宏观经济政策》。瑞典银行是世界上第一家设置金融稳定部门并于 1998 年率先出版《金融稳定报告》的中央银行,它把金融稳定直接定义为"支付体系的安全与高效运转"。虽然 IMF 已经意识到金融稳健性的意义,但亚洲金融危机仍然爆发。经历了 1997 年亚洲金融危机后,国际社会再次深刻地认识到建立金融风险预警和预测机制的重要性。国际清算银行(BIS)于 1999 年发起成立了"金融稳定论坛",与此同时,IMF 和世界银行联合推出了"金融部门评估规划(FSAP)"[①],对一国金融稳定状况进行判断和评估,以此加强对成员国金融部门脆弱性的评估和监测,减少危机发生的可能性,其中压力测试是整个 FSAP 评估的重要组成部分之一。

在这一过程中,国际组织、各国央行和有关学者对金融稳定的定义展开深入探

---

① FSAP(Financial sector assessment program)是 IMF 和世界银行于 1999 年 5 月联合启动的评估项目,主要用来评估各国金融体系的稳健性(脆弱性),其中包括宏观审慎指标如经济增长、通货膨胀、利率等,也包括微观审慎指标如资本充足性、盈利性指标、资产质量指标等。FSAP 由两大部分组成:由 IMF 负责的"金融稳定评估",以及由世界银行负责在发展中和新兴市场国家进行的"金融发展评估"。2010 年 9 月,IMF 将 FSAP 计划中的"金融稳定评估"部分作为 IMF 对那些具有系统重要性的成员国每五年进行一次的强制性评估,而中国就是愿意接受此项评估的 25 个系统重要性国家之一。

讨,多角度地提出了金融稳定的定义①。2004年10月,IMF国际资本市场部经济学家Garry J. Schinasi发表了题为《金融稳定的定义》的研究报告,在报告中提出了定义金融稳定的原则,并从金融体系职能的角度定义了金融稳定,认为只要金融体系能够抵抗内生的或未预料的外部冲击所造成的不平衡,发挥其提高经济运行效率的功能,则金融体系就处于一系列不同层次的稳定状态(Schinasi,2004)。

(二)金融稳健指标体系的建立与发展

金融稳健指标最初在IMF报告中称为宏观审慎指标(Macroprudential indicator),欧洲中央银行(ECB)等也提出过类似的指标。2001年6月,IMF有关部门提出金融稳健指标体系的初步方案和框架,并向各成员国和世界各地经济组织、标准制订机构广泛征求意见,于2002年9月推出《金融稳健指标编制指南》(草稿),该框架在很大程度上取自在监管机构中广泛采用的CAMELS评级系统②。据IMF统计,2002年底已有142个国家和地区不同程度地开展了金融稳定统计与分析工作,其中93个国家和地区开始对外披露金融稳定统计数据与分析报告。2003年IMF对金融稳健指标进行了修订,初步完成该评价体系的编撰工作,形成了一个较为合理和广为接受的评价体系,并于2004年7月发布。此后经进一步的讨论、修订和完善,2006年IMF正式出版了《金融稳健指标编制指南》(FSI2006),以帮助各国编制相关数据。

金融稳健指标体系革新了原有的统计框架,将宏观经济统计和金融监管信息相结合,从不同角度对经济金融的运行状况做出描述,对金融风险进行全方位、多层次的评估,为防范金融风险和提高金融体系稳定性提供支持。金融体系易受不稳定和危机的影响,会对金融活动造成扰乱,产生巨大和广泛的经济成本。长期以来,各国监管机构对金融部门监测的重点是单个机构,宏观审慎分析要求同时监测各个单一机构的集体行为对各国金融体系稳定造成的风险。金融稳健统计将金融稳定分析由微观审慎目标即限制单个机构倒闭的可能性,扩展至宏观审慎目标,即

---

① 巴塞尔协议认为,金融体系的稳定性主要包括金融体系中金融机构的稳定、金融市场的稳定、由金融机构及金融市场组成的体系的稳定,同时,金融监管部门对金融机构经营和金融市场运行有较强的监管和控制能力。

② CAMELS是一种国际通行的商业银行主管部门评判银行运营质量的评级体系,分别代表六个评级因素,包括:资本充足(Capital adequacy)、资产质量(Asset quality)、管理质量(Management quality)、盈利(Earnings)、流动资金(Liquidity)、对市场风险的敏感度(Sensitivity to market risk)。该体系是一种国际通用的银行评级制度,其评分由1(最好)到5(最差),如果银行综合评分在2以下,说明该银行运营质量极佳;如果大于3,说明该银行需要主管部门警惕。

关注整个金融体系的风险。FSI 成为统计的一个新领域即宏观审慎统计（Macro-prudential statistics），这将填补在评估金融部门整体稳健性中货币/宏观经济统计和微观审慎数据之间所存在的缺口。FSI 指标通过部门层面的监管/审慎数据得到，是对货币统计及其他经济来源所得到数据的重要补充。

金融稳健指标是衡量一国金融机构整体以及作为金融机构客户的公司和住户部门当前金融健康状况和稳健性的指标，是一套较新的经济统计数据。FSI2006 是一份内容全面的文件，不仅解释核心和鼓励类金融稳健指标的编制问题，而且提供了有关如何获取和计算金融稳健指标所需数据序列的概念框架，已成为金融稳健统计的国际标准。该指南旨在为各级政府组织编制金融稳健指标（FSI）提供框架性指导，是金融稳定统计领域的国际标准（蒋萍，2006）。FSI 评价体系是用于评估金融及经济部门金融风险的多项统计指标集合，该体系的建立可以使金融监管部门不仅从微观上实现对商业银行风险的预警监测，而且能从宏观上监测总体经济的金融风险。

目前，采用 IMF 金融稳定评价体系对本国金融风险进行监控的国家越来越多，如中国、美国、澳大利亚、比利时、巴西、加拿大、丹麦、法国、挪威、瑞典和英国等的中央银行都以此进行金融稳健性评估，并定期向 IMF 报告，接受相关的监督和指导。2007 年 IMF 执委会提出要将 FSI 工作与 IMF 的中期战略保持一致，作为 IMF 更好履行监管和避免危机责任的贡献。在此背景下，执委会要求各成员国向 IMF 定期（自愿）报告 FSI，并建立数据库供 IMF 和公众（政策制定者、市场和研究机构）使用。FSI2006 发布后，部分成员与专家强调应将部分金融稳健指标纳入数据公布特殊标准（SDDS），但 IMF 执委会一直认为时机不成熟，直到 2008 年 12 月的第七次数据标准评估才一致同意将部分 FSI 纳入 SDDS，作为鼓励类指标，并敦促 IMF 统计部（STA）提供专门建议。

金融稳健指标体系是对 20 世纪 90 年代的金融危机特别是 1997 年亚洲金融危机做出反应而发展出来的，但是金融体系的脆弱性问题在 2007 年美国次贷危机中依旧暴露，并随之演变为百年一遇的国际金融危机。因此，对金融稳健指标体系做全面反思，进一步修订、完善金融稳定监测和评价指标体系，已成为国际社会的重要议题和 G—20 国家的共识。IMF 已认识到，FSI 编制方法必须做出专门修订，以更好地与最近形势保持一致，与监管要求和国际财务报告标准保持一致，敦促相关部门增补 FSI 指标，纳入针对其他金融公司、非金融公司、住户和市场的有关统计指标，重新考虑 FSI 核心指标与鼓励指标的分类。

三、评估与反思

(一)总体评估

根据2008年国际金融危机的经验教训,有必要对现行的金融稳健指标对行全面的反思与评估,以进一步发展和完善金融稳定分析的方法体系。

首先,2008年国际金融危机表明,现有的FSI在及时地识别金融机构的脆弱性和风险暴露时作用有限。现行体系无法有效揭示金融系统的潜在脆弱性,未能事先对金融危机的爆发给出预警信号,也无法用于预测危机对经济和金融的损害程度。金融稳健指标的主要目标是加强对各国和国际金融体系的监督,一个稳健的金融体系涉及充分的宏观审慎监测、有效的监管和完善的金融基础设施三大要素。金融稳定评价是一种复杂的多目标、多层次的评价决策过程,IMF发展的FSI指标体系旨在为金融稳健统计提供基本框架,是监管和评估金融部门整体稳健性的宏观审慎框架的重要组成部分。该评价体系的建立也有助于IMF对地区性金融风险和金融危机进行及时有效的监控,从金融危机的初期就开始实施国际防范和救助行动,以避免危机的发展和扩散。针对2008年国际金融危机所暴露的主要问题,IMF已开始着手对金融稳健指标体系进行新的修订。

其次,FSI是资产负债表信息和财务比率的一个集合,他们在信息内容上大多是后顾性(Backward-looking),用于推断未来发展时效力受到一定限制。对于银行业,FSI分析与压力测试、市场指标一道,可以用于补充监管信息(包括定性和定量)。

再次,2008年国际金融危机显示,FSI指标体系在覆盖面上存在严重不足。主要体现在:(1)对于那些风险高于以前预期的特定工具(如CDS、CDO),FSI无助于识别和评估金融机构资产负债表内和表外对其风险暴露的程度;(2)风险加权监管资本充足性指标(CAR)无法评估在险资本(Capital at risk),即金融机构相对于其风险暴露的资本充足性,虽然有关杠杆的信息广泛可得,FSI核心指标集关注风险暴露的提高,但杠杆比率(即资产/资本)不是FSI核心指标;(3)FSI无法充分显示流动性风险,包括资产和负债的期限不匹配性、借贷和滚动短期负债的能力,以及表外风险暴露和金融工具的流动性;(4)相对保险公司等非银行金融机构或投资银行、套利基金等高杠杆机构而言,FSI的覆盖面明显不足,但这些机构多数在规模上具有系统重要性。

第四,FSI 无法揭示交易对手和跨境风险的规模与特征。FSI 体系的建立为各国提供了一个统一规范的金融风险评价体系,但危机暴露其存在巨大缺陷:一方面,FSI 不显示交易对手的风险暴露,包括联合型交易对手的风险暴露,如单个银行之间、银行与保险公司、银行与其他金融机构等;另一方面,FSI 无法显示跨境风险,在现行表式当中 FSI 并未将国际上活跃的银行组合成网络以显示广泛的跨境持股、持债情况,也就无法显示跨境传染的风险暴露情况。

第五,FSI 在提高金融体系透明度上仍存不足。FSI 体系相关数据的及时披露有利于提高金融市场的透明度,规范和强化市场参与者和管理者的行为,从而提高一国的金融监管水平和金融体系的稳健程度。但 2008 年国际金融危机表明,FSI 的这种功能仍存在明显不足,复杂的结构性金融产品、OTC 衍生产品等方面统计数据明显不足,金融体系仍然存在显著的信息缺口,透明度也仍需进一步提高。

(二)指标评估

计算和公布金融稳健指标是为了评估和监测金融体系的实力及其脆弱性,促进和加强宏观审慎分析,以期提高金融体系的稳定性,特别是减少金融体系崩溃的可能性,这种评估是否有效主要取决于指标的选择与指标体系的设计。如前所述,FSI2006 中金融稳健指标包括一套由于核心指标和鼓励指标构成的体系。2008 年国际金融危机在没有任何征兆的情况下突然而至,已有的金融稳定统计与预警监测体系几乎完全失效。在此背景下,全面评估 FSI 有用性和提出可行的修订建议,显得尤其必要。

根据在危机监测中的表现状况,各指标可按高中低评级,评为低、中级的指标在评估信用、资本、流动性、交易对手和跨境风险等时居次要地位,可考虑删除。针对存款吸收机构的新指标需要更好地表征不同风险类别,部分鼓励类指标被重新确定了优先性,部分是新选入的。在范围上,FSI 有必要更系统地覆盖非金融部门,关注其流动性和偿债能力(杠杆)相关风险,同时,还需更好的有关房地产市场的信息。此外,有关非银行金融机构的 FSI 除保险公司外,可能须扩展到包括其他一些非银行金融机构如养老金或套利基金。

1. 核心指标

FSI2006 中核心指标主要是针对存款吸收机构,涉及资本充足性、资产质量、收益和利润、流动性、对市场风险的敏感性等五个层面,共包括 12 个指标。如表 1 所示,从评估来看,有用性评为高级的指标 7 个;评为中级的指标 2 个,包括不良贷款/全部贷款总额、监管资本/风险加权资产,可考虑删除或做出修订;评为低级的指标3个,包括部门贷款/全部贷款、股本回报率、非利息支出/总收入,应该删除或做出修订。

根据2008年国际金融危机中各指标的表现及所暴露出的信息缺口,具体分析如下:(1)FSI应将相应的关键指标纳入核心指标集,关注维度由原来的五个扩展至七个,包括资本充足性/偿付风险、资产充足性/信用风险、盈利能力、流动性风险/周转风险、市场风险,以及新增交易对手风险和跨境/转移风险,后两者分别增加相应的关键指标;(2)在资本充足性/偿付风险方面,应考虑增加测度离违约距离的指标,如总市值/账面价值,而风险加权资产的计算主观性太强,不宜采用;(3)在资产充足性/信用风险方面,应考虑纳入预测违约的主要指标和测度信贷可持续性的指标,以及外汇风险暴露的指标;(4)盈利能力方面,原体系的股本回报率和非利息支出/总收入对金融稳定分析益处不大,应考虑删去;(5)流动性问题是危机蔓延的重要原因,FSI体系中可考虑增加有关国外借款风险暴露、流动性的质量、外汇流动性风险、未来流动风险暴露等方面的指标;(6)市场风险方面,应考虑增加测度期限错配风险和表外风险暴露的指标;(7)原体系中部分其他指标在指标设计、统计口径与信息内容方面也应做出适当调整。

表1 核心指标评估与分析

机构/市场	核心指标	有用性	解释	缺失的指标	对推荐指标的解释
存款吸收机构					
资本充足性/偿付风险	监管资本/风险加权资产	中	偏好于采用一级资本,不包括贷款损失准备金和估值收益	资本/资产	风险权数确定常常是武断的,由鼓励类指标升级而来
	监管一级资本/风险加权资产	高		一级资本/资产	采用一级资本更好
				总市值/账面价值或CDS/EDF	离违约的距离的指标,其中CDS和EDF分别为信用违约互换和预期违约率

续表

机构/市场	核心指标	有用性	解释	缺失的指标	对推荐指标的解释
资产充足性/信用风险	不良贷款减去准备金/资本	高		贷款/价值比率(最近12个月)	显示借款者的杠杆
	不良贷款/全部贷款总额	中	多余,采用不良贷款净额更好,不良贷款属滞后指标	信用的增长率	预测违约的主要经验指标
	部门贷款/全部贷款	低	系统依赖性	重组或续期的贷款(上季度)/全部贷款	测度信贷可持续性的指标
				外汇贷款/全部贷款	外汇风险暴露,由鼓励类指标升级而来
盈利能力	资产回报率(ROA)	高	对信用分析很好,但还需要更多细节	ROA(税收和准备金之前,以及税后)	需要原始收入和可用收入指标
	股本回报率	低	对股东和投资者更有兴趣	ROA(税收和准备金之后)	
	利差收入/总收入	高		非利息收入/总收入	收入多样化非常重要
	非利息支出/总收入	低	系统依赖,效率指标,与金融稳定相关性弱		

续表

机构/市场	核心指标	有用性	解释	缺失的指标	对推荐指标的解释
流动性风险/周转风险	流动资产/总资产（流动资产比率）	高		客户存款/总（非银行间）贷款	粘性资金的正指标，由鼓励类指标升级而来
	流动资产/短期负债	高		批发借款（期限＜1年）/总贷款	揭示易变的批发资金的风险暴露
				国外借款（期限＜1年）/总借款	在国际市场中展期风险的暴露
				以政府证券形式持有的流动资产（AAA/AA评级）/总流动资产	流动性的质量
				外币流动资产/短期外币负债（期限＜1年）	外汇流动性风险
				扩展但未使用的信用额度	未来流动风险暴露
市场风险	外汇净敞口头寸/资本	高		交易账户持有的股权和证券/资本	某些国家中市场风险的主要来源
				资产和负债的期限	利息风险暴露
				表外风险暴露	按资产类别的净风险暴露
交易对手风险				对其他金融机构超过规定资本比例的风险暴露/资本	交易对手风险集中度的测度
				持有国外资产/总资产	应对外部冲击的能力
跨境/转移风险		高		外国附属机构和分支的资产/资本	新的信息需求
		高		外国附属机构和分支的负债/资本	新的信息需求

注：部分内容引自 Johnston et al.(2009)，部分内容由作者研究整理。

2. 鼓励指标

FSI2006 中鼓励类指标集共包括 27 个,其中针对存款吸收机构的指标 13 个;针对其他金融公司的指标 2 个;针对非金融公司部门的指标 5 个;针对住户的指标 2 个;针对市场流动性的指标 2 个;针对房地产市场的指标 3 个。

如表 2 所示,对 FSI 鼓励类指标评估与分析如下:(1)鼓励指标集中有关存款吸收机构的多项指标有用性评级为中级或低级,可考虑删除或修订,如贷款地理分布/总贷款、人员支出/非利息支出等;(2)其他金融公司的资产/GDP 可改而采用资本/资产,反映其杠杆水平;(3)针对公司部门的指标应做较大调整,特别是应增加有关市场价值和股权盈利能力的指标,而净外汇风险暴露/股权忽略了外汇收益,可考虑删去;(4)鉴于套利基金、主权财富基金、私人股权基金、养老基金等非银行金融机构在金融体系中日益上升的重要性,金融稳定分析应考虑纳入相关指标;(5)针对市场流动性,现有的证券市场平均买卖价差和日均换手率均无助于金融稳定分析;(6)针对房地产市场,应关注住户拥有房产的净价值占房产价值的比率、商业地产平均租金比率以及平均商业贷款/房产价值比率;(7)此外,鼓励类指标集中还应调整其他一些市场指标,如存款吸收机构、保险公司以及系统重要性金融机构的关键指标,特别是有关系统重要性金融机构的信用评级和风险展望信息,在金融稳定分析中非常有用。

表 2 鼓励指标评估与分析

机构/市场	鼓励指标	有用性	评论	缺失的指标	解释
存款吸收机构	资本/资产	高	核心指标		
	大规模风险暴露/资本	中			
	贷款地理分布/总贷款	低	系统依赖程度很高		
	金融衍生产品资产头寸总额/资本	中			
	金融衍生产品负债头寸总额/资本	中			
	交易收入/总收入	中			
	人员支出/非利息支出	低	过于详细		
	参考借款和存款利率差额	中			
	最高和最低银行间利率差额	中			

续表

机构/市场	鼓励指标	有用性	评论	缺失的指标	解释
存款吸收机构	客户存款/总（非银行间）贷款	高	核心指标		
	名义外币贷款/总贷款	高	核心指标		
	名义外币负债/总负债	高			
	股权净敞口头寸/资本	高	核心指标		
其他金融公司	资产/金融系统资产总额	高	公式重新表示	资产	
	资产/GDP	低		杠杆（资本/资产）	反映杠标率水平
公司	总负债/股权	高		短期外汇负债/出口	外汇资金风险指标
	股权收益	中		进口和出口套保比例	外汇风险指标
	收益/利息和主要支出	高	公式重新表示	利息覆盖比例	利息风险指标
	净外汇风险暴露/股权	低	忽略了外汇收益		
	债权人保护申请数量	中			
				价格收益比率	市场价值
				股价指数	与股权相关的盈利能力指标
住户	住户债务/GDP				
	债务服务和主要支付/收入				
套利基金				管理的资产	规模指标
				杠杆	风险指标
主权财富基金（SWF）				管理的资产	规模指标
				杠杆	风险指标

续表

机构/市场	鼓励指标	有用性	评论	缺失的指标	解释
私人股权基金				管理的资产	规模指标
				杠杆	风险指标
				承诺但未使用的合同收购银行融资	流动性风险暴露
养老基金				管理的资产	基本规模指标
				融资比例（资产/负债）	偿债能力缓冲/风险暴露的指标
				杠杆（包括间接的）	风险指标
市场					
市场流动性	证券市场平均买卖价差	低	低频数据没有用		
	证券市场日均换手率	低	差的市场压力预测指标		
房地产市场	住宅地产价格	高		住户拥有房产的净价值/房产价值	偿债能力缓冲指标
	商业地产价格	中	租金比率具有更多信息量	商业地产平均租金比率（价值的百分比）	揭示估值风险
	住宅地产贷款/总贷款	高		平均商业贷款/房产价值比率	揭示杠杆率
	商业地产贷款/总贷款	高			
系统重要性金融机构	评级	高	信用评级和风险展望的变化信息		未来风险的评估指标

注：部分内容引自 Johnston et al.(2009)，部分内容由作者研究整理。

四、修订展望

(一) 总体思路

FSI 体系是为金融稳定分析和宏观审慎政策而发展起来的,金融稳定统计与分析还是一个新兴的领域和相对年轻的业务,频频爆发的金融危机无疑证明了其必要性。但从国际范围来看,金融稳定分析尚无一个普遍接受的概念模型、方法或数据集能告诉我们所有要知道的全部东西。发展和改进 FSI 体系的基本思路在于,加强理论与实证研究,推动金融稳健性监测的理论方法体系发展和创新,进一步阐明稳定性建模的边界,识别统计数据的优先性,保持金融稳健性监测框架的适当弹性,持续开展动态评估与调整,不断提高 FSI 指标体系的科学性与有效性。

1. 修订原则

理论上,FSI 体系修订应遵循以下基本原则:一是金融稳定分析应基于多种工具检验、互为补充的视角,充分借鉴各种分析方法和指标,不依赖于任何单一的数据集;二是从国内金融系统的稳健性承受能力来评估宏观经济和外部金融发展;三是全面评估金融机构、市场、基础设施和政策框架的优势与脆弱性;四是高度关注金融脆弱性与风险传导渠道/扩散机制之间的关系,从系统视角分析金融体系各部门内部及之间的关联性、金融与实体经济的关联(反馈环)及跨境联系(双向关联);五是金融稳定分析应关注整体性,更好地将不同事点联系起来综合分析与评估;六是设计一个良好的优先性,FSI 体系更应是一个菜单而非购物单,供各国选择使用;七是着眼于建立一个开放、弹性的框架,包括关键指标和数据编制,以便持续不断地学习、改进。

2. 重点领域

根据危机教训,现行金融稳定分析体系、模型与数据中大量关键领域需要进一步加强,重点包括:(1)大的金融系统趋势和金融市场运转的内在动因对系统稳定性极为重要,需要对此加强监管和评估;(2)金融稳定分析方法创新至关重要,对系统风险及其影响进行更丰富、更严格的建模极为必要;(3)部分领域透明度低制约了金融稳定分析,一些关键领域需要更好的信息和数据,如影子银行部门、OTC 衍生品市场等;(4)信息缺口阻碍了对金融体系的系统性风险、跨境风险和危机前的脆弱性预警评估与判断,FSI 修订应促进信息缺口的缩小。

3. 基本取向

近年来,金融市场结构变化出现了一些新的趋势与特点,例如,持续的金融和技术创新降低了全球化成本以及监管套利(Regulatory arbitrage)的成本,全球化或国际性金融发展对许多国家金融稳定的影响持续上升,如外国银行、直接跨境银行交易、证券市场外国投资等。相对于传统的银行来说,市场和机构投资者、其他非银行金融机构的重要性不断上升,金融市场中一些主要机构的重要性不断上升,同时,复杂结构化产品、风险转移工具、表外活动与项目、OTC市场交易等重要性也显著上升。相应地,金融稳健统计在基本取向上应进一步加强:一是识别和监管经济金融发展趋势,更好地把握金融体系发展的新特点与新动向,为监管和风险评估提供关键指标与数据,弥补统计信息缺口;二是充分认识不同国家的标准、做法和统计资源存在差异,积极研究和评估一国金融系统中风险和脆弱性的潜在含义,保证金融稳健指标对本国金融体系稳定性的相关性;三是注重对政策传导机制的分析,准确传递政策的显著性和重点,评估和判断金融稳健指标的政策含义;四是从国际视角审视本国金融体系的稳定性与风险,全球金融稳定对国别分析越来越重要。

(二)修订展望

总结危机经验,FSI体系修订首先要思考两个问题,一是更好地描绘金融体系稳健性需要什么样的数据,二是为提供这些数据,应如何改进信息披露制度,这里的信息披露属于广义的理解,包括公开披露的信息和监管报告要求的信息。金融稳健统计问题覆盖面广,需要对货币统计、国民账户、财务会计和银行监管等各个领域加以综合利用,下面从六个方面展望FSI体系的修订:

1. 指标修订

在对指标进行评估和筛选时应遵循一些基本原则:(1)相关性,即统计指标应提供对脆弱性和不平衡累积的信息认知;(2)基于实据,即构建于理论和实证证据基础之上;(3)风险导向,聚焦于可能给金融系统带来巨大损失或其他伤害的尾部风险和分布尾部[①]。

基于上述要求,FSI体系迫切需要做出的一些修订包括:(1)根据前述对现行指标体系的评估和分析,FSI体系修订应将部分有用性级别为中或低的指标予以删除或改进;(2)重新确定指标的优先性,如杠杆、房地产和住户指标,对核心指标集与鼓励指标集做出重新划分;(3)对金融稳健评估的框架做出扩展,如合并范围,新增危机所显示的、尚缺乏的一些关键指标,未来修订首先应增加和补充非银行金融机构的关键指标,然后应考虑纳入有关流动性和市场的指标;(4)作为FSI修订

---

① 第三条原则的取向是一个部门中处于均值和中位数项目通常不会使金融部门产生问题,相反,部分高风险住户和商业机构的尾部易于引发或推进与金融系统的反馈环。

的中期目标,未来还应考虑纳入更多的分解性/分散性测度指标;(5)在 FSI 之外改进金融部门报告和披露的其他工作,如压力测试、IIP 统计,以之作为补充。

2. 稳定分析方法创新

理论上,加总指标仅能说明金融系统稳健性的有限信息,实际上还可能给出误导性信号,这一点已得到广泛认同。未来修订工作的一个焦点是稳定分析方法创新,探索不同的测度方法,包括分布信息、方差测度、分布尾部规模、异常值识别等的新方法与指标,以提高 FSI 的有用性。更好地、全面地描绘金融体系的潜在稳健性本质上是一种预测行为,但预测未来是困难的。实践中,评估金融机构是否健康,应综合运用以下三种方法:

一是常规监管指标(Regular supervisory measures)。对于已经实施巴塞尔协议 II 的国家,主要考察机构的资本充足率,该方法综合了个体和系统的元素,关注单个机构的不同性质,并将固有风险和风险缓冲(如资本)结合在一起来分析。

二是后期警告指标(Late warning indicators)。传统的后期警告指标是拖欠和备付金,显然,这两个指标与金融机构潜在稳健性密切和直接相关,其不足是这些指标仅当风险已经形成才指出风险信号,金融稳定分析所寻求的是稳健性的早期预警指标。

三是内在风险驱动因素。最为重要的是,金融稳健评估应该关注系统风险的内在驱动因素,累积杠杆是最重要的风险因素,但是不幸的是杠杆很难测度。此外,错配(Mismatch)也会使金融机构更脆弱,到期时间不匹配导致的流动性风险已为大家所熟知,久期错配将构成对利率这个共同风险因子的风险暴露,而货币错配也将导致风险集中。

3. 加强对风险的监测

从操作上看,加强风险监测是 FSI 体系修订的中心目标。在技术层面,FSI 应通过开展更多的、系统层面的尾部风险精确评估来加强金融系统稳定分析。常用的宏观压力测试方法仅能作为诱发事件可能导致损失大小的估计,而更重要的是应进行更完整的过程模拟,具体包括:首先,捕捉在任一情境下损失的整体分布,以便反映未预期损失,不仅仅是预期损失;其次,对情境及其影响作更丰富的定义,如将信用风险和交易对手、流动性和市场风险等结合起来分析,而不是单独关注信用风险;再次,更一般地,改进流动性压力测试的方法;第四,探索对传染和溢出效应建模的新方法,包括就金融部门本身而言,也包括宏观经济与金融反馈环;第五,如有可能还应开展对跨境风险的模拟;第六,传统的金融稳定分析以线性方法为主,未来修订应允许采用一些非线性方法,如时变违约相关性等。

4. 弥补关键信息缺口

2008年国际金融危机暴露出有关一些特定金融活动的信息缺口异常重要，这些领域包括：主要银行对复杂结构产品和表外项目的风险暴露；跨境风险暴露和相关的资本流动；资产评估技术和风险模型；OTC交易工具缺乏透明度；潜在重要的非银行金融机构的信息有限。此外，现行统计体系中信用风险转移（CRT）工具统计存在重要缺口，有关CDS市场结构变化以及信用风险转移和最终分布的全面和及时信息不足。FSI体系修订应高度关注统计信息缺口问题，将重要的关键指标纳入FSI评估体系，以更好发挥该体系的效能，并提高相关领域的透明度。

5. 增进FSI数据国际可比性

虽然不少国家已经可以常规编制和报告所有FSI指标，编制本国金融稳定报告，但从国际范围的实践来看，相关数据在国际可比性和与编制指南一致性方面还存在一些不足。在全球化的背景下，一国的官方统计改进行动必须与国际机构的行动一致，评估金融部门系统风险的报告框架应建立在国际会计标准（IAS）、国际财务报告标准（IFRS）和银行监管标准（如巴塞尔协议Ⅲ）等基础之上。而且，新的报告框架要保持与广泛领域的国际统计标准（如2008SNA、BPM6、BIS的合并银行数据和IMF的金融稳健指标）保持一致，并与IMF和FSB的统计改进计划保持密切配合，以促进FSI数据的国际可比性。

6. 完善FSI数据库

FSB自2009年开始发布部分国家的FSI指标数据，参加CCE的62个国家中最初有52个国家已签约常规报告FSI数据。目前，单独报告FSI的国家中大约40％－50％是按季度发布数据，10％－30％是按半年度发布，其余的是按年发布。所有成员都需要最终提供针对存款吸收机构的12个核心FSI，大约70％的国家提供针对存款吸收机构的所有鼓励类FSI，30％－50％国家也提供有关其他部门和主要市场的全部鼓励类指标。FSI体系修订的一个重要任务是要建立和完善FSI的新数据库，进一步扩大国家覆盖面，并按照新修订后的指标集上报数据。同时，还应进一步提高数据报告频率，力争全部国家按季度报告FSI数据。此外，考虑到各国编制FSI时实践上的差异，建设数据库应要求各国提供详细的元数据，这样，有助于数据分析和增加可比性。

（三）应用展望

在应用FSI体系进行金融稳健评估时，首先应明确FSI能够告诉我们什么，不能告诉我们什么？FSI主要反映金融部门的当前状况，帮助揭示脆弱性和承受损失的能力(如潜在风险的影响),能提供有关部分风险扩散机制的信息,一些非银行金融机构的FSI指标如公司杠杆、住房价格等往往也包含有关银行资产负债表变动的潜在领先信息,而压力测试也可给予FSI体系前瞻性视角。实际上,基于对2008年国际金融危机的反思,FSI不能做的包括:(1)FSI不能为预测冲击或危机发生的可能性提供太多信息,FSI使用最好应与危机预测指标结合起来(如货币与金融统计数据);(2)FSI不能揭示脆弱性集中情况,此类信息可能被加总指标所掩盖;(3)FSI不能给出太多关于相互关联和传染渠道的信息;(4)FSI结构上并不能反映总量指标之外其他方面的状况。

因此,在应用FSI体系进行监管时主要应关注:(1)冲击(用市场指标监管的风险);(2)脆弱性,如资本和流动性问题;(3)扩散机制,由金融脆弱性到系统流动性和信用紧缩问题;(4)反馈机制,从金融部门到实体经济的作用机制,向实体经济扩散可能预示着金融部门由于宏观经济深度下滑将出现更多问题(即对金融部门资产负债表的反馈效应);(5)危机的爆发与冲击程度。

广义上看,如图1所示,金融监测应包含四个层次:(1)金融市场监管;(2)宏观

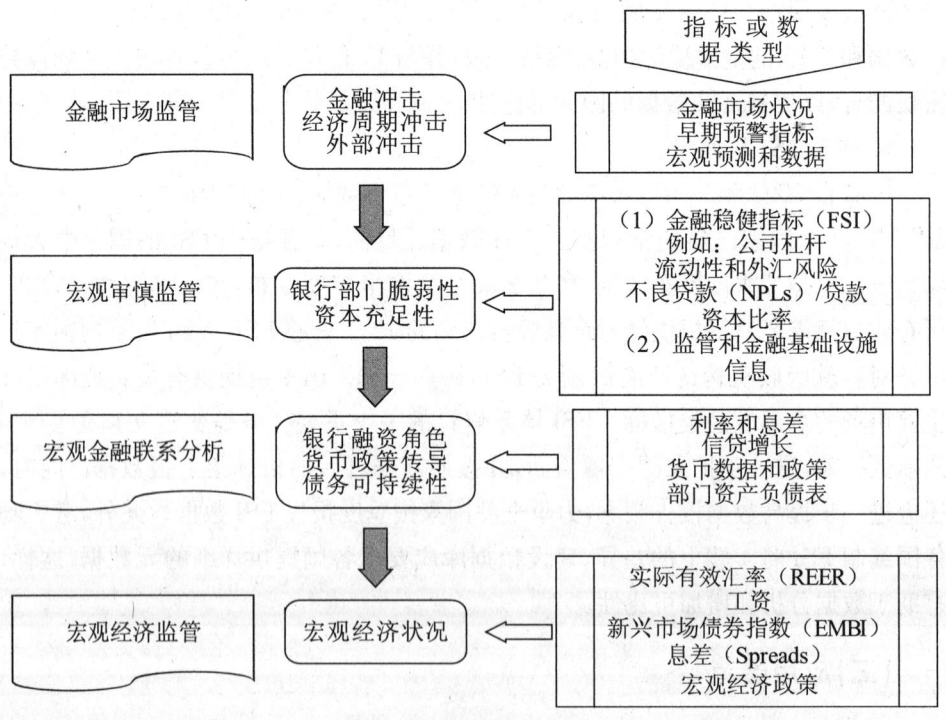

图1 FSI应用:澄清与说明

审慎监管;(3)宏观金融联系分析;(4)宏观经济监管。FSI体系主要履行宏观审慎监管的功能,原体系重点在于银行部门的脆弱性和资本充足性,未来修订将进一步更多地纳入非银行金融部门的脆弱性监测指标,从而实现对金融体系脆弱性和承受损失能力的判断,更全面地对金融体系稳定性进行监测。

根据宏观谨慎监管的原则,FSI统计体系可从三个层面对金融风险进行评估。首先,通过FSI的统计指标对实体经济部门和金融部门的运作情况进行考察和监控,从风险源进行监管;第二,针对一国经济中实体经济和金融部门之间内在的联系,结合其他信息和经济统计指标来评估金融中介部门对金融风险产生和发展的作用机制;第三,通过其他宏观经济运行指标来综合考察宏观经济是否孕育着潜在的金融风险。三个层面构成了一个监控金融风险的完整评估体系,其中FSI是金融风险监控的基础,通过各项统计指标和综合信息对金融体系稳健性和宏观经济状况进行考察。

宏观审慎分析能够揭示微观审慎分析不能反映的一些风险,如共同的风险暴露情况。但FSI仅是广泛的、用于稳定分析的宏观审慎指标(如债务/GDP、国际储备、国际收支等)的一个子集,只能为宏观审慎分析提供一部分数据,特别是可作为早期预警体系的补充,在危机防范中发挥一定作用。在宏观审慎分析中,其他一些有用指标包括:(1)全面反映经济和金融环境的指标,例如资产价格、信贷增长、国内生产总值(包括其构成)增长、通货膨胀以及对外头寸;(2)经济体的机构和管理框架,特别是其遵守国际金融标准的情况;(3)金融部门压力测试的结果,若与FSI结合使用,压力测试可在多个方面提高这些指标的实用性,如压力测试可就不同金融稳健指标之间关系提供补充信息;(4)金融体系的结构和金融基础设施的强度。

五、启示与借鉴

20世纪90年代以来,国际金融风险和金融危机频繁发生,为了防范金融风险,IMF制订了金融稳健性指标评价体系,为各国央行监控和预测金融风险提供统一、规范的评估框架。监测和维护金融稳定是各国中央银行的重要职能,金融稳定对央行制定和实施货币政策和国民经济健康运行都具有至关重要的影响。

中国人民银行于2003年7月首次对我国进行了为期两年的金融稳定自评估,2005年开始定期出版《中国金融稳定报告》。2009年4月G-20伦敦峰会宣言正式组建金融稳定理事会(FSB),成员包括G-20成员国和相关经济体及有关国际组织,是G-20领导人倚重和国际公认的推动全球金融标准制定与执行的核心机构,我国于 2009 年 5 月加入金融稳定理事会。2011 年 11 月,IMF 发布了对中国金融部门的首次正式评估报告《中国金融体系稳定性评估》,认为中国金融体系总体强健,但却面临着不断累积的风险。为了更好地开展金融稳健统计和维护金融稳定工作,提出如下建议:

(1)积极参与 FSI 修订工作。2008 年国际金融危机促使国际社会进一步关注金融稳定工作,IMF 等国际组织及有关国家已着手开展 FSI 体系修订,我国作为重要成员应积极参与相关修订及其他全球金融与统计标准的制定工作,按 IMF 的最新修订采纳新的 FSI 指标集。

(2)建立全面的金融稳定评估体系。金融稳定职能的实施是一项系统性工程,除 FSI 体系外,一些非常重要的影响金融稳定的因素是无法纳入监测体系量化的,如金融体系结构、公司治理质量、市场化程度等。2008 年国际金融危机爆发后,国际社会对构建高效、透明、规范、完整的金融市场基础设施(FMI)十分重视并达成广泛共识,FSB 强烈呼吁各国加强对 FMI 的管理与评估。我国应建立全面的金融稳定评估体系,从关键指标、市场质量、公司治理、基础设施等维度全面评估和监测我国金融体系的稳定性及变化状况。

(3)积极弥补金融稳健统计的数据缺口。FSI 面临的一个特殊挑战是关键数据存在缺口。2009 年 FSB 联合 IMF 向 G-20 提交了《金融危机和信息缺口报告》,从金融部门风险监测、国际网络关联度、部门和其他金融经济数据、官方统计数据的发布等四方面提出了 20 条建议。改进和弥补关键数据的缺口,是提高金融稳健指标有用性的重要前提。

(4)建立国内系统重要性金融机构评估框架。按照 G-20 戛纳峰会的要求,巴塞尔银行监管委员会(BCBS)于 2012 年 10 月发布了《国内系统重要性银行框架》,要求各成员国建立本国的评估框架和监管制度,并提出 12 项指导性原则。据此,我国应尽快建立对国内系统重要性银行的评估框架和监管制度,同时,积极探索将相关政策扩展到系统重要性非银行金融机构,如保险公司、证券公司等。

(5)加强影子银行体系和 OTC 衍生产品的统计与监管。近年来,影子银行和 OTC 衍生产品在我国也呈迅速发展态势,对金融体系稳健性具有重要影响。有关部门应积极研究和探索,逐步建立和完善对影子银行和 OTC 金融衍生产品的监管制度,加强对其的统计和信息收集发布,防范和化解潜在的金融风险。

参考文献:

[1] Bergo, Jarle. Using Financial Soundness Indicators to Assess Financial Sta-

bility [R].Central Bank of Norway,2002.

[2] Johnston, R.Barry, Effie Psalida and Phil de Imus, et al. Addressing Information Gaps. IMF working paper, http://www.imf.org/external/pubs/ft/spn/2009/spn0906.pdf. 2009.

[3] IMF.金融稳健指标编制指南.国际货币基金组织网站.2006.

[4] 何建雄.建立金融安全预警系统:指标框架与运作机制.金融研究,2001(1).

[5] 黄金老.论金融脆弱性.金融研究,2001(3).

[6] 蒋萍.国际统计标准属性及研发特点.统计研究,2006(3).

[7] 李维诺.我国银行体系稳健性统计分析.湖南大学硕士学位论文,2006.

[8] 李正辉,曾得利.金融稳定性评估体系的发展与方法论的演进.统计与决策,2009(4).

[9] 刘涛.金融稳健指标体系述评.西南金融,2008(4).

[10] 刘学军.金融统计标准化与区域金融稳健指标体系的构建.吉林金融研究,2011(3).

[11] 王静.基于SVDD技术的宏观金融稳健性预警与监测研究.信息系统工程,2011(2).

[12] 夏龙,秦仲芳.金融稳定评估指标体系的意义及编制难点.武汉金融,2005(3).

[13] 许涤龙.金融稳健统计监测的国际准则.中国统计,2008(3).

[14] 易传和,安庆卫.建立区域金融稳定评价指标体系研究.财经理论与实践,2005(5).

[15] 余珊萍,邓益民.金融稳健性评价指标的新发展及在中国的应用.东南大学学报(哲学社会科学版),2012(3).

[16] 虞伟荣,胡海鸥.论金融风险监控指标体系的最新发展.外国经济与管理,2004(5).

[17] 钟伟,钟根元,王浣尘.基于PS法的金融体系稳健性的综合评价.系统工程理论方法应用,2006(6).

[18] 仲彬,陈浩.金融稳定监测的理论、指标和方法.上海金融,2004(9).

[19] 周华,李豪明.金融稳定统计框架的探讨.南方金融,2004(6).

[20] 朱远程,闫玉震.中国金融稳健指标体系构建及实证研究.商业时代,2010(34).

第三部分

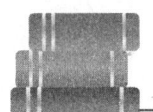

金融核算与金融统计

2008SNA 对金融核算的发展及尚存议题

摘要：2008SNA 最主要的贡献之一就是对金融核算的发展与完善。总的来看，2008SNA 对金融核算的主要发展可归纳为概念、分类、产出估算方法、特定项目处理和其他等五个方面。金融核算的新发展涉及广泛的元素，对核算方法、流程与结果都将产生巨大影响，部分主要总量指标的估算、金融服务产出的核算和金融资产/负债的处理将因此而改变，2008SNA 框架下金融核算与其他国际统计标准的协调性进一步增强。金融核算本身是一个不断发展的领域，尚存不少问题有待进一步研究。

一、引言

金融核算是国民经济核算体系（SNA）中的重要内容，也是存在较多疑难问题的领域之一。中国开展金融服务核算的历史较短，无论是理论研究还是核算实践都较弱，落后于欧美发达国家（陈梦根，2008）。改革开放以来，中国金融市场迅速发展，金融业在国民经济中的地位显著上升，金融结构发生巨大变化，各种新型工具不断涌现，对金融核算提出了新的要求与挑战，大力加强金融核算的理论和方法研究显得极为迫切。

2009 年 12 月，联合国、欧盟、国际货币基金组织（IMF）、经济合作与发展组织（OECD）、世界银行等联合颁布了 2008SNA。作为宏观经济核算国际标准的最新修订版本，2008SNA 保持了 1993SNA 的基本框架，但为了更好地反映 1993SNA 实施以来的经济形势变化，吸纳统计业务和研究的新进展，2008SNA 在许多方面做了修订，几乎所有部分都引入了新的内容，关键变化集中体现在资产、金融部门、全球化及相关问题、一般政府和公共部门、非正规部门等五大领域，金融核算是其中重点之一。

2008SNA 从多个方面发展和完善了金融核算。此轮修订所列 45 个核心议题中有 11 个直接有关金融核算，其他一些议题如资产分类、对外交易等也部分涉及金融核算。从影响上看,对金融核算的发展是 2008SNA 最主要的贡献之一,将对核算理论研究和实际工作产生巨大影响,是我们需要密切关注的重点。本文将系统分析 2008SNA 对金融核算的主要发展,研究新变化对国民经济核算的影响,并对金融核算理论与方法中一些尚存议题进行探讨。

二、主要发展及影响

(一)主要发展

SNA 提供编制国民账户的国际标准,在经济统计体系中居于中心位置,其核心要素是一套符合国际惯例的概念、定义、分类、核算规则、方法、账户和表式体系(邱东等,2002)。2008SNA 对金融核算的发展可归纳为五个方面:概念的规范、分类的完善、产出估算方法的发展、特定项目处理的澄清和其他发展,有关金融核算的规则和账户/表式体系基本上没有大的变化。

1. 概念的规范

(1)扩大了金融服务的定义。2008SNA 对金融服务的定义比 1993SNA 更为明确,金融服务由金融机构生产,是金融中介、金融风险管理、流动性转换或辅助金融活动的结果,包括监管服务、便利性服务、流动性提供、风险承担、承销和交易服务,将金融风险管理和流动性转换涵盖在内,并对隐性和显性金融服务的区分给出了指南(UN 等,2009)。

(2)修订了货币黄金的定义。2008SNA 将货币黄金[①]定义为货币当局拥有所有权、作为储备资产的黄金,包括黄金和非居民持有的未分配黄金账户。其中黄金(即金币、锭、条,最小纯度不低于 995‰)为一国货币当局持有作储备资产时是唯一被认为无相应负债的金融资产。分配黄金账户提供所有权给实物黄金,未分配黄金账户是以黄金名义的存款(若由非居民持有则记为外国通货)。货币黄金定义的变化源于对分配和未分配黄金账户的认识,而 1993SNA 没有讨论分配和未分配黄金账户(联合国等,1995)。

2. 分类的完善

(1)金融资产分类。2008SNA 修订了金融资产/负债的分类(见表 1),主要变

[①] 2008SNA 货币黄金定义与《国际收支和国际投资头寸手册》(第 6 版,BMP6)一致。1993SNA 对货币黄金定义的表述为"货币黄金通常是指中央银行和中央政府实际有权持有的黄金","只有作为金融资产和外汇储备组成部分持有的黄金才划为货币黄金"。

化有：①一级分类由原来的七类变成八类，增加了金融衍生产品和职工股票期权类别，分类目录更为详细；②在通货和存款分类中可转让存款项下引入了新的分类"银行间头寸"，记录交易双方都是银行的贷款和存款；③将"股票以外的证券"改为"债务证券"；④将"股票和其他权益"改为"权益和投资基金份额"，并增加了次级分类明细；⑤保险专门准备金改为保险、养老金和标准化担保计划，并调整了次级分类；⑥金融衍生产品分类①引入了职工股票期权；⑦备忘项目由1993SNA的"外国直接投资、权益、贷款和其他"四项减至"外国直接投资和不良贷款"两项。此次金融资产分类修订之后，能更好地反映1993SNA实施以来金融市场的创新与发展，保持国民账户的相关性。

（2）金融公司部门的次级部门划分。1993SNA将金融机构部门划分为中央银行、其他存款公司、其他金融中介（不包括保险公司和养恤基金）、金融附属机构、保险公司和养恤基金等5个次级部门。2008SNA按单位的市场活动及其债务的流动性将金融公司部门划分为9个次级部门：中央银行；中央银行之外的存款公司；货币市场基金；非货币市场基金投资基金；保险公司和养老基金之外的其他金融中介；金融辅助单位；控制性金融机构和贷款机构；保险公司；养老基金。2008SNA对金融公司部门的分类更为详细，能更好地反映金融服务、市场和工具的新发展，与其他货币金融统计体系（如IMF和欧洲央行等的统计体系）更为一致，同时允许更多的弹性。

（3）控股公司的分类问题。2008SNA将控股公司②划入金融公司部门，视为控制性金融机构（即使其下属公司都是非金融公司）。1993SNA对控股公司按集团内下属公司主要活动来确定其所属机构部门，仅当其下属公司主要活动属于金融行业时才归为金融公司部门（联合国等，1995）。该调整切合控股公司的性质，此类公司不参与管理活动，仅生产金融服务。

（4）金融租赁和经营租赁③的区分标准。1993SNA简单地按租期长短来区分金融租赁和经营租赁，2008SNA提出按承租人是否为该资产的经济所有权人来区分二者，金融租赁中出租人作为法律所有权人，将经济所有权让渡给承租人，承租人承担经营风险并在生产活动中使用该资产以获取经济利益；经营租赁中法律所

---

① 在1993SNA中无金融衍生产品分类，1999年专门针对金融衍生产品处理做出修订。

② 根据《所有经济活动的国际标准产业分类（ISIC）》修订第4版的定义，控股公司为持有下属公司资产但不承担管理活动的企业。

③ 实际上，2008SNA区分了三种租赁：金融租赁、经营租赁和资源租赁。资源租赁主要是针对土地等自然资源，法律所有权人将其出租给承租人使用，有关资源租赁的支付在SNA中记作租金，该资源仍记入出租人资产负债表。

有权人即为经济所有权人,资产仍在出租人资产负债表中记录。

表1 2008SNA 与 1993SNA 金融资产/负债分类比较

2008SNA	1993SNA
货币黄金和特别提款权 　货币黄金 　特别提款权	货币黄金和特别提款权 　货币黄金 　特别提款权
通货和存款 　通货 　可转让存款 　　银行间头寸 　　其他可转让存款 　其他存款	通货和存款 　通货 　可转让存款 　其他存款
债务证券 　短期 　长期	股票以外的证券 　短期 　长期
贷款 　短期 　长期	贷款 　短期 　长期
权益和投资基金份额 　权益 　　上市股份 　　非上市股份 　　其他权益 　投资基金份额/单位 　　货币市场基金份额/单位 　　非货币市场基金投资基金份额/单位	股票和其他权益
保险、养老金和标准化担保计划 　非人寿保险技术性储备 　人寿保险和年金权益 　养老金权益 　养老基金对养老金管理人的要求权 　对非养老金津贴的权益 　标准化担保下认购期权的提供	保险专门准备金 　住户对人寿保险准备金和养恤基金的净权益 　　住户对人寿保险准备金的净权益 　　住户对养恤基金的净权益 　保险费预付款和未决索赔准备金

续表

2008SNA	1993SNA
金融衍生产品和职工股票期权 　金融衍生产品 　　期权 　　远期 　职工股票期权	
其他应收/应付账款 　商业信用和预付款 　其他	其他应收/应付账款 　商业信用和预付款 　其他
备忘项目： 　外国直接投资 　不良贷款	备忘项目： 　外国直接投资 　权益 　贷款 　其他

注：根据2008SNA和1993SNA归纳整理。

3. 产出估算方法的发展

(1)改进了计算金融中介服务产出的间接测算方法(FISIM)。1993SNA将间接计算的金融中介服务的价值按财产收入与利息支出之差来计算,等于金融中介机构应收的财产收入减去其应付的利息,但扣除自有资金投资所获得的财产收入。2008SNA修订后的FISIM公式为:间接计算的金融中介服务总产出＝(贷款利率－参考利率)×贷款额＋(参考利率－存款利率)×存款额。其主要特点有:①2008SNA中FISIM参考利率不包括服务元素,反映风险和存贷款的期限结构,银行间借贷利率可以作为参考利率的合适选择,但对于不同名义货币的存贷款需要用不同的参考利率,特别是当涉及非居民金融机构时;②1993SNA允许一些国家继续按传统将FISIM所有服务分配给一个名义产业部门的中间消耗,2008SNA取消了这种可能性,建议FISIM的消费应在使用者间(借款方和贷款方)分配,分配份额记作企业的中间消耗、最终消费或出口;③2008SNA中FISIM包括金融中介机构的所有存款和贷款,不仅仅是源于中介基金的存贷款。

(2)澄清了中央银行服务的估算方法。首先,2008SNA将中央银行服务区分为金融中介服务、货币政策服务和对金融公司的监管服务三类,若这些活动在核算上显著,则将中央银行单位区分不同机构分别承担这些服务的生产,以便区分哪些服务属于市场活动,哪些属于非市场活动,分别核算其产出。其次,2008SNA 认为,金融中介服务代表市场生产,货币政策服务代表非市场生产,而监管服务属于临界情形,可根据该服务收费是否充分覆盖成本来确定其属于市场服务还是非市场服务。第三,2008SNA 指出,非市场活动应视作由一般政府提供的集体性服务,伴随着相应的从中央银行到政府的转移过程,故不存在政府提供这些服务的净成本;市场产出以个体的基础提供给所有经济部门,并依据服务收费。第四,若中央银行设定的利率偏高或偏低则包含一个隐性的补贴或税收,2008SNA 建议如果显著则应在账户中明确记录,并列明是由政府收取或支付,对于税收则存在一个由政府到中央银行的转移,对于补贴则存在一个由中央银行到政府的转移。1993SNA 建议中央银行产出在收费、佣金和金融中介服务间接测算的基础上估计,该方法有时导致不正常的正或负的产出估计值(联合国等,1995)。1995 年联合国秘书处间国民账户工作组(ISWGNA)进行了修订,但没有就成本估值法下中央银行其他交易如利息收支的含义做出解释,也未说明中央银行产出的使用者。

(3)改进了非人寿保险服务的估算方法。在出现巨灾损失的情况下,若采用 1993SNA 的基本算法估计保险活动的产出,结果可能变化非常大(甚至为负)。2008SNA 建议非人寿保险服务产出应采用调整的赔付额和调整的追加保费额来计算,并推荐了三种估算方法:①预期法,即复制保险公司设定保费所用的事前模型得到预期毛利(保费加上预期的追加保费减去赔付额),作为保险服务产出的估计,该方法好于 1993SNA 采用的事后公式,由于缺乏保险公司微观数据,2008SNA 建议通过统计模拟得到预期赔付额;②会计法,即以实际保费加上追加保费减去调整的赔付发生额来估计保险公司服务产出,其中调整的赔付发生额可以用调整的赔付应付款加上平均备付金变化,必要时再加上自有资金变化;③成本法,若无法获得必要的会计数据,历史统计数据也不足以允许使用预期法,则非人寿保险服务产出可采用总成本(包括中介成本、人力和资本成本)加上一定的正常利润来估计。2008SNA 将"赔付应付款"改为"赔付发生额",此外,对于大额赔付(如巨灾赔偿)建议记作资本转移,而非通常所用的经常转移。

4. 特定项目处理的澄清

(1)养老金权益。2008SNA 对养老金权益处理做了较大调整:首先,2008SNA 认为与雇佣有关的养老金权益是一种合同义务,应视作对住户的负债,而政府以社会保障形式提供的养老金则留有一定弹性,允许各国灵活处理。其次,2008SNA 中所有私人和政府养老金计划无论是基金型还是非基金型(包括社会保障),其全面信息都在补充表提供,该表显示所有私人与公共养老金计划(包括社会保障)的负债与相关流量。第三,2008SNA对设定受益计划的情形①做了较大变化,一是雇主供款的数额通过评估观察期内雇员养老金权益净现值增加额、加上养老金基金管理该计划的各项成本、减去雇员供款额来确定;二是养老金数额仅考虑雇员的生命预期并通过精算确定,不考虑任何未来的预期收入和未来支出增长对最终养老金福利的影响;三是养老金基金对雇员的显性负债记入金融账户和资产负债表中;四是养老金基金资产由基金所有,而非如1993SNA所说属于雇员。第四,2008SNA认识到管理养老金计划有成本,养老金原则上应该有产出价值,基于总成本来确定,由持有养老金权益的雇员支付。第五,2008SNA认为,当支付养老金的义务由一个单位转到另一个单位,应记为养老金负债的交易。1993SNA资产负债表中的养老金义务仅是针对基金型的私人养老金计划,社会保障、非基金型雇主养老金等许多养老金计划的活动不会引发金融资产/负债的识别,进一步,识别的养老金负债仅限于基金,不由养老金计划中的雇员或其他人的要求权决定。此外,1993SNA将非自发养老金基金和非基金型养老金计划的活动作为辅助活动处理,其产出不单独识别(联合国等,1995)。

(2)未上市权益。1993SNA给出了相当严格的未上市权益估值指南,建议以盈利和分红历史、前景可比的上市股票价格来估值,必要时作向下修正以体现未上市权益较低的市场性或流动性。2008SNA给出了针对未上市权益的多种估值方法,如最近交易价格、净资产价值、现值或价格收益比率、核算人员对企业报告账面价值宏观调整法、自有资金账面价值法、全球价值分摊法等。未上市权益种类繁多,如直接投资企业、私人股权、未上市和退市公司、上市但流动性差的公司、合资企业和非公司制企业等,2008SNA提出多种方法供核算人员选择,留有一定弹性。

(3)再保险。2008SNA建议再保险的处理类似直接保险,直接保险和再保险不合并,两类交易分开记录,再保险公司生产的服务作为直接保险公司的中间消费。1993SNA中再保险交易与直接保险交易合并记录,二者的区别未能得以显示。

(4)证券回购协议。证券回购协议是针对某种证券设定在未来某个时期按固定价格购回相同或相近资产的一种交易安排。2008SNA继续将证券回购协议作为抵押贷款处理,认可回购协议安排下相关证券在售的可能性,对于证券在售的情形贷方为避免重复入账记为负资产,而1993SNA中回购协议安排下相关证券在售

---

① 1993SNA认为雇主和雇员某一时期对养老金的贡献应为其实际支付养老金基金的数额,对于设定供款计划这是准确无误的,最终支付仅取决于拨入养老金基金的数额;但对于设定受益计划,无法保证拨入数额恰好与雇主对雇员养老金权益的负债匹配。

既不被允许也不实行。

(5) 职工股票期权。职工股票期权是公司激励员工的常用手段，1993SNA 没有给出处理指南。2008SNA 建议职工股票期权的交易按职工补偿记录在金融账户上，数额为股票期权的价值，并且指出，股票期权价值最好应在授权日和含权日之间的时期分摊，如果无法做到则记在含权日。

(6) 不良贷款。1993SNA 没有给出有关不良贷款核算记录标准的指南。2008SNA 澄清了不良贷款（受损贷款）的定义，建议不良贷款继续按名义价值在主账户中记录，利息仍应计算直至贷款偿还或本金协议核销。同时，2008SNA 还推荐了关于不良贷款的两个备忘项目：不良贷款的名义价值和市场价值，市场价值以公允价值估计，若缺乏公允价值数据则备忘项目以名义价值减预期贷款损失来记录。此外，不良贷款的应收利息记作"其中"项目。

(7) 担保。2008SNA 将担保划分为三类分别核算：①金融衍生产品提供的担保，因金融衍生产品在金融市场上实际交易，对 SNA 来说无新的含义；②标准化担保，由大量发行的、类型众多的担保组成，如出口信用担保、学生贷款担保，此类担保一般规模相当小但担保条款相同，虽然无法建立单项贷款的违约概率，但可估计一批类似贷款的违约数量，其操作与非人寿保险相同，在核算处理上也相似；③一次性担保，包括那些风险极为特别、不能以任何精度估计其分布概率的担保，在多数情况下一次性担保被认作或有事项，不按金融负债记录。1993SNA 对担保作或有负债处理，这样在核算记录上不存在担保（除非担保被触发）。

(8) 指数联接债务证券。指数联接债务证券的息票和（或）本金支付由各方商定的指标（一般为价格指数）来决定，但指标数值在协议签订时未知。在这种安排下，证券价值增加作利息处理，发行时未知。2008SNA 提出两种方法来确定各核算期的应计利息：其一，若息票是与宽指数联接，联接之后支付足够数额作为息票，则应记为利息，当本金价值也是指数联接的，则最终赎回价格和发行价格之间的差额作为该证券存续期间的应计利息处理；其二，如果联接的是窄指数，应计利息按发行时的利率计算，指数偏离预期路径产生的支付按持有收益或损失处理。1993SNA 针对指数联接债务证券的交易处理指南过于笼统，不够精确。

(9) 外币联接债务工具。2008SNA 建议，本金和利息与外币指数化的债务工具在核算处理时视同外币标价的工具。在 1993SNA 中，对于外币标价的债务工具，由汇率变化导致本金的本币价值变动作为持有收益处理（无交易），而对于与外币指数化的债务工具，该类变化作利息处理（交易）。2008SNA 消除了这两类工具在处理上的差异，因为二者在经济意义上等价。

(10)特别提款权(SDR)。2008SNA 承认 SDR 的负债属性,建议将 SDR 作为持有国的资产和对该机制参与国集体的要求权来处理,SDR 的分配和取消记为交易,资产和负债方面分别登录,而 1993SNA 将 SDR 仅归为资产而无相应的负债。作为 SDR 核算方法调整的结果,2008SNA 建议货币黄金和 SDR 列为单独的次级项目。

(11)证券借出和黄金贷款的费用。1993SNA 没有给出有关证券借出和黄金贷款费用支付方面的核算指南。2008SNA 指出,证券借出和黄金贷款(无论来自分配或未分配黄金账户)中向所有者支付的全部费用按传统记入利息。如果贷款提供者在分类上属于金融机构,则利息可以包含一个单独区分的 FISIM 成分。

(12)未分配黄金账户。1993SNA 没有讨论未分配黄金账户处理问题,2008SNA 建议将未分配黄金账户作为金融资产与负责处理,若为非居民持有则分类时记为外币存款。

5. 其他发展

2008SNA 在其他方面的一些调整也将对金融核算产生影响,主要有:(1)引入经济所有权变化的概念,重新修订资产的定义和分类,修订后的资产定义涵盖了风险、可显示价值和结构负债。(2)对个人拥有多个国际常住地分别作短期居住时其常住地处理问题给出指南,明确个人变更常住国不改变其拥有的非金融资产、金融资产和负债的所有权,但要求对(经济)所有权人常住地重新划分,有关变化记入资产账户物量其他变化,而非资本转移,1993SNA 没有对个人常住地变化引起的货物流动和金融账户变化提供专门的核算指南。(3)明确证券化工具(Securitization vehicles)为一种特殊目的实体(Special purpose entities,SPE),在机构部门分类时归入"控制性金融机构"。(4)其他,例如:①2008SNA 建议将公众公司用累积收入和资产出售所得作额外支付时记为权益提取;②政府向公众型准公司的额外支付按资本转移处理;③调整了有关资产物量账户其他变化(交易之外)的项目分类;④将 ISIC 修订第 4 版中定义的"总部办公室"归为非金融公司部门,若其所有或大部分下属单位是金融公司则认定为金融公司部门的金融辅助单位。

(二)影响分析

金融部门是宏观经济领域变化最快的部分之一,在核算处理上也需要不断跟进。2008SNA 对国民经济核算的主要贡献之一就是提供了对金融服务处理更为全面的指导框架,进一步发展与完善了金融核算(Eurostat,2011)。归纳起来,2008SNA 中金融核算的关键变化包括五个方面:(1)金融衍生产品的处理,

2008SNA 延用联合国统计委员会 1999 年 3 月对金融衍生产品处理方法的修订和调整，并提出了一些新的功能分类，两个最主要的变化是：其一，金融资产边界扩展到包括金融衍生合约，不管交易是否在交易所内发生；其二，伴随利率互换和远期利率协议的流量记作金融交易，而非利息流量；(2) 根据 1993SNA 的执行实践改进了计算金融中介服务的间接测算方法(FISIM)；(3) 有关金融核算变化最大的部分是养老金权益的处理，无论养老金计划是否有融资来满足，2008SNA 都将其记为雇主的负债，有关养老金的全面信息在一个新的标准补充表中提供；(4) 对非人寿保险服务的核算做出修订，以便提供对极端事件(如地震)造成大规模赔付的更现实估计；(5) 修订了不良贷款的核算处理，从市场角度强调以公允价值记录的重要性。

2008SNA 是对 1993SNA 的一次系统性修订，侧重于核算处理方法的优化与完善。大多数修订是针对日益全球化的交易特点、金融工具创新、对私人和公共部门财富与债务来源等所做的反应(UN 等，2009)，金融核算是修订幅度最大的领域之一，对核算工作的影响显著，主要表现在：(1) 金融核算的新发展实际上涉及广泛的元素，包括定义和分类的澄清、说明，对核算方法、流程与结果都将产生巨大影响，部分调整对金融服务产出估算影响巨大，进而将影响 SNA 主要总量指标如 GDP、储蓄和积累等的估算；(2) 从 SNA 体系上看，新修订对金融核算的影响涉及有关金融流量与存量科目的众多账户与表式，包括积累账户中的金融账户、资产负债表、资金流量表、资产物量其他变化账户、国外账户等，其中最主要的是金融账户，特别是有关金融服务产出估算，如 FISIM 方法和中央银行、非人寿保险等服务产出，以及有关金融资产/负债项目的记录，如养老金计划、未上市权益、再保险、证券回购协议、职工股票期权、不良贷款、担保、指数联接债务证券、外币联接债务工具、SDR 等；(3) 2008SNA 体系下金融核算与其他国际统计标准的协调性进一步增强，如《货币与金融统计编制指南》已基于 2008SNA 进行修订并于 2008 年出版，与《国际收支手册》(第 6 版)、《政府财政统计手册》等相关国际标准也更为一致(Eurostat, 2011)。

三、尚存议题分析

金融核算本身是一个不断发展的领域，在 2008SNA 框架下，金融核算仍存在不少问题有待进一步研究，主要可归为以下四个方面：

(一)金融核算方法

1. FISIM 假设及其他问题

2008SNA 中 FISIM 所用参考利率不包含服务元素,反映风险和期限结构。隐含的假设是 FISIM 是一个服务元素,而非利息流量,其中包含风险因素,风险高者支付更高的服务费用,这一假设受到不少质疑。此外,FISIM 核算还存在自有资金处理、生产者界定、不变价核算、使用者分摊等难题。

2. 非上市权益估值方法一般化问题

2008SNA 提供了多种评估非上市权益价值的方法,实际使用时容易导致盲目性和随意性,并影响结果的可信度与可比性(UN 等,2009),能否找到更为标准化的方法有待进一步研究。

(二)金融产出估算

1. 中央银行产出核算隐含的问题

2008SNA 将中央银行产出区分为三类:货币政策服务、金融中介服务和临界情形。一种临界情形是中央银行金融中介服务包含政策成分如设定高于或低于市场利率的基准利率,此时会导致一系列问题:一是使用中央银行的非市场利率可能导致测度服务产出和增加值时产生扭曲;二是使用非市场利率意味着在金融中介服务之外,中央银行与其对手之间存在交易流量发生(UN 等,2009)。

2. 人寿保险服务产出低估的问题

目前,SNA 中养老金受益人根据所设定受益计划产生的财产性收入与人寿保险的财产性收入不一致。对于养老金受益人,其财产收入数额与其要求权的增长匹配。对于人寿保险,保险公司保留部分持有收益,但这部分保留额不作为保险公司收费的一部分,这将造成对保险公司产出的低估,并且,当出现持有损失时需作适当处理。

3. 金融资源是否分配增加值的问题

2008SNA 认可部分增加值源于固定资产和其他非金融资产对生产的贡献,引入了资本服务的概念。由此引申的问题是,生产者在生产活动中所用的金融资源是否也应参与增加值的分配。

(三)金融资产/负债处理

1. 社会保障权益的记录与估值

社会保障权益不在主账户记录,而是和由政府管理的养老金权益一样记录在辅助报表中,对社会保障权益到底应在主账户还是在辅助表中记录仍存在分歧,对于社会保障权益的估值方法更是远未达成一致。

2. 贷款公允价值的使用推广

在核算中贷款人和借款人资产负债表上的贷款按名义价值记录,但是现实当中贷款的公允价值不同于名义价值的情形很常见。2008SNA 建议不良贷款在备忘项目中作公允价值记录,对于一般贷款或负债在核算时是否也应考虑其公允价值,有待进一步研究。

3. 预计负债的处理问题

企业会计中债务有三种不同层次:负债、预计负债和或有负债①。在 SNA 中,当有对手持有相应的等价金融资产时,与金融工具有关的负债和预计负债一般在主账户识别,但不满足这一标准的特定预计负债(如不良贷款)记作备忘项目(按公允价值),或有负债(除标准化担保情形之外)不在中心账户识别。问题是,SNA 中资产价值减少的识别必需对应有负债的减少,而资产持有人可能不希望将其认为这些要求权是坏账的事实暴露给对手方。但是,对于某些预计负债,不按公允价值记录则夸大了这些资产的价值。

4. 债务优惠的处理问题

贷款优惠是涉及利息支付时的服务费补贴还是代表市场利率和协议利率之间差额的转移支付,理论界尚无定论。若为后者,则随之而来的问题是这种转移支付是应按基数逐期支付作为经常转移,还是作为贷款发放时的一次性资本转移。

(四)金融交易处理

1. 再投资利润的处理

对外国直接投资(FDI)企业,未分配利润按股权比例分配给外国直接投资者,这些利润由所有者进行再投资,成为金融账户中股权的一部分,视为可分配收入实际分配的补充,该方法也用于投资基金利润的处理。有待研究的问题是能否将该处理方法扩展到其他类型单位如公众公司,这样,基本收入分配账户中股利被再投资利润替代,减少实际支付的股利总额但增加在金融账户中的权益(有时是提取),这意味着公司利润分配严格按权责发生制核算,公司储蓄总为 0(Eurostat,2011)。这一变化将建立一个不同于现行股利和公司储蓄处理方法的范式,对账户解释具

---

① 根据 2008SNA,负债是实体由于过去事件引发的当前义务,解决方法是实体的经济利益资源或服务资源的流出。预计负债是时间和数额均不确定的负债。或有负债是过去事件引发的可能发生的负债,其是否存在仅由非实体所能控制的一个或多个未来不确定的事件发生与否来决定。

有深刻含义。

2. 利息的处理

相关问题有两个：(1)债权人/债务人之争引起的反思。对债券利息的处理一直存在争议,主要有两种不同方法：债权人法和债务人法。虽然 ISWGNA 最终支持债务人方法并提交联合国统计委员会审议通过,但由此引发对包括优惠贷款、不良贷款、指数联接债务证券、拖欠款项等利息处理的讨论,显示债务人法与债权人法争论的意义已超出债券利息的处理,更深层次的是引起对 SNA 中收入定义的反思。(2)高通胀下的利息处理。高通胀会扭曲利息的核算,1993SNA 和 OECD 的《通胀核算：考虑高通胀的国民经济核算手册》(1996)提出了对立的两种指南,寻求统一的、普适性的高通胀下利息处理方法仍是一个悬而未决的重要议题(UN 等, 2009)。

3. 反向交易(Reverse transactions)的处理

反向交易有两大特点：(1)承诺在未来特定时间(或应要求)反转交易方向；(2)尽管法律所有权转移给了购买者,但原所有者保留多数的风险和收益。反向交易包括回购协议、无现金抵押的证券借出、黄金互换和黄金贷款/存款等,是最复杂的一种交易形式,对其的核算处理仍有待深入研究。

四、结束语

金融部门是一个快速发展的领域,金融核算既存在一些基本理论难题,又面临不少新情况。例如,高通胀下的利息处理、公允价值的使用、FISIM 参考利率选取和使用份额分摊等一直是金融核算的巨大难题。金融部门作为国民经济中最活跃的部门,也是近年来变化最大的领域之一,因此,金融核算必须不断发展以反映经济环境的新变化。一个最典型的例子就是 2008 年以来的金融危机,对金融核算提出了新的要求,对更广泛金融工具的核算、风险的测度,以及对危机的预警、监测和应对结果的持续检验等提出了严峻的挑战,金融危机与信息缺口的问题受到空前关注。

金融核算是中国国民经济核算中的薄弱环节,应大力加强理论研究。中国从 20 世纪 90 年代初开始采用 SNA 体系,国家统计局先后颁布了《中国国民经济核算体系(试行方案)》(1992)和《中国国民经济核算体系(2002)》,对国民经济核算的概念、原则、分类、基本框架和核算内容进行规范,2004 年第一次全国经济普查进一步发展和完善了中国核算体系。但是,中国国民经济核算体系仍存在不少问题,如服务业统计不健全、机构部门账户存在众多不足、金融核算领域还留有太多空白等。改革开放以来,中国金融市场发展迅速,新金融工具不断涌现,基金公司发展迅猛,非上市公司分红、基金公司运营、新型金融衍生产品等一些新情况在金融核算中没有得到体现(许宪春,2009)。中国应充分利用实施2008SNA的契机,积极采纳新的概念、分类、标准和核算方法,发展和完善中国的金融核算,逐步建立起一个科学高效、符合国际标准的现代金融核算制度。

参考文献:

[1] 陈梦根. 国家统计发展战略与统计能力建设. 统计研究,2008(4).

[2] 联合国等. 国民经济核算体系(1993). 中国统计出版社,1995.

[3] 邱东,蒋萍,杨仲山. 国民经济核算. 经济科学出版社,2002.

[4] 许宪春. 中国国民经济核算体系的建立、改革和发展. 中国社会科学,2009(6).

[5] Eurostat. Essential SNA: Building the Basics. Luxembourg: Publications Office of the European Union, 2011:190—238.

[6] UN, European Commission, IMF, OECD, World Bank. The 2008 SNA. New York: The United Nations Statistics Division, 2009:219—236.

货币与金融统计国际标准的发展与演进①

摘要: 货币与金融统计是一国经济统计体系的重要内容。本文系统梳理了货币与金融统计国际标准的发展历程,重点研究国际货币基金组织对货币与金融统计国际标准的最新修订。此次修订的议题主要有三类:一是基于2008SNA变化的修订;二是顺应金融形势新发展的修订;三是弥补原体系不足的修订。新的修订对货币与金融统计标准影响巨大,主要体现在:(1)扩展指导范围;(2)增加新内容;(3)增强实用性;(4)增进透明度;(5)加强一致性。新框架对我国加强货币与金融统计能力建设具有重要意义,也对我国货币与金融统计体系的改革和发展提出了新要求。

一、引言

货币与金融统计是一国或地区经济统计体系的重要内容。国际上有关金融统计的概念、分类、核算方法与准则涉及众多的统计手册或框架,大体可分为两类①:一是基础性经济统计标准,包括《国民账户体系》(SNA)、《国际收支手册》(BPM)、《政府财政统计手册》(GFS)、《所有经济活动的国际标准产业分类》(ISIC)等重要的宏观性国际统计标准;二是专门性金融统计标准,包括《货币与金融统计手册》(MFSM2000)、《货币与金融统计编制指南》(MFSCG2008)、《公共部门债务统计:编制者与用户指南》(PSDS)、《外债统计:编制者与用户指南》(EDS)、《金融稳健指标(FSI)》和《证券统计手册》(HSS)等手册与指南。其中,国际货币基金组织(IMF)2000年颁布的《货币与金融统计手册》和2008年颁布的《货币与金融统计编制指南》是目前货币与金融统计国际标准的核心框架。

MFSM2000和MFSCG2008形成了一套系统的货币与金融领域的核算体系,

---

① 此处侧重于数据生产角度,若考虑到数据评估与发布等环节,相关国际标准还包括数据公布通用系统(GDDS)和数据公布特殊标准(SDDS),以及数据质量评估国际准则如数据质量评估框架(DQAF)、货币统计数据质量评估框架(DQAFMS)和外债统计数据质量评估框架(DQAFEDS)等。

为各国建立和完善货币与金融统计提供了一个一般性的参考框架,对提高货币金融统计的数据质量、透明度和国际可比性发挥着重要作用。相比 MFSM2000 而言,MFSCG2008 作为一个编制指南更具操作性,编制规范更加详细,对数据收集到数据公布过程的阐述更加系统化(聂富强等,2009)。目前,采纳 IMF 货币与金融统计框架的国家越来越多,但在实践中(特别是 2008 年国际金融危机背景下)该体系也暴露了一些不足,为此,IMF 启动了对货币与金融统计国际标准的最新修订。中国的货币与金融统计体系离国际标准之间还存在一定差距,与 MFSM2000、MFSCG2008 相比,中国的货币统计范围有待拓展,应尽快纳入新型流动性较强的金融工具统计,加强外资金融机构金融资产数据的统计和公布(汤清、邱慧卿,2009)。此外,我国金融市场统计问题也非常突出,诸如统计范围不够全面、统计调查体系发展相对滞后以及统计指标相对单一等(聂富强、崔名铠,2010)。本文拟全面梳理货币与金融统计国际标准的发展历程,深入分析货币与金融统计国际标准最新修订的主要议题及影响,并对中国下一步发展和完善金融统计体系提出若干政策建议。

二、发展历程

IMF 的主要职责之一是监测货币汇率和各国贸易情况,提供技术和资金援助,确保全球金融体系正常运行。自 1945 年成立以来,IMF 一直将指导各成员国的货币金融数据编制作为其重点工作之一,IMF 的货币与金融统计标准作为国际通行的基本原则和方法(许涤龙、欧阳胜银,2012),是各国开展金融统计工作的主要依据,实践中该体系经历了一个不断演进发展的历程。

1. 早期工作:GMBSIFS1984

IMF 自 1948 年 1 月开始发布《国际金融统计》数据,随着内容和国别范围的扩展,其数据编制的方法不断发展和细化。IMF 于 1984 年 12 月出版了《国际金融统计中的货币与银行统计指南》(GMBSIFS1984),主要目的是向成员国介绍《国际金融统计》中货币与银行数据的编制方法。该指南并未形成关于货币与金融统计数据收集、编制、汇总的一套准则,不是编制和表述统计数据的国际标准,也未做官方正式发布,但其为发展和统一国际间货币与金融统计发挥过重要作用。

2. 国际标准的诞生:MFSM2000

随着墨西哥金融危机和亚洲金融危机的爆发,各国政府越发意识到货币与金融统计在国家宏观经济统计体系中的重要性和特殊地位。应成员国要求,IMF 在

1996年11月和2000年2月举办了地区和成员国专家会议,邀请各国政府实际操作部门和有关国际机构的专家共同探讨当前货币与金融统计范围的界定、原则和概念等问题。根据专家们给出的指导性建议,IMF于2000年颁布了《货币与金融统计手册》(MFSM2000),这标志着现代货币与金融统计标准化国际准则的诞生,其目的是为各国货币与金融统计提供理论指导,并协助货币政策的制定和监测。该手册第一次确立了货币与金融统计的概念框架和方法论准则,成为国际通行的货币与金融统计基本方法和原则,是各国中央银行开展金融统计的主要依据。

MFSM2000作为货币与金融统计领域的第一本手册,与《1993年国民经济核算体系》(1993SNA)金融账户存在整体联系,与1993SNA在金融性公司资产和负债分类、金融流量和存量的定值原则等方面保持一致,确保了与其他宏观经济指标的一致性,有助于跨国比较。其主要特点表现为:(1)在统计的范围和使用方面,MFSM2000涵盖了经济中以金融部门为核心的所有机构单位的金融资产和负债的存量、流量数据,核算的基础是各部门资产负债表和金融性公司次级部门概览;(2)在概念方面,MFSM2000对住所给出了具体描述,即根据经济领土和经济利益中心(而非国界或法律标准)来定义住所;(3)在部门分类上,根据经济目标、功能和行为的不同划分为金融性公司、非金融性公司、广义政府、住户和为住户服务的非营利机构,其中金融性公司分类与1993SNA略有不同,MFSM2000将中央银行和其他存款性公司合并为存款性公司,将其他金融中介、保险公司和养老基金、金融辅助机构合并为其他金融性公司。

但是,MFSM2000在三个领域未达成共识,包括:(1)交易证券应计利息;(2)回购协议和证券借贷;(3)黄金互换和黄金贷款。仅概括了这三个领域的现有想法,并未做出具体规定。

3. 编制指南的颁布:MFSCG2008

MFSM2000确立了货币与金融统计的概念框架和方法准则,并逐渐成为各国中央银行开展金融统计的主要依据,但其对统计与核算实际操作的指导性仍存不足。2004年,IMF实施了一套标准报告表式(SRF),要求成员国按标准表式报送货币统计数据。为了进一步增进该手册对各国货币与金融统计实际工作的指导性,IMF通过走访欧洲央行、英国央行和南非储备银行等机构,广泛征求会员国实际部门的意见,于2005年12月在IMF总部召开了讨论制定编制指南草案的会议,2008年正式颁布了《货币与金融统计编制指南》(MFSCG2008)。由此,《货币与金融统计手册》和《货币与金融统计编制指南》共同构成了货币与金融统计国际标准的核心框架。

从 MFSM2000 和 MFSCG2008 二者的关系上看：一方面，MFSM2000 依据经济核算理论和方法，界定了货币与金融统计的核算对象、统计范围、金融资产分类、机构单位部门划分、金融流量存量核算方法和原则，建立了反映金融运行过程的总量指标体系和货币与金融统计基本框架，在概念分类、统计范围、核算准则、核算方法以及基本框架等方面为 MFSCG2008 奠定了基础（杨凤娟，2010）。另一方面，与 MFSM2000 相比，MFSCG2008 更具操作性，内容也更加详细、系统，对机构单位分类、部门划分、资产定值、记录时间、数据来源等都做了更详实的说明，该指南参照各国经验为编制货币与金融统计数据提供了指导性框架，是对 MFSM2000 在操作意义上的重要补充、细化和完善。具体来看，MFSCG2008 在以下几个方面补充和发展了 MFSM2000：

首先，MFSCG2008 分析了货币金融统计和国民核算的区别和联系，阐明货币金融统计与国民核算在核算概念、原则以及方法上具有一致性，但在金融交易、资金流量、金融总量指标、资产负债表以及货币统计框架等方面也有所不同。

其次，最为重要的是，MFSCG2008 在第二章增加了对"货币与金融统计数据来源"的叙述，指出"货币统计的主要数据来源是金融部门的会计记录"。由于国际财务报告准则（IFRS）是从微观层面记录，而货币与金融统计准则是从宏观角度核算，MFSCG2008 详细介绍了从微观财务数据调整为宏观货币与金融统计的一般估算原则，并从"数据报送者"和"数据编制者"的角度给出了具体的操作建议。

第三，MFSCG2008 进一步完善了货币与金融统计框架。MFSM2000 介绍了两个层次的货币统计框架，即：(1)单个机构报送的存量流量数据被汇总纳入部门资产负债表；(2)部门资产负债表被汇总成概览。在此基础上，MFSCG2008 还包括货币统计数据收集、整理以及数据发布方法，并在货币概览中增加了清算账户。MFSM2000 中金融统计框架是由资本账户、金融账户、重估账户（即重新定值账户）、资产物量其他变化账户和资金流量表组成，MFSCG2008 在此基础上对资金流量核算做了更为详细的说明，包括简单资金流量表、合并资金流量表、详细资金流量表以及数据来源与处理方法。

第四，MFSCG2008 细化了金融资产分类，如存款、贷款、非股票证券等，而且细化了金融存量和流量的具体核算方法。

第五，MFSCG2008 加强了对流量数据的研究和对标准报告表式（SRF）的说明，从而为货币与金融统计数据的收集、编制和发布提供更全面的框架。

第六，MFSCG2008 调整了资产负债表和概览中的备忘项目，以便提供更多信息。MFSM2000 中资产负债表的备忘项目分为资产和负债两项，其中资产项目共

4项,包括中央银行浮存资金(只适用于中央银行)、贷款中的应计利息、贷款中的利息拖欠(按部门分类)和贷款中的预计损失(按部门分类);负债共3项,包括贷款中的应计利息、贷款中的利息拖欠、股票和其他股权(市场价值,按持有部门分)。MFSCG2008中资产负债表的备忘项目也分为资产和负债两项,但各自的子项目做了较大调整,其中资产项目共7项,包括中央银行浮存资金(只适用于中央银行)、贷款中的应计利息、贷款中的利息和本金拖欠、贷款中的预计损失(按部门分类)、非股票证券中的应计利息、对清算或重组的其他存款性公司(关闭机构)的债权(按金融资产分)、对清算或重组的其他金融公司(关闭机构)的债权(按金融资产分);负债项目共6项,包括贷款中的应计利息、贷款中的利息和本金拖欠、非股票证券中的应计利息、股票和其他股权(市场价值,按持有部门分)、对清算或重组的其他存款性公司(关闭机构)的负债(按负债类型分)、对清算或重组的其他金融公司(关闭机构)的负债(按负债类型分)。

此外,MFSCG2008在资产物量其他变化账户的登录内容方面也做了一些调整和改进。

4. 国际标准的最新修订:MFSMCG

MFSM2000与MFSCG2008出版后逐步成为各国货币与金融统计实际工作的实施准则,然而,各国在实践中也发现现行体系存在一些缺陷。特别是2008年国际金融危机爆发,面对日益发展的非银行金融中介、各种创新型金融工具以及跨市场、跨产品、跨境资金流动风险,现行的货币与金融统计无法准确地反映金融市场的运行状况,对创新性金融工具的风险监测显得无力,银行统计和存款性公司概览框架面临巨大挑战。各国央行对金融统计数据缺失问题展开了广泛深入的讨论,对修订货币与金融统计标准提出了强烈需求。同时,作为货币与金融统计的基础性框架,《2008年国民账户体系》(2008SNA)和《国际收支与国际投资头寸手册》(BPM6)等国际统计标准正式修订出版,经济统计中诸多概念、分类、核算方法做出了调整与变化,从而对货币与金融统计方法的一致性提出了新的要求。

为了更好地适应宏观审慎分析和货币政策制订的需要,IMF统计部门于2011年11月通过反馈信息确定了一系列待修订的议题,向各国实际部门及专家征求修改意见,并于2012年2月在华盛顿召开专家小组会议,对所征集的建议进行讨论,正式启动了对货币与金融统计标准的全面修订工作。IMF此次修订拟将MFSM2000与MFSCG2008合并,形成《货币与金融统计手册和编制指南》(MFSMCG),已发布的《＜货币与金融统计手册和编制指南＞修订说明》分别对不同议题做了说明和评论。

三、主要议题

IMF 此次修订的议题涉及总体框架、机构单位和部门、金融资产分类、存流量和核算原则、货币信用和债务、货币统计的编制与发布、金融统计以及资产负债核算等众多方面。最初的说明文件共提出了 36 个问题,其中有关总体结构的议题 1 个、机构单位和部门议题 7 个、金融资产分类议题 6 个、存流量及核算原则议题 6 个、货币信贷与债务方面议题 12 个、货币统计编制与报送议题 2 个和金融统计议题 2 个。

从背景上看,此次修订的主旨或出发点主要有三个:一是 2008SNA、BPM6 等基础宏观经济统计框架经修订后正式推出;二是世界经济和金融形势的新发展呼唤货币与金融统计体系做出调整,更好地满足政策实践的需求;三是原体系暴露出一些不足或缺陷,有待进一步完善和优化。与此相对应,我们将此次修订的主要议题大体归为Ⅰ类、Ⅱ类和Ⅲ类修订,分别做简要剖析。

(一) Ⅰ类修订

Ⅰ类修订为基于 2008SNA 和 BPM6 的变化所做的调整,主要包括以下七个方面:(1)依据 2008SNA 引入经济所有权概念,MFSMCG 明确区分法律所有权和经济所有权,以经济所有权变更来确定交易登记时间;(2)对机构单位分类做出调整,新增合作制与有限责任合伙制单位、特殊目的实体(SPE)子项,在 2008SNA 列举的控制性金融机构(Captive financial institutions)、公司虚拟附属机构和一般政府的特殊目的单位三类 SPE 外,MFSMCG 新增第四类即多国政府特殊目的实体;(3)对金融部门分类做出修订,如表 1 所示,与 SNA2008 保持一致,此次修订将金融公司部门划分为九类:中央银行、中央银行之外的存款吸收公司、货币市场基金(MMF)、非货币市场投资基金、保险公司和养老基金之外的其他金融中介、金融辅助机构、控制性金融机构和贷款机构、保险公司、养老基金;(4)金融资产分类的修订,依据 2008SNA,金融资产一级分类由原来的七类变成八类,增加金融衍生产品和员工股票期权类别,分类目录更为详细,此外,与 BPM6 一致,MFSMCG 引入资产/负债按名义币种分类和资产/负债按到期日分类,但与 2008SNA 略微不同的是,MFSMCG 拟新建一个单独的资产分类,即货币市场基金(列入广义货币);(5)对资产物量其他变化(OCVA)的主要分类及其子项做出调整,MFSMCG 增加其中与货币统计有关的项目,与 2008SNA 框架下新的分类保持一致,强调存量数据和流量交易数据的重要性;(6)应计利息的处理问题,新修订将存款、贷款和除股权外证券的应计利息纳入金融资产和负债,而不是看作其他应收/应付账款;(7)依据2008SNA 和 BPM6 的新变化,MFSMCG 对指数联接工具、特别提款权(SDR)分配、不良贷款、再保险、保险技术准备、未上市股份、主权财富基金(SWF)等项目的统计处理也做出了新的调整和说明。

此外,Ⅰ类修订还涉及其他一些较小的变化或调整。例如,2008SNA 确立了以权责发生制为基础的税收记录原则,据此,新修订建议将税收资产/负债由原来计入"杂项资产/负债"改为计入"政府部门的其他应收/应付项目"。

表1 新修订关于金融公司部门分类的变化

MFSM2000/MFSCG2008 分类		MFSMCG 分类	
中央银行	中央银行	存款性公司（DC）	中央银行
其他存款性公司	商业银行		除中央银行以外的存款吸收公司
	其他存款机构		货币市场基金(MMF)
	清算银行		
其他金融性公司	保险公司和养老基金	其他金融性公司（OFC）	非货币市场投资基金
	其他金融中介		除保险公司和养老基金以外的其他金融中介
	金融辅助机构		金融辅助机构
			控制性金融机构和贷款机构
			保险公司
			养老基金

注:①现行准则 MFSM2000、MSFCG2008 中存款性公司包括中央银行与其他存款性公司;②根据 MFSM2000、MSFCG2008 和 2008SNA 等资料整理。

(二)Ⅱ类修订

Ⅱ类修订为顺应金融形势新发展所做的调整或变化。世界经济和金融发展涌现了一些新工具、新情况、新特点,要求货币与金融统计对其做出新的应对,此类修订主要涉及:

(1)货币的概念及相关修订。当前,信用卡、电子货币等新型支付手段的种类、特征持续发生深刻变化。原体系没有给出有关货币的明确定义,而是列出广义货币的备择清单,此次修订从功能及构成角度明确货币的定义,进一步完善货币分析工具,为编制者判断某一"新型"金融资产是否属于广义货币提供充足、有效的分析工具,同时,还新增了有关广义货币对手方的内容。

(2)资产证券化的处理。MFSMCG 根据《证券统计手册》的规定,对不同形式资产证券化的处理给予详细说明。

(3)新型金融工具的处理①。针对金融衍生产品的迅速发展,MFSMCG 更全面地阐述了其统计处理方法,如交易所交易基金(ETF)、银行间头寸、抵押担保债券(CMO)及类似工具、信用违约掉期(CDS)及其衍生产品、保险、标准化担保、担保债券和结构性产品等。

(4)非银行金融中介机构的统计问题。2008年国际金融危机进一步凸显了非银行金融机构对一国或地区金融稳定的影响,由此,各国政府和国际组织对非银行金融机构的数据更为关注。现行体系的 SRF 未单独反映该数据,随着非银行金融中介的发展,对金融统计数据要求更加细致化、规范化。此次修订拟在 SRF 中将非银行金融中介机构(如保险公司、养老金、结构性金融工具、对冲基金等机构和工具)作为备忘项目,以便加强对其的监督和管理。

(5)基于对交叉数据信息的需求,MFSMCG 引入了资产负债核算矩阵(BSA matrix),加强存量分析。现行货币与金融统计体系对资产负债核算特别是跨部门资产负债核算说明较少,新修订在 SRF 的基础上,以各部门的资产负债表为起点建立资产负债核算矩阵,资产负债矩阵方法旨在分析某一部门的金融脆弱性及其在经济各部门间的传导机制,该矩阵可以反映任一部门按工具、币种和到期日分类的借方与贷方头寸,有助于弥补 2008 年国际金融危机中暴露的跨部门信息缺口问题。

(三)Ⅲ类修订

Ⅲ类修订为弥补原体系不足、缺陷而做的调整或变化,此类议题主要有:(1)累计折旧的处理问题,MFSM2000 和 MFSCG2008 二者处理方法不一致,需要做出修订;(2)原体系中有关与 IMF 的账户范围较窄,有待进一步扩展;(3)MFSM2000 对伊斯兰金融机构的特点、基本工具类型及货币统计一般处理原则介绍较为简略,新修订将扩展伊斯兰银行业的范围,以更好地反映伊斯兰金融活动和金融工具的新发展;(4)对于金融资产/负债的估值,MFSM2000 和 MFSCG2008 建议的一般原则是市场价格和公允价值,但各国实践当中往往还会用到其他一些方法,如名义

---

① 需要说明的是,IMF 对 MFSM2000 和 MFSCG2008 的修订细而零散,内容广泛,文中Ⅰ、Ⅱ和Ⅲ类仅是大体划分,乃为论述方便。实际上,新型金融工具的修订与 2008SNA、BPM6 的变化也有密切联系。

价值、摊余成本、票面价值、账面价值和历史成本,MFSMCG 将对此做出修订和说明;(5)MFSCG2008 建议持有到期债务证券按市场价格或公允价值核算,在实践上存在困难,而《国际财务报告准则(IFRS)》推荐的方法是摊余成本法,MFSMCG 将对此做出调整。

四、影响评估

货币与金融统计不仅是监测和管理一国或地区经济金融活动的重要工具,也是制定宏观经济政策和开展国际比较的重要依据(庞皓等,2003)。此次 IMF 对货币与金融统计国际标准的修订是对 MFSM2000 和 MFSCG2008 的系统性补充与完善。新修订反映了当前国际经济金融形势的深刻变化,为货币金融统计与核算处理提供了更为全面的指导框架,有助于各国加强统计能力建设,提高金融统计的数据质量、透明度、标准化和国际可比性。总体来看,本次新修订的影响主要体现在:

(1)扩展指导范围。适应世界经济与金融市场的新发展,增加各种市场交叉、业务交叉、国界交叉的新型金融机构和金融工具,明确其金融统计性质界定和统计处理等问题,进一步丰富和完善金融部门和工具分类,由原来主要关注银行业存款性金融机构业务扩展到保险、证券、MMF、SPE、SWF 等非银行金融机构及其创新工具。

(2)增加新内容。新修订增加了新的内容以弥补金融统计的数据缺失问题,例如,为了解资产风险情况,提升货币金融统计与金融稳定和风险监管的关联性,扩展了对主要金融资产项目按照币种、到期日、利率分类的明细分类统计。新修订还特别关注资金流量统计,增加全社会资产负债核算,建立资产负债核算矩阵,用以分析部门金融脆弱性以及经济中各部门间的传导机制,并且扩展了新型金融工具的计值及统计处理、非交易因素引起的资产物量其他变化等内容。

(3)增强实用性。为进一步提高货币政策的灵活度,新修订注重根据各国自身的经验,增强货币及金融概览分析的实用性,注重提供更多用于货币政策和金融稳定分析的总量指标。同时,为了便于政策分析、宏观审慎管理和数据使用,还增加经济时间序列的季节调整等内容,更加充分地监测系统性风险,由原来主要关注以货币为核心的存款性公司概览扩展到反映整个金融体系活动的金融概览,由原来侧重广义货币统计扩展到信用总量和流动性总量的统计。

(4)增进透明度。新修订在标准报送表式(SRF)中新增报表或备忘项目,反映非银行金融机构的统计数据信息,并加强互联网信息披露力度。

(5)加强一致性。从源头上促进各类金融信息的协调,此次修订重视提高货币金融统计标准与宏观经济统计、金融监管统计、国际收支统计、金融市场统计之间的一致性,以2008SNA为基础框架,并与最新的国际收支统计(BPM6)、政府财政统计(GFS)、公共部门债务统计、外债统计手册、证券统计手册、金融稳健指标(FSI)等国际统计标准相协调。

五、启示与建议

IMF对货币与金融统计标准的新修订对我国金融统计体系提出了新的要求,同时也为我国加强货币与金融统计能力建设提供了契机。从我国的实践来看,现已初步建立较为全面的货币与金融统计体系,基本达到"数据公布通用系统(GDDS)"的要求,但离"数据公布特殊标准(SDDS)"的要求还有一定差距,与用户不断发展的数据需求之间还存在不小差距(国家统计局,2003)。在经济全球化的大背景下,我国金融业发展迅速,金融部门已成为宏观经济领域变化最快的部分之一。面对货币与金融统计国际标准的新修订,如何结合中国的实际情况,进一步发展和完善我国金融统计体系已成为一个紧迫而重要的课题(陈梦根,2011)。我们认为,中国应该在货币金融统计范围、金融部门和资产分类、非银行金融机构统计、金融流量存量统计等方面加以改进和优化。具体建议如下:

一是适时修订和更新我国的货币与金融统计体系。我国一方面要积极参与IMF等国际机构组织的相关修订工作,另一方面要加强研究与对比分析,评估我国现行金融统计体系与新标准以及2008SNA、BPM6之间的主要异同,适时更新、修订我国货币与金融统计体系,采纳新的概念、分类、统计口径及处理方法。

二是继续做好和完善我国的货币总量统计。货币总量统计是货币与金融统计的核心内容之一,我国历来高度重视货币供应量统计,数据质量与透明性都较高,在社会融资规模统计方面甚至已开展一些前瞻性工作,为继续做好和进一步完善货币总量统计提供了良好基础。此次修订对货币定义、统计口径与分析工具给出更为详细的指导,我国应顺应金融市场的发展,根据新的定义、标准与原则,建立科学、有效、适用的货币总量统计口径,改革和优化货币总量、基础货币、外汇占款、社会融资总额、信用总量、流动性总量等金融总量统计指标体系,以进一步增强对货币政策支持的实用性。

三是积极做好非银行金融机构统计。此次修订强调对金融部门的全面统计,重点关注非银行金融机构的统计。这也是我国金融业综合统计的重点和难点,应利用采纳新国际标准的契机,加强沟通与协调,将非银行金融机构(如保险机构、证券机构、投资基金等)逐步纳入统计范围,试点编制金融概览,建立金融综合统计框架。

四是加强对新型金融机构与工具统计处理的研究。金融市场是一个快速发展的领域,新型机构与工具不断涌现,应加强对其在货币统计中如何处理的研究,适时将新出现的金融机构与工具纳入我国金融统计与分析范围,如 ETF、银行间头寸、SWF、影子银行、集合投资计划、银行理财产品、各类金融衍生产品、标准化担保、SPE、证券化产品和结构性产品等,以便更好地分析货币政策传导机制、途径和效果。

五是加强跨境、跨市场金融活动的统计分析与监测。2008 年国际金融危机显示在跨境、跨市场、跨部门、跨业务金融活动的统计方面存在巨大信息缺口,此次修订对相关金融活动的统计提供了更详细的指导,强调对系统性金融风险的监测和防范,提高其与金融稳定和风险监管的关联性,加强货币统计在监测跨机构、跨市场、跨境资金流动与风险传递等方面的信息提供能力,加强对系统重要性金融机构的统计,提高系统性风险的监测分析能力。

六是加强对金融流量统计与资产负债表分析。实践上看,我国金融统计数据多为存量统计,对流量数据的核算重视不够。新修订推了资产负债核算矩阵方法,为了更全面地分析经济金融运行态势,有必要加强对金融流量的统计,引入资产负债流量分析。在流量统计编制方面,可以参考 IMF 的建议,并借鉴欧洲央行等发达经济体的流量统计整体框架,划分为金融交易、汇率调整、重估价、重新分类和其他调整等。在流量计算方面,由于交易性流量量大、笔数多,直接统计比较困难,可考虑采用"倒轧法",先确定非交易性流量,再依据两期资产负债表的存量差扣减非交易性流量来计算交易性流量。

参考文献:

[1] IMF Statistics Department. Monetary and Financial Statistics Manual and Compilation Guide Revision Experts Group Meeting:Annotated Outline [EB/OL]. IMF, Washington DC, Feb 22－23, 2012.

[2] IMF Statistics Department. Monetary and Financial Statistics Manual and Compilation Guide Revision Experts Group Meeting:Discussion Note[EB/OL]. IMF, Washington DC, Feb 22－23, 2012.

[3] IMF Statistics Department. Monetary and Financial Statistics Manual and Compilation Guide Revision Experts Group Meeting: Issues Paper[EB/OL]. IMF,Washington DC,Feb 22—23,2012.

[4] IMF. A Guide to Money and Banking Statistics in International Financial Statistics[EB/OL]. IMF,Washington DC,1984.

[5] IMF. Monetary and Financial Statistics Compilation Guide[M]. IMF, Washington DC,2008.

[6] UN, European Commission, IMF, OECD, World Bank. The 2008 SNA [M], http://unstats.un.org/ unsd/nationalaccount/ sna2008.asp. 2009.

[7] 陈梦根.2008SNA对金融核算的发展及尚存议题分析[J].财贸经济,2011(11):74—81.

[8] 国际货币基金组织.国际收支和国际投资头寸手册第六版(BPM6)[M].美国华盛顿:国际货币基金组织,2009.

[9] 国际货币基金组织.货币与金融统计手册[M].美国华盛顿:国际货币基金组织,2000.

[10] 国家统计局.中国国民经济核算体系(2002)[M].北京:中国统计出版社,2003:105—150.

[11] 聂富强,崔名铠,郭永强.货币与金融统计编制指南(CGMFS2008)比较与思考[J].统计研究.2009(9):32—38.

[12] 聂富强,崔名铠.金融市场视角下的货币与金融统计[J].华北金融,2010(1):52—53.

[13] 庞皓,黎实,聂富强等.中国货币与金融统计体系研究[M].北京:中国统计出版社,2003:1—27.

[14] 汤清,邱慧卿.我国货币与金融统计和国际准则的比较[J].统计与决策,2009(10):11—14.

[15] 许涤龙,欧阳胜银.货币与金融统计国际准则体系的发展与启示[J].财经理论与实践,2012(1):109—113.

[16] 杨凤娟.2006版MFS与2000版MFS的比较研究[J].统计与决策.2010(3):36—38.

货币与金融统计体系的最新修订

内容提要：IMF 于 2011 年启动对货币与金融统计体系的最新修订。本文从概念与分类、核算方法、货币统计、金融统计和其他等五个方面深入解析此次修订的主要议题。新的修订进一步加强了货币与金融统计体系和其他国际统计标准的一致性，对货币与金融统计和核算处理将产生巨大影响。

国际货币基金组织（IMF）于 2000 年颁布《货币与金融统计手册》（MFSM2000），2008 年又颁布《货币与金融统计编制指南》（MFSCG2008），二者共同构成了 IMF 货币和金融统计体系的核心框架。由于作为货币与金融统计基础性框架的《2008 年国民账户体系（2008SNA）》和《国际收支与国际投资头寸手册（BPM6）》等相继修订出版，2008 年国际金融危机暴露现行货币与金融统计体系存在一些缺陷，促使 IMF 于 2011 年 11 月正式启动对 MFSM2000 与 MFSCG2008 的全面修订。此次修订是该体系颁布以来最新也是首次修订，议题涉及总体框架、机构单位和部门、金融资产分类、存量流量和核算原则、货币信用和债务、货币统计的编制与发布、金融统计以及资产负债核算等诸多方面。

现行的货币与金融统计国际标准 MFSM2000 和 MFSCG2008 章节基本对应，IMF 此次修订将二者合并形成《货币与金融统计手册和编制指南》（MFSMCG），在总体框架上基本保持不变。唯一做出调整的是第二章，MFSM2000 中第二章为"概览"，MFSCG2008 中第二章为"货币统计的数据来源"，修订后的 MFSMCG 中第二章为"货币与金融统计框架"，主要内容包括 2008SNA、货币与金融统计的范围和使用、原则和概念等。不同于 MFSM2000 和 MFSCG2008，MFSMCG 更为强调收集非金融公司数据和编制金融公司概览的重要性。下面将对此次修订的主要议题及其影响进行详细的分类解析，按概念与分类、核算方法及特定项目处理、货币统计、金融统计、其他等五个方面展开讨论。

一、概念与分类修订

此次修订对有关概念的明确与澄清主要有两个:货币与经济所有权,而有关分类问题的修订重点涉及机构单位、金融部门、金融资产等内容。

1. 明确货币定义

现行体系没有给出有关货币的明确定义,而是列出了可包含在广义货币中的金融资产清单,MFSCG2008中广义货币包含如下项目:存款性公司之外的流通货币、中央政府发行的货币、存款性公司中的存款、非金融公司中的存款(包括电子货币)、存款性公司发行的证券、中央政府发行的证券。此次修订将货币根据货币总量划分方式定义,即基础货币、广义货币总量(国家外汇储备及本国货币)和其他可变现金融资产。MFSMCG在给出货币定义时首先明确构成货币资产的特征,货币具有四大功能:(1)交换媒介;(2)价值贮藏;(3)核算单位;(4)延期支付标准。并且指出,货币的定义不应该过于规范,而应允许各国根据实践调整,货币统计并非精确科学,各国可有所差异,并对(广义)货币与内涵更广的静态流动性加以区分。修订后的新标准充分考虑了经济金融发展对货币等重要总量指标内涵的影响,从功能及构成角度对货币定义进行讨论,同时,总结各国货币统计的实践经验,反映经济金融发展对货币统计的影响,更强调为各国货币统计提供方向性指导。

2. 澄清经济所有权概念

MFSMCG依据2008SNA引入经济所有权的概念,明确区分法律所有权和经济所有权,该变化将对金融统计和核算处理产生影响。例如,有关金融租赁和经营租赁①的区分标准,1993SNA简单地按租期长短区分,此次修订采纳2008SNA的建议,按承租人是否为该资产的经济所有权人来区分二者。金融租赁中出租人作为法律所有权人,将经济所有权让渡给承租人,承租人承担经营风险并在生产活动中使用该资产以获取经济利益。经营租赁中法律所有权人即为经济所有权人,资产仍在出租人资产负债表中记录。

3. 有关机构单位分类的修订

主要包括四个方面:(1)2008SNA和1993SNA在机构单位定义方面基本没有调整,相应地,MFSMCG在机构单位定义与分类上基本没有变化,仅做微小调整,

---

① 实际上,2008SNA区分了三种租赁:金融租赁、经营租赁和资源租赁。资源租赁主要是针对土地等自然资源,法律所有权人将其出租给承租人使用,有关资源租赁的支付在SNA中记作租金,该资源仍记入出租人资产负债表。

新增合作制与有限责任合伙制单位,这在现行的标准中没有提及。(2)新增特殊目的实体(SPE)子项。虽然2008SNA没有给出有关SPE的明确定义,但其共同的特点之一在于SPE是为了持有从公司或政府单位的资产负债表剥离的证券化资产或其他资产而创建的。在2008SNA列举的控制性金融机构(Captive financial institutions)、公司虚拟附属机构和一般政府的特殊目的单位三类SPE外,MFSMCG新增第四类即多国政府特殊目的实体,并列举欧洲统计局的经验(如欧洲金融稳定计划EFSF和欧洲稳定机制ESM)作为案例说明。(3)与2008SNA一致,新修订将对以往视为持股公司的两种不同类型单位做出区分,一是总部办公室,归为非金融公司部门,除非其所有或大部分下属单位是金融公司则认定为金融公司部门的金融辅助单位;二是持股公司,仅持有附属公司的资产而不实施任何管理活动,归入金融公司部门中的控制性金融机构。

4. 有关机构单位部门分类的问题

2008SNA在大类上没有调整,MFSMCG采用与2008SNA一致的部门分类。针对有关政府单位的归类问题,到底是归入非金融公众公司部门还是作为一般政府部门的一部分,2008SNA给出了更清晰的指南,若某一政府控制的机构单位按经济显著的价格出售其产品则归为市场生产者即非金融公众公司,否则将其归入一般政府部门。相应地,IMF此次修订根据2008SNA做出更为明晰的阐述。此外,值得说明的是,正如MFSM2000和MFSCG2008的现行做法,货币统计建议将"住户部门"与"为住户服务的非营利机构(NPISH)"合并为一个部门,即"其他居民部门"。实践当中,金融机构一般不区分住户账户和非营利机构账户,因此,修订后的MFSMCG仍保持该做法,而不采用SNA二者分列的做法。

5. 金融公司部门分类的修订

2008SNA提出了更为详细的金融公司部门分类,直接影响货币统计的编制。首先,MFSM2000和MFSCG2008依据1993SNA将金融公司部门划分为三类:中央银行、其他存款性公司和其他金融性公司,其中前两类与1993SNA次级部门划分一致,后一类包括1993SNA定义的保险公司和养老基金、除保险公司和养老基金外的其他金融媒介、金融辅助机构等次级部门。与2008SNA一致,此次修订将金融公司部门划分为九类:中央银行;除中央银行以外的存款吸收公司;货币市场基金(MMF);非货币市场投资基金;除保险公司和养老基金以外的其他金融中介;金融辅助机构;控制性金融机构和贷款机构;保险公司;养老基金。新标准对金融公司部门的分类更为详细,能更好地反映金融服务、市场和工具的新发展,与其他统计体系更为一致,同时允许更多的弹性。其次,为了广义货币的统计需要,将以上九类机构再区分为存款性公司(DC)和其他金融性公司(OFC)两大类,其中存款性公司包括中央银行、除中央银行以外的存款吸收公司和货币市场基金(MMF)三个子部门,剩余六类为其他金融性公司。再次,MFSCG2008并未穷尽金融公司部门不同子部门所涵盖的单位,新修订中名单将重新评估以保持与2008SNA一致,并与金融市场的最新发展保持同步,覆盖原来没有包括的机构,如信用卡机构等。最后,在其他金融中介和金融辅助机构中增设跨市场、跨业务的新型金融机构,如电子货币发行人、汽车金融公司的资产证券化、清算过程中的金融机构、中央对手清算机构、伊斯兰金融机构、存款保险公司、影子银行、集合投资计划以及存托凭证等。

从统计数据来源看,所有宏观数据的收集与评价都依赖于微观数据的质量,对于货币与金融市场来说,数据的全面性和真实性有赖于对金融机构单位、部门(以及金融工具)的全面而科学的分类并形成体系,既可以大大节省数据搜集和汇总环节的时间和成本,也可以确保统计工作不重不漏。同时,金融市场日新月异,特别是新型金融机构与工具的不断涌现,使得现行体系难以准确反映金融活动的变化,可能由此造成国家制定相关政策时产生偏误。

6. SPE的部门归类问题

MFSMCG和2008SNA紧密一致,覆盖前述所有SPE类型,在部门归类时主要依据该单位相对于母公司的独立水平及其合并范围来确定。

7. 细化主权财富基金(SWF)分类

BPM6中对SWF的定义:由政府基于宏观经济目的创立和拥有,是持有和管理资产、执行一套投资战略以实现特定财务目标的特殊投资基金。并且,BPM6提出了对SWF的处理建议,以确定其资产是否应作为一国国际储备的一部分。根据IMF的分析,按照SWF的目标可大致分为五类:平准基金(稳定性基金)、储备基金、储备投资公司、发展基金、退休金应急储备基金。作为新的机构单位类型,修订后的货币与金融统计体系纳入主权财富基金,并详细说明其分类标准,建议在机构单位的部门分类时SWF是作为独立金融部门还是中央政府的一部分应基于其自主权和目标,若作为金融公司部门,则划入控制性金融机构而非投资基金。

8. 金融资产分类的修订

2008SNA有关金融资产的分类保持了1993SNA的框架,主要变化在于术语及新增类别。MFSMCG对金融资产分类的修订体现在第三章,如表1所示,主要变动包括以下几个方面:

表1 金融资产/负债分类修订内容对照

MFSM2000/MFSCG2008	MFSMCG	
	分类	注释
货币黄金和特别提款权	货币黄金和特别提款权	
货币黄金	货币黄金	2008SNA 新定义与说明
特别提款权	特别提款权	2008SNA 新定义与说明
通货和存款	通货和存款	
通货	通货	
可转让存款	可转让存款	
其他存款	银行间头寸	2008SNA 新分类
	其他可转让存款	2008SNA 新分类
	其他存款	2008SNA 中包括未分配黄金存款
非股票证券	债务证券	2008SNA 更名
短期	短期	
长期	长期	
贷款	贷款	
短期	短期	
长期	长期	
股票和其他股权	股权和投资基金份额	
	股权	2008SNA 新分类
	上市股份	
	非上市股份	
	其他权益	
	投资基金份额/单位	2008SNA 新分类
	货币市场基金份额/单位	2008SNA 新分类
	非货币市场投资基金份额/单位	2008SNA 新分类
保险技术准备金	保险、养老金和标准化担保计划	2008SNA 更名
住户在人寿保险准备金和养老基金的净股权	非人寿保险技术准备	
	人寿保险和年金权益	2008SNA 更名
住户在人寿保险准备金的净股权	养老金权益	2008SNA 更名
住户在养老基金的净股权	养老基金对养老金管理人的要求权	2008SNA 新分类
预付保险费和未决索赔准备金	对非养老金津贴的权益	2008SNA 新分类
	标准化担保下认购期权的提供	

续表

MFSM2000/MFSCG2008	MFSMCG	
	分类	注释
金融衍生产品	金融衍生产品和员工股票期权	2008SNA 更名
	金融衍生产品	2008SNA 新分类
	期权	2008SNA 新分类
	远期	2008SNA 新分类
	员工股票期权	2008SNA 新分类

其他应收/应付账款
  商业信贷和垫款
  其他
	其他应收/应付账款
	  商业信用和预付款
	  其他	

备忘项目：
  外国直接投资
  权益
  贷款
  其他
	备忘项目：
	  外国直接投资
	  不良贷款
		2008SNA 新分类

注：①根据 MFSM2000、MFSCG2008、MFSMCG 说明和 2008SNA 等资料整理；②1993SNA 最初并无金融衍生产品类别，后对 1993SNA 做出修订以应对金融衍生产品的发展，联合国统计委员会 1999 年 3 月批准了对金融衍生产品处理方法的调整，增加了金融衍生产品分类，相关处理方法为 2008SNA 延用。

(1)货币黄金和特别提款权(SDR)。现行标准已包含与 2008SNA 一致的货币黄金和 SDR 单独分类。由于 2008SNA 调整货币黄金定义，未分配黄金账户不赋予实物黄金，而是以黄金名义的存款。因此，在原标准下货币黄金为无相应金融负债的资产，新修订将其记入通货与存款子项下作为外币表示的存款负债处理。SDR 在原体系下列入股票和其他股权项下，新修订将其归为中央银行对非居民的长期负债。

(2)非股票证券更名为债务证券，股票和其他股权更名为股权和投资基金份额。

(3)金融衍生产品和员工股票期权。2008SNA 中金融资产一级分类由原来的七类变成八类，增加了金融衍生产品和员工股票期权类别，分类目录更为详细，且将员工股票期权从金融衍生产品中单列。现行货币与金融统计体系把员工股票期权分类与估值纳入金融衍生产品中，资产/负债账户的金融衍生产品按借方/贷方部门分解，但不按期权和远期合约分解。此次修订根据 2008SNA 的调整在金融衍生产品和员工股票期权(原体系中名为金融衍生产品)下增设金融衍生产品和员工股票期权两个子项,单独列示员工股票期权,与金融衍生产品分列区别介绍,而金融衍生产品进一步细分为期权和远期两项。

(4)投资基金份额/单位。MFSM2000 和 MFSCG2008 中投资基金份额在股票和其他股权中统计,但货币市场基金份额则包括在广义货币中。MFSMCG 的处理略微不同于 2008SNA,拟新建一个单独的资产分类,即货币市场基金(列入广义货币)。

(5)资产/负债按名义币种分类。2008SNA 仅建议针对其他存款按币种进行交叉分类,现行的货币与金融统计已对所有资产/负债按名义币种进行分类,为此,MFSMCG 所做修订只是按照 BPM6 讨论的原则,重点说明外币关联工具的处理方法。

(6)资产/负债按到期日分类。1993SNA 和 2008SNA 均包含贷款和债务证券按到期日的补充分类,MFSCG2008 建议各国根据实践和数据可得性按原始到期日或剩余期限分类。MFSMCG 与 BPM6 一致,按剩余期限作到期日分类,而且,贷款和证券按固定或浮动利率分解为不同工具类别。

(7)为与 BPM6 保持一致,MFSMCG 对资产分类问题还在以下方面做出修订:一是 SDR 分配,BPM6 对 SDR 分配的处理由单边转移变为长期负债,新修订由原来归入股票和其他股权变为归入中央银行对非居民的长期负债;二是证券化,MFSMCG 根据《证券统计手册(HSS,第一部分)》的规定,对资产证券化的不同形式均给予详细说明;三是新型金融工具,除一般金融衍生产品之外,新修订将涉及各种新型金融工具的处理方法,诸如交易所交易基金(ETF)、银行间头寸、近年广为流行的抵押担保债券(CMO)及类似工具、标准化担保、保险、信用违约掉期(CDS)及其衍生产品(包括那些嵌入以上工具的证券)、担保债券、证券化产品和结构性产品等。

货币与金融统计是关于经济体系中所有金融机构的金融和非金融流量与存量数据,以及非金融机构的金融流量与存量数据,重点是对全社会货币资金融通活动的统计。此次修订在要求金融总量数据统计准确的基础上,对不同交易主体间的金融交易数据统计要求做到更加细致化,明确新型金融主体和金融工具的归属范围并纳入有关货币与金融统计框架,以更好地反映金融市场的创新和发展。修订之后 MFSMCG 将使各部门(特别是金融部门)的货币、信贷、债务等金融流量数据记录增加,同时,金融资产分类的调整还将引起国际收支平衡表、国际投资头寸表、资金流量表和资产负债表等发生相应变化。

二、核算方法及特定项目处理的修订

此次修订有关核算方法与处理原则方面的议题主要有:

1. 改进存量与流量统计

在资产物量其他变化(OCVA)方面,2008SNA 调整了 OCVA 账户中非交易因素资产变动的可能原因,主要包括六大类资产/负债变化及其子项:资产经济出现、非生产性非金融资产的经济消失、巨灾损失、无偿没收、未另分类的其他物量变化和分类变化。此次修订对 OCVA 账户的关注焦点在于主要分类及其子项变化,MFSMCG 增加其中与货币统计有关的项目,与 2008SNA 框架下新的分类保持一致,并强调存量数据和流量交易数据的重要性。

2. 金融资产/负债估值方法的修订

新体系中金融资产/负债估值仍延用 MFSM2000 和 MFSCG2008 的一般原则,即市场价格和公允价值。但 MFSMCG 在市场价格和公允价值之外还将深入探讨实践中常用的其他一些估值方法,如名义价值、摊余成本、票面价值、账面价值和历史成本等。其中摊余成本[①]是《国际财务报告准则(IFRS)》推荐的方法,但 MFSM2000 并未采用,新修订对其做详细说明。

3. 交易记录时间原则变更

1993SNA 没有给出所有权的明确定义,2008SNA 区分了法律所有权和经济所有权。货币与金融统计标准此次修订引入经济所有权概念后,强调以经济所有权变更来确定交易登记时间。

4. 更改税收资产/负债记录项目

2008SNA 确立了以权责发生制为基础的税收记录原则,因此,新修订建议将税收资产/负债由原来计入"杂项资产/负债"改为计入"政府部门的其他应收/应付项目"。但是,此项更改存在潜在成本,一些数据基础薄弱的国家可能难以提供相关记录,对此,新准则允许其维持原有统计处理方法。

5. 指数联接工具的估值处理问题

MFS2000 和 MFSCG2008 根据 1993SNA 对指数联接债务证券的交易处理指南过于笼统,不够精确。MFSMCG 根据 2008SNA 的修订更新和扩展了指数联接

---

① 摊余成本(Amortized cost)是指该金融资产或金融负债的初始确认金额经下列调整后的结果:(1)扣除已偿还的本金;(2)加上或减去采用实际利率将该初始确认金额与到期日金额之间的差额进行摊销形成的累计摊销额;(3)扣除已发生的减值损失(仅适用于金融资产)。

工具的估值方法：(1)宽指数联接工具,若息票是与宽指数联接,联接之后支付足够数额作为息票,则应记为利息,当本金价值也是指数联接的,则最终赎回价格和发行价格之间的差额作为该证券存续期间的应计利息处理；(2)窄指数联接工具,如果联接的是窄指数,应计利息按发行时的利率计算,指数偏离预期路径产生的支付按持有收益或损失处理；(3)与外币联接工具,此次修订采纳 2008SNA 的建议,本金和利息与外币指数化的债务工具在核算处理时视同外币标价的工具,相关的例子是中央银行资产负债表中与 IMF 相关账户中以本国货币标价但与 SDR 联接的工具(如 IMF 份额、IMF 证券账户、IMF1 号和 2 号账户),原体系对于外币标价的债务工具由汇率变化导致本金的本币价值变动作为持有收益处理(无交易),而对于与外币指数化的债务工具,该类变化作利息处理(交易),MFSMCG 消除了这两类工具在处理上的差异,因为二者在经济意义上等价。

6. 新型金融资产与工具的估值与处理方法

新修订充分考虑 2008SNA 和 BPM6 做出调整的相关账户,对金融市场和工具的新发展给予特别关注,主要涉及以下方面内容：(1)SDR 分配,不同于原体系记入 OCVA 账户,新修订将 SDR 分配和取消记为交易,资产方和负债方分别登录；(2)债务证券,IFRS 建议债务证券按摊余成本计值,而 MFSCG2008 建议持有到期债务证券按市场价格或公允价值核算,在实践上存在困难,MFSMCG 对此做出修订；(3)不良贷款,2008SNA 给出了详细定义与处理方法；(4)金融衍生产品,MFSMCG 将给出更详细的定义和有关处理方法的参考资料；(5)再保险,依据 2008SNA 建议,修订后的新体系中再保险的处理类似直接保险,但二者分开记录；(6)保险技术准备,MFSMCG 依据 2008SNA 对养老金权益处理做了较大调整,保险技术准备扩展至包括即便是非基金、无对养老金经理人的要求权等情形下的养老金权益；(7)未上市股份,原体系与 1993SNA 一致,给出了相当严格的未上市权益估值指南,新体系依据 2008SNA 提出针对未上市股份的多种估值方法,留有一定弹性；(8)累计折旧,MFSM2000 建议记为负债项目,不同于会计准则,MFSCG2008 认识到这一点,采用基于净值的非金融资产(减累计折旧),但是标准报告表式(SRF)中仍作为负债项目处理,MFSMCG 对其做出修订。

7. 金融资产/负债项目处理方法的其他修订

主要有：(1)新体系将存款、贷款和除股权外证券的应计利息纳入金融资产和负债,而不是看作其他应收/应付账款；(2)原体系中进行货币统计时国际财务报告准则(IFRS)与 2008SNA 有一定差异(如未上市股份),此次修订后的 MFSMCG 主要遵循 2008SNA 中采用的估值原则,并提供依据 IFRS 原则记录的微观数据调整为货币统计的方法;(3)对于资产负债表中负债方股份及其他权益的估值,MFSMCG建议通过使用"备忘项目"记录货币统计中金融机构资产负债表中权益的市场价值,以保证资产负债表中负债方股份及其他权益的估值与2008SNA相协调;(4)MFSMCG详细说明对冲会计法(Hedge accounting)及其在货币统计中的应用。

三、货币统计主要修订

货币统计是关于经济体系中的现金、存款和其他货币性资产的数据,主要涉及货币总量与构成,以及信贷、债务等指标。金融创新引发资产负债活动的迅速扩张,从而对原有的货币统计及货币层次划分提出了新的要求,为更好地研究和完善金融创新环境中的货币政策操作,改进和完善货币定义、分析工具、层次划分与货币统计极为必要。此次修订在货币统计方面的调整与变化主要有:

1. 进一步完善货币分析工具

此次修订明确了货币的定义,MFSMCG关注经济中(广义)货币的测度,强调各国可以根据各自实践给出货币资产的清单,但清单中的任一种资产均应符合货币的国际定义,货币总量还应通过相关性检验。为此,MFSMCG将提供更充足、有效的分析工具,以进一步增强其可操作性,便于编制者判断某一"新型"金融资产是否属于广义货币,或者是当部分金融资产的货币属性发生变化时广义货币的清单是否需要更新。MFSMCG还对机构部门从"货币发行者"、"货币中性部门"和"货币持有者"三个维度诠释,其中货币发行者包括中央银行、其他存款吸收公司和货币市场基金(MMF),货币中性部门主要指中央政府和非居民部门,存款性公司归为货币发行者而非货币持有者,其他部门为货币持有者。

理论上,货币定义不应过于规范,而应允许各国根据实践调整,新修订提供了货币构成的分析工具和实证检验方法,对各国货币统计的实践将有更强的操作指导意义。

2. 新增广义货币对手方的内容

MFSMCG引入有关广义货币对手方(或来源)的最新理论发展,不仅对从负债角度的广义货币构成给出说明,而且对从资产角度的货币对手方构成给出说明,以便提供更多有关经济发展背后对货币供给的需求因素说明。对于那些由非存款性公司发行但可能包含在广义货币总量中的金融资产项目(如国库券)的对手方问题,IMF对此提出三种备选方案处理:(1)部分项目虽未提供对手方,但其对手方可以通过存款性金融公司概览获取;(2)部分项目可通过与其最相关项目做一次性全额冲销的方法来编制其对手方;(3)某些项目的对手方部分可以精确识别,余额则作为平衡项进行冲销。

3. 广义货币指标含义扩展

MFSMCG 区分两个层次的广义货币:一是针对所有国家,仅根据存款性公司数据编制的广义货币;二是从非存款性公司单位的资产负债表再选取部分项目纳入广义货币统计,如货币中性单位发行的货币、货币持有者发行的货币以及货币中性部门持有资产中的某些项目,由各国选择性编制。MFSMCG 强调广义货币总量统计,但允许各国根据各自需要定义次级货币总量指标,既较好地考虑到了标准化和国际可比性,又留有一定弹性。

此外,MFSMCG 指出,广义货币不仅反映现实的购买力,还反映潜在的购买力。一国/经济体的"消费能力"(Capacity of spending)或"潜在购买力"(Potential purchasing power)的测度十分重要,两者与广义货币关系密切,新修订建议利用流动比率(广义货币/国内生产总值)和货币周转速度来进一步完善"消费能力"或"潜在购买力"的概念及测度。

4. 重新定义流动性总量

流动性是指金融资产在多大程度上能够在短时间内以全部或接近市场价格出售。MFSM2000 从负债的角度对流动性总量进行说明:除广义货币负债外,流动性总量还包括其他被认为具有一定流动性、但还不足以纳入广义货币的负债,发行部门主要是存款性公司、其他金融性公司和政府,持有部门为中央政府(仅指其持有的本币)、非金融性公司、其他金融性公司和其他居民部门。MFSCG2008 删去了关于流动性总量的描述,而是以金融资产为人类分别叙述,条理不够清晰。此次修订对流动性总量进行详细说明,并介绍其分类,部分专家还建议参照货币总量统计,从"金融资产"、"货币发行者"和"货币持有者"的三维关系进行讨论。

此外,G20 的一个工作组对国际货币体系中全球流动性的作用进行了深入研究,MFSMCG 借鉴其报告《监管全球流动性的可能指标》,给出有关的概念、定义和可能的总量指标。鉴于目前对全球流动性的定义尚未形成共识,MFSMCG 强调应区分流动性的核心测度(主要是存款)和广义测度(也包含非股权证券和贷款形成的负债总额),后者更具不确定性,且需要更为详细的金融部门机构分类支持。

5. 信贷和债务议题

关于信贷和债务总量统计,受 2008 年国际金融危机的影响,也是此次修订重点关注的内容之一,具体涉及:(1)MFSM2000 和 MFSCG2008 主要依据"中央银行概览"和"金融性公司概览"编制,此次修订增加对信贷和债务金融资产分类的说明,除金融性公司以外的其他部门也包含在内;(2)在债务统计方面,MFSMCG 修订后与外债统计指南和公共部门债务统计指南相一致;(3)非居民信贷问题,新修订强调非居民信贷数据有助于更有效地监测信贷增长状况,相关数据可从国际投资头寸统计得到。

MFSMCG 新修订顺应了货币金融体系迅速变革的时代要求,从功能及构成角度对货币定义进行讨论,增加对信用总量、流动性总量等指标的指南,由原来主要关注以货币为核心的存款性公司概览扩展到反映整个金融体系活动的金融概览。这些修订对于提高货币统计对流动性风险的监测分析能力、稳定金融市场和规范金融创新具有重要意义。

四、金融统计主要修订

MFSMCG 在金融统计方面的修订主要涉及:

1. 资产负债核算矩阵(BSA matrix)

现行货币与金融统计体系未提及跨部门资产负债核算,新修订在标准报告表式(SRF)的基础上,以各部门的资产负债表为起点建立资产负债核算矩阵,目的是分析部门的金融脆弱性及其在经济各部门间的传导机制。该矩阵可以反映任一部门按工具、币种和到期日分类的借方与贷方头寸,其中大部分数据(约 70%)可取自 SRF,其他数据可取自于国际投资头寸统计、季度外债统计以及政府财政统计等。对于部分无法通过货币、外部和财政途径获得的数据,如住户对非金融公司的融资,新体系将详细探讨其额外的数据来源。资产负债矩阵侧重于存量分析,不同于金融规划①中的流量分析,通过它可以更好地与 SNA 的分类核算体系以及 BPM6 等相协调,增进部门间的一致性。

2. 货币市场基金(MMF)数据发布

MFSM2000 和 MFSCG2008 基于功能标准,将 MMF 纳入其他存款性公司部门,不同于 BPM6 将 MMF 列入其他金融公司部门,为便于与宏观经济统计数据比较,修订后 MFSMCG 在 SRF 的 2SR 报表中包含除中央银行以外的存款吸收性公司和 MMF 二者的数据。

---

① 金融规划(Financial programming)概念最初是由 IMF 提出的,作为其支持发展中国家经济稳定和结构调整的基本政策思路。

3. 非银行金融中介机构数据发布

金融稳定委员会(FSB)2011年11月发布的报告《影子银行：加强监测与监管》强调了有关银行与非银行金融中介之间关联性信息的重要性。现行体系的SRF未单独反映该数据，随着非银行金融中介的发展，对金融统计数据要求更加细致化、规范化。此次修订建议在SRF中将非银行金融中介(如保险公司、养老金、结构性金融工具、对冲基金等机构和工具及其次级分类)作为备忘项目，以便加强对其的监督和管理。

国民核算账户是以社会再生产理论为基础，全面核算再生产的条件、过程与结果。货币金融统计体系是以金融理论为依据，侧重于金融性公司部门的存量流量核算。本次修订有关金融统计的内容主要依据2008SNA体系下金融核算和BPM6中的表述对MFSM2000、MFSCG2008进行调整，并对世界经济金融形势的新发展、新现象、新情况做出应对，增强了金融统计与其他宏观统计框架的一致性，为做好货币金融统计与金融稳定相关部门、职能和信息层面的协调提供更充分有效的统计支持。

五、其他修订

除上述主要议题外，此次更新还涉及其他一些修订，诸如：(1)MFSCG2008提供了区分存款和贷款的一般原则与相关案例，修订后的MFSMCG在此基础上提供更多的、必要的专门案例(第四章附录)；(2)现行体系有关各国与IMF的账户范围需要进一步扩展，MFSMCG全面阐述货币统计中对与IMF的头寸和交易的统计处理与记录方法，并与BPM6的相关讨论保持一致，主要包括份额认购、SDR分配与持有、IMF贷款、IMF储备头寸、IMF1号与2号账户、IMF证券、欠款、新贷款安排、IMF其他贷款以及与IMF相关的其他交易等；(3)MFSM2000简要讨论了伊斯兰金融机构的特点及基本工具类型，提供了货币统计中的一般处理原则，新修订将扩展伊斯兰银行业的范围，反映伊斯兰金融活动和金融工具的新发展；(4)对于存在和不存在OCVA账户两种情形下交易和价值变化的估计，MFSMCG将根据需要提供更多的具体案例；(5)MFSMCG对不同类型证券的名义和公允价值计算、货币远期合约的估值与记录方法等给出更多案例或说明；(6)目前多数国家都编制有关流动性的总量指标，MFSMCG强调流动性不仅仅是基于银行的指标，可做更广范围的测度，涵盖非银行金融公司和其他部门发行的流动性，并提供有关案例。

六、结语

　　MFSM2000 与 MFSCG2008 作为货币与金融统计国际标准的核心框架体系,受到各国的普遍重视,已成为货币与金融统计实际工作的实施准则,但在实践中也暴露了一些问题。特别是在 2008 年国际金融危机的背景下,面对日益发展的非银行金融中介、各种创新型金融工具以及跨市场、跨产品、跨境资金流动风险,现行的货币与金融统计无法准确地反映金融市场的运行状况,对创新性金融工具的风险监测显得无力,使得该体系面临较大挑战。IMF 此次修订是对 MFSM2000 和 MFSCG2008 的系统性补充与完善,从概念、分类、核算原则、统计指标到估值方法,再到特定项目处理甚至形式与结构等,修订内容广泛而细致,将对各国货币与金融统计体系产生深远影响。

　　伴随金融业的发展,中国逐步建立了较为完整的货币与金融统计体系,已成为国家宏观经济统计体系的重要组成部分。但是,面对市场经济体系改革不断深化和经济全球化的新要求,中国的货币与金融统计体系面临不少挑战,特别是与发达国家相比,无论是在精细化、规范化还是在数据质量等方面都还存在不小差距。IMF 对货币与金融统计体系的新修订反映了当前国际经济金融的深刻变化,为货币金融统计与核算处理提供了更为全面的指导框架。修订后的新框架为我国改革、优化和完善现行的货币与金融统计体系创造了条件,有助于我国加强统计能力建设,提高金融统计的数据质量、透明度、标准化和国际可比性,同时也将对我国金融统计改革和发展提出新的、更高的要求。

参考文献:

[1] IMF Statistics Department. Monetary and Financial Statistics Manual and Compilation Guide Revision Experts Group Meeting: Annotated Outline [EB/OL]. IMF, Washington DC, Feb 22—23, 2012.

[2] IMF Statistics Department. Monetary and Financial Statistics Manual and Compilation Guide Revision Experts Group Meeting: Discussion Note[EB/OL]. IMF, Washington DC, Feb 22—23, 2012.

[3] IMF Statistics Department. Monetary and Financial Statistics Manual and Compilation Guide Revision Experts Group Meeting: Issues Paper[EB/OL]. IMF, Washington DC, Feb 22—23, 2012.

[4] IMF. A Guide to Money and Banking Statistics in International Financial Statistics[EB/OL]. IMF, Washington DC, 1984.

[5] IMF. Monetary and Financial Statistics Compilation Guide[M]. IMF, Washington DC, 2008.

[6] UN, European Commission, IMF, OECD, World Bank. The 2008 SNA [M], http://unstats.un.org/unsd/nationalaccount/ sna2008.asp. 2009.

[7] 国际货币基金组织.国际收支和国际投资头寸手册第六版(BPM6)[M]. 美国华盛顿:国际货币基金组织,2009.

[8] 国际货币基金组织.货币与金融统计手册[M]. 美国华盛顿:国际货币基金组织,2000.

[9] 国家统计局.中国国民经济核算体系(2002)[M].北京:中国统计出版社,2003:105—150.

[10] 聂富强,崔名铠,郭永强.货币与金融统计编制指南(CGMFS2008)比较与思考[J].统计研究.2009(9):32—38.

[11] 庞皓,黎实,聂富强等.中国货币与金融统计体系研究[M].北京:中国统计出版社,2003:1—27.

[12] 许涤龙,欧阳胜银.货币与金融统计国际准则体系的发展与启示[J].财经理论与实践,2012(1):109—113.

第四部分

政府财政统计及其他

政府财政统计国际标准的发展与演进

摘要：良好的政府财政统计是财政分析的重要基础，IMF制定的《政府财政统计手册》提供了政府财政统计的国际标准。本文考察了政府财政统计体系的发展演进历程，重点分析该体系的最新修订。GFSM2013的关键变化主要涉及五大领域：概念与分类、经济事件记录时间、分析框架、财政收支统计和特定项目处理。此次修订拓展了政府财政统计的分析范围，增进了与其他国际统计标准的一致性，将有力地提高政府财政统计的数据质量，也对中国政府财政统计改革与发展提出了新的要求。

一、引言

良好的政府财政统计是财政分析的重要基础，在监测政府经济活动稳健性和制定经济政策方面发挥着重要的作用。IMF制定的《政府财政统计手册》(GFSM)提供了分析和评估一国财政政策、特别是广义政府部门和公共部门绩效的概念和报告框架，为研究广义政府或公共部门的财务活动、财政状况和流动性的发展变化提供统计数据。该手册全面涵盖了政府的经济与金融活动，既可用于分析某一级政府的活动和各级政府之间的交易，也可用于分析整个广义政府部门或公共部门。GFSM的概念、分类和定义都是基于经济理论，遵循统计的一般原则与方法，作为普遍适用的一套准则，是各国编制和发布财政统计数据的国际标准[①]。

GFSM与《国际收支手册》(BPM)、《货币与金融统计手册》、《外债统计编制者与用户指南》等一样，是《国民账户体系》(SNA)之外的重要国际统计标准。实际上，IMF政府财政统计体系经历了逐步发展与演进的历程，最早工作可追溯至1970年

---

① 严格来说，政府财政统计国际标准包括一系列有关财政统计数据生产、评估和发布等环节的准则体系，如《政府财政统计手册(GFSM)》(2001)、《季度政府财政统计：编制者与使用者指南》(2013)、《政府财政统计：发展中国家编制指南》(2011)、《财政透明度良好做法守则》(1998)和《政府财政统计数据质量评估框架》(2003)等。其中GFSM是政府财政统计国际标准的中心框架，本文主要围绕GFSM展开讨论。

代,作为国际标准的政府财政统计体系真正形成于1986年,并先后两次做出修订。本文全面考察政府财政统计体系的发展演进历程,分析 IMF 对该体系的最新修订及其影响,并由此对中国财政统计体系改革与发展提出若干政策建议。

二、发展历程

1. 早期工作

有关编制政府财政统计国际标准的工作始于20世纪70年代,最初的一个指南为1974年6月 IMF 编制的《关于政府财政统计的手册(草稿)》(MGFS1974),包括英文、法文、西班牙文三个文本,向各国政府、中央银行、统计部门、国际组织征求意见,并多次在地区性会议上讨论。该手册草案主要用于指导 IMF 政府财政统计年鉴的数据编制,标志着政府财政统计作为一个经济核算体系初步创立。1977年 IMF 出版第一本《政府财政统计年鉴》,汇集了各国政府财政统计实践的经验与结果,此后该年鉴每年出版发行。

2. GFSM1986

1986年,IMF 基于专家评论与各国应用经验反馈,对早期文本 MGFS1974 进行修改完善后形成《政府财政统计手册》(GFSM1986)并正式出版。GFSM1986 提供了政府财政统计的编制指南,为财政分析奠定了基础性框架,标志着政府财政统计国际标准的正式诞生。GFSM1986 从研究到正式颁布历经十余年,一经推出即成为最具权威性、各国公认的政府财政统计实践规范。

然而,该手册与其他宏观经济统计标准或体系并未直接做到协调一致,GFSM1986 主要遵循1968SNA,但 GFSM1986 交易记录采用现金收付制,即交易在收到或支出现金时记录,二者协调程度较低。特别地,1994年墨西哥金融危机和1997年亚洲金融危机在几乎没有可识别的征兆下悄然接踵而至,对世界经济发展产生了巨大的冲击和损害,IMF 及有关国家由此意识到该体系存在一些重大缺陷,致使其不能及时地发现经济或金融危机的苗头。于是,IMF 启动了对 GFSM1986 的修订与更新工作。

3. GFSM2001

首次修订的结果是 IMF 于2001年发布了新版的《政府财政统计手册》(GFSM2001)。GFSM2001 总结了两次危机的经验教训,对政府财政统计的理论方法体系做出革命性变革(范立夫等,2010;葛守中,2011)。如表1所示,GFSM2001 在财政统计核心领域所做的变革与创新,主要体现在核算范围、核算规则、统计内容、定值方法、流量与存量统一、分析框架和核心概念(即财政收支)等方面。具体来说,GFSM2001 相比前一版本的主要变化包括:(1)涵盖范围,GFSM1986 的涵盖范围是在职能基础上界定的,GFSM2001 侧重于 1993SNA 定义的广义政府部门;(2)记录经济事件的基础,GFSM2001 采用权责发生制,意味着非货币交易完全纳入政府财政统计体系,而 GFSM1986 中交易采用现金收付制,仅部分非货币交易记录为备忘项目;(3)定值原则,GFSM2001 中流量和资产、负债、净值按当期市场价格计值,债券名义价值记为备忘项目,GFSM1986 规定债券按到期时政府有支付义务的数额计值;(4)统计内容,GFSM2001 中财政统计包括影响资产、负债、收入或开支的全部经济事件,而 GFSM1986 仅有选择地统计部分实物交易,作为备忘项目;(5)资产负债表,GFSM2001 包括完整的资产负债表,GFSM1986 只包括某些债务的存量;(6)流量存量的统一,GFSM2001 全面记录交易和其他经济流量,流量和存量可以完全统一,并使期初和期末资产负债表之间的差异可以协调,而 GFSM1986 无法做到这种协调;(7)分析框架,GFSM1986 分析框架重点在于单一的平衡项目即总赤字/盈余,而 GFSM2001 采用多个新的平衡项目(如净运行余额、净贷款/借款等);(8)核心概念,GFSM2001 重新定义了财政收入和支出。

GFSM2001 与原体系相比有明显改进,对政府财政统计影响巨大:首先,GFSM2001 在记录基础方面的改革是最重要的变化内容,使得政府财政统计在经济事件记录上需要做出根本性的调整;其次,GFSM2001 首次将综合资产负债表方法引入政府财政统计,形成流量存量的闭合分析框架,可以更准确地反映政府活动的收入、支出、赤字、盈余、存量及其变动状况;第三,GFSM2001 增加了财政分析指标,更能及时发现政府财政运行的脆弱性根源;第四,GFSM2001 与其他国际经济统计体系更加协调,包括 1993SNA、BPM5 和《货币与金融统计手册》等,有利于更好地开展财政分析。

表 1　GFSM2001 的主要变化

序号	关键变化	GFSM1986	GFSM2001	主要影响
1	核算范围	涵盖范围是在职能基础上界定的,包括政府职能的任何单位的有关交易。	涵盖范围侧重于 1993SNA 定义的广义政府部门,是在机构单位的基础上界定的。为了反映广义政府部门之外发生的财政交易和活动,鼓励编制公共部门统计数据。	GFSM2001 中广义政府部门包括全部居民政府单位和由政府控制并主要由政府提供资金的全部居民非营利机构,政府的范围不仅包括所有政府单位,还包括为政府服务的非市场性公共部门。相比 GFSM1986,政府范围明显扩大。

续表

序号	关键变化	GFSM1986	GFSM2001	主要影响
2	核算规则	交易是在收到或支出现金时记录,意味着拖欠和拖欠规模的变化没有得到记录,仅部分非货币交易记录为备忘项目。	记录交易和其他经济流量的时间按权责发生制原则确定,意味着流量在经济价值创造、改变、交换或消失时记录。	(1)权责发生制记录流量将自动反映逾期债务,非货币交易完全纳入修订后的政府财政统计体系。(2)记录经济事件的时间发生重大变化,一般而言,流量在权责发生制下比在现金收付制下记录的时间要早。
3	统计内容	仅有选择地包括一些实物交易,且作为备忘项目。其他经济流量是非现金事件,不是GFSM1986的统计内容。	事件范围更为广泛,包括影响资产、负债、收入或开支的全部经济事件,包括其他经济流量,即除交易之外影响一个单位资产、负债和净值的所有流量。	对交易和其他经济流量的区分扩大了财政统计的内容,不仅包括政府各项运营活动,还包括政府运营之外影响净值的活动。
4	定值方法	债券按债务到期时政府须支付的数额定值。	资产、负债和净值按当前市场价格定值;贷款一般不进行交易,不具有市场价值,按名义价值记录。	定值方法的变化影响项目记录,进而影响主要指标的数值。GFSM2001定值方法与1993SNA一致,规定将债券名义价值作为备忘项目记录。GFSM1986中债券定值可能既不同于名义价值也不同于当前市场价值。
5	流量和存量的统一	所包括的存量数据限于债务,债务存量的变化往往不能与所记录的流量相互协调,需要补充性表格提供其他数据才可完成这种协调。	修订后的政府财政统计体系是完全统一的体系,可从会计期初的存量数据和期间流量中得出期末存量数据,影响广义政府部门的财务业绩、财政状况或流动性的全部事件都包括在内。	1993SNA给出了一套严密的流量和存量闭合分析框架,GFSM2001引入该框架使期初和期末资产负债表之间的差异可以进行协调,可以清楚地得到各项交易和其他经济流量对存量变化的影响,对分析政府财政活动对经济的影响非常有用。

续表

序号	关键变化	GFSM1986	GFSM2001	主要影响
6	分析框架/平衡项目	GFSM1986尽管规定了其他平衡项目，但分析框架侧重于单一的平衡项目，即总赤字/盈余。	GFSM2001的分析框架采用多个新的平衡项目，其中《政府运营表》包括净运行余额、净贷款/借款，《现金来源使用表》包括现金盈余/赤字，其他平衡项目还包括总余额、净值、金融净值，净值的变化和金融净值的变化，以及其他经济流量带来的净值变化、基本余额和储蓄等。	GFSM1986的财政指标仅分析政府的财政流动性，GFSM2001引入了更多具有分析意义的财政指标，还可以分析政府财政的持续性和透明度，对财政活动的描述也更为详尽和细致。
7	核心概念	(1)收入：定义为除赠与外的所有有偿或无偿项目中不需偿付的收受，包括来自处置非金融资产的所得；收入分为税收入、非税收入或资本收入。(2)支出：定义为所有不需偿付的支付，包括购买非金融资产。	(1)收入：定义为交易带来的净值增加，包括赠与，但不包括来自处置非金融资产的所得；收入分为税收、社会保险缴款、赠与和其他收入。(2)开支：新体系以"开支"一词取代GFSM1986的"支出"，定义为交易带来的净值下降，购买非金融资产不影响净值，不视为开支交易。	重新定义财政收入和支出，纠正了以前认识的不足以及由此带来的错误，科学地指明了政府财政收入与支出应有的内涵。重新定义的财政收入与支出更有利于发现政府财政运行的脆弱性。

注：根据GFSM2001、GFSM1986等整理。

4. GFSM2013

随着社会经济的发展，GFSM2001在各国财政统计实践中也逐渐暴露出一些问题与不足，特别是2008年国际金融危机的爆发，对政府财政统计的透明性与数据质量提出了新的要求。此外，作为宏观经济统计的基础性框架2008SNA和BPM6正式修订出版，出于一致性的要求，IMF再次启动对GFSM2001的修订工作。2012年11月IMF首次发布修订草案，2013年7月更新发布最新修订草案《政府财政统计手册》(GFSM2013)。

GFSM2013在很大程度上与2008SNA的新修订保持一致，从财政分析的角度对政府财政统计记录和处理方法做了系统改进。GFSM2013所做修订主要涉及三类：(1)基于2008SNA(及BPM6)的修订与更新，对现行体系概念分类做出调整及由此引发的财政统计方法修订;(2)对现行体系的部分表述进行修订;(3)对现行文本结构与编辑方面做出修订。此次修订考虑了近年来国际经济领域的新发展、新现象和新情况,并在基本概念、定义和惯例方面与国民核算账户体系、货币金融统计体系、国际收支统计体系等的一致性进一步增强。

三、GFSM2013 的主要变化

(一)总体分析

总体上看,IMF 此次修订主要有如下特点:

首先,此次修订所涉内容广泛而细致,但在政府财政统计理论与方法体系上并没有革命性的变革。GFSM2013 保持了原手册的方法体系与分析框架,在理论与方法上的创新不多,IMF 此次系统修订更多地是对 GFSM2001 的完善与优化,纳入了社会经济领域的新发展和特殊事件的处理方法,以及对过去被认为是统计难点或复杂问题的最新研究进展,以更好地满足财政统计编制者和使用者的新要求。因此,从方法论的角度看,GFSM2013 是对 GFSM2001 的改良,而非革命。

其次,GFSM2013 以政府财政统计框架(Government finance statistics framework)的提法代替政府财政统计体系(Government finance statistics system),以便区别于《2008 年国民账户体系》(2008SNA)。虽然一词之变看似并不起眼,但深刻地揭示了 SNA 在宏观经济统计准则体系中的基础性地位,也充分证明 IMF 此次修订的主旨重在澄清、说明、完善与优化,尽可能减少易混淆及模糊之处。新框架基本内容实际上主要包括两部分:一是财政统计概念体系;二是财政统计所用分类体系,并介绍每一类别所包括经济流量或存量的种类。

再次,对照 GFSM1986 和 GFSM2001,GFSM2013 在内容结构上略有调整。从三个版本手册的内容和章节框架比较来看,如表 2 所示,主要有如下四个显著特点:(1)GFSM1986 共 6 章,而 GFSM2001 共 10 章,内容框架做了大幅修订,二者差异较大,由此也能从侧面反映出 GFSM2001 与 GFSM1986 相比在统计理论与体系结构上所做的巨大改变;(2)GFSM2013 和 GFSM2001 一样,也是 10 章,此次修订做出调整的仅第二章,GFSM2001 第二章为"政府财政统计体系的涵盖范围",而修订后新版手册第二章为"机构单位和部门",对常住性、机构单位、机构部门,以及公共部门的机构范围、部门划分和划分原则等做出说明,两个版本中其余各章名称完全一致;(3)GFSM2013 与 GFSM2001 相比,第一、三至九章在节的安排上均有所调整,主要是内容有所增加;(4)GFSM2013 与 GFSM2001 第十章都分三节,二者节名也一致,即导言、持有收益、资产数量的其他变化。

表 2　GFSM2013 内容框架的变化

章次	GFSM1986	GFSM2001	GFSM2013	GFSM2013 与 GFSM2001 相比的主要变化
1	范围	前言	前言	GFSM2013 第一章新增"政府财政统计国际统计指南的演进"作为第二节，介绍了政府财政统计指南自 1970 年代初以来的发展和改进，同时对最新修订的原因做了一个宏观的概括。
2	数据的选择和预处理	政府财政统计体系的涵盖范围	机构单位和部门	此次修订做出调整的仅第二章，GFSM2013 第二章为"机构单位和部门"，包括前言、常住性（Residence）、机构单位、机构部门、公共部门的机构范围与部门划分、部门划分原则的实际应用等六节。
3	分析框架	流量、存量和会计准则	流量、存量和会计准则	GFSM2001 第三章包括前言、流量的类别、会计准则共三节；GFSM2013 在此基础上新增"存量头寸"一节，包括前言、经济流量、存量头寸、会计准则共四节。
4	分类	分析框架	分析框架	新修订将原体系中第四章中第六节"政府的现金操作"修订为"现金来源与使用表"，删除了原手册中第九节"财政政策的其他综合性指标"；GFSM2013 新增"净值总额变动表"、"显性或有负债和未来社保福利净隐性负债汇总报表"分别作为第九、十节。
5	与其他数据体系的关系	收入	收入	新修订将第五章由原手册的两节调整为三节，原手册两节分别为收入及其组成部门、收入的分类与记录，新手册三节，分别为：收入定义、收入的记录时间和测度、收入的分类。
6	非金融公共企业和非金融公共部门	开支	开支	第六章由 GFSM2001 的四节即开支的分类、开支的经济分类、开支的职能分类、开支的交叉分类，减为 GFSM2013 的三节即开支的定义、开支的记录时间、开支的经济分类。
7	—	资产负债表	资产负债表	第七章中第七节由原手册的"按金融工具对手方的部门对金融债权进行的补充性交叉分类"修订为新手册的"金融资产/负债对手方按机构部门分类"，新增"债务及其对应的金融资产按到期期限分类"作为第八节。
8	—	非金融资产的交易	非金融资产交易	GFSM2013 第八章新增加"所有权转让成本"，作为第二节。

续表

章次	GFSM1986	GFSM2001	GFSM2013	GFSM2013 与 GFSM2001 相比的主要变化
9	—	金融资产和负债的交易	金融资产和负债交易	GFSM2013 新增"债务及与债务工具对应的金融资产的交易按到期期限和债务工具类型分类",作为第八节。
10	—	其他经济流量	其他经济流量	章节名称相同,均包括三节:导言、持有收益、资产数量的其他变化。

注:根据 GFSM2013、GFSM2001 和 GFSM1986 整理。

第四,GFSM2013 与其他经济统计体系的协调性进一步增强。从一致性的角度看,GFSM1986 主要遵循 1968SNA,但因 GFSM1986 采用现金收付制,两者协调的程度要低得多。GFSM2001 遵循 1993SNA,与其他国际宏观经济统计体系的协调性明显增强,但 GFSM2001 和与之相互协调的宏观经济统计体系之间仍存在一些差异,主要在于所采用分类以及随之而来的平衡项目。例如,GFSM2001 的税收分类和 1993SNA 有较大不同,尽管两个体系的税收定义相同;GFSM2001 对退休计划和外商直接投资收益再投资的处理不同于 1993SNA,结果使得两个体系的净贷款/借款不同;由于涵盖范围不同,部分项目即使定义相同,但内涵范围不同,如雇员报酬的内涵在政府财政统计体系中与 1993SNA 相比更小。GFSM2013 遵循 2008SNA,此次修订之后,政府财政统计框架与其他国际统计标准或其最新修订的协调性进一步增强,包括《2008 年国民账户体系》(2008SNA)、《国际收支和国际投资头寸手册》(BPM6)、《货币与金融统计手册(修订中)》、《公共部门债务统计:编制者与用户指南》(PSDS)和《外债统计编制者与用户指南》(EDS2013)等。

第五,术语进一步协调与规范。此次修订对 GFSM2001 中的诸多术语做了修订与调整,例如,"存量"改为"存量头寸","政府运营表"改称"运营表","无形固定资产"改为"知识产权产品","流量(Flows)"改为"经济流量(Economic flows)","非金融资产净获得"改为"非金融资产净投资","净贷款/借款"改为"净贷款/净借款","非股份证券"改为"债务证券","股份与其他权益"改为"权益和投资基金份额","保险技术准备"改为"保险、养老金和标准化担保计划","实体(Entity)"用于指货物、服务、非金融资产等时改为"资源(Resource)",等等。此类修订要么是为了与 2008SNA、BPM6 等其他统计体系保持一致,要么是出于规范化和准确性的要求。

(二)关键变化

归纳起来,GFSM2013 的关键变化主要体现在五大领域:概念与分类、经济事件记录时间、分析框架、财政收支统计、特定项目处理等（如表3所示）。

1. 概念与分类

GFSM2013遵循2008SNA的相关变化，基于财政统计的目的与特征对基本概念与分类做了修订。主要包括：一是详细介绍常住性（Residence）的概念；二是澄清广义政府和公共部门机构单位的概念；三是厘清广义政府机构和公共公司的边界；四是给出详细的金融公司部门与非金融公司部门的定义与识别方法；五是提供了对政府控制的判断指标；六是给出公共部门单位的部门分类详细指南，如准公司、重组机构、特殊目的实体（SPE）、公积金（Provident funds）、主权财富基金（SWF）、合资企业（Joint venture）、偿债基金（Sinking funds）、养老金计划、市场监管机构等；七是给出合并的定义，对部门内合并和部门间合并做出区分。

2. 经济事件记录时间

记录时间是经济统计与国民核算的重要问题，GFSM1986采用现金收付制，而GFSM2001采用权责发生制，GFSM2013还原了在一个综合统计框架中权责发生制和现金收付制统计信息重要性的平衡，阐明在权责发生制与现金收付制下流量的各自记录时间。特别地，GFSM2013提供了《现金来源与使用表》中有关现金收付制下的记录指南，并且澄清了收入、开支等诸多项目的记录时间问题。

3. 分析框架

新修订对分析框架所做调整是此次修订的关键变化之一，具体包括：（1）GFSM2013新增了两个报表：《净值总额变动表》与《显性或有负债和未来社保福利净隐性负债汇总表》，扩展了财政统计框架的分析目标；（2）支出概念重新复原为《政府运营表》和《现金来源与使用表》的总量指标；（3）GFSM2013采用《运营表》代替《政府运营表》，以便其既可用于政府单位，也可用于公共部门单位；（4）新准则扩展了对资产负债表的描述，并探讨了净值（Net worth）概念对公共公司的使用问题；（5）正如《现金来源与使用表》所述，新手册澄清了库存现金变动净额的构成。

4. 财政收支统计

财政收入与财政开支是政府财政统计的核心指标之一，GFSM2013对收入与开支的定义与GFSM2001一致，即交易造成的净值变化，但此次修订增加了对收入与开支定义的原理说明，给出了收入、开支分类的依据和说明。对部分和收入或开支相关项目的概念、分类及处理做出了澄清和说明，如消费税、金融和资本交易的征税、对商品使用和对使用商品或提供服务许可的征税、退税与减税、补贴、利息、租金、赠与、金融服务隐性费用、固定资本消耗等。总体来看，修订之后新手册对财政收支统计的指南更为细致和完善。

5. 存量和流量处理

GFSM2013 对存量流量统计做了大量修订,最主要的包括以下几个方面:一是引入经济所有权概念,与 2008SNA 的变化一致,区分了法律所有权与经济所有权;二是澄清了资产的边界,不包括或有资产和负债;三是介绍了货币和非货币交易的差别;四是说明所有权转让成本的处理,包括非金融资产与金融资产/负债,既包括流量也包括存量;五是明确了货币黄金和 SDR 的负债属性,GFSM2001 仅记录其资产属性;六是详细说明非金融资产交易的估值方法;七是澄清特定类型资产的持有收益,如存货、贵重物品;八是对众多项目的分类或处理做出澄清或说明,如武器设备系统、培育生物资源、金融衍生产品、公共纪念物、存货增加和提取等,此类修订内容丰富而细致,分布较为零散,涉及资产负债表、非金融资产交易、金融资产/负债交易、其他经济流量等各个部分。此外,新修订还介绍了债务交易及相应金融资产按期限的分类,扩展了资产负债表中金融资产/负债出现或消失的情形。

表3 GFSM2013 的关键变化

领域	关键变化	说明
概念与分类	详述常住性的概念	澄清或新增有关名义常住单位、非常住的特殊目的实体(SPE)、跨国企业等的指南,以及识别国际性组织和区域性组织的指南。
	澄清广义政府和公共部门机构单位的概念	根据宏观经济统计中的机构单位及分类原则,应用于广义政府和公共部门,区分住户和法律或社会实体,介绍常住特殊目的实体(SPE)、虚拟下属机构及其附属活动的处理指南。
	对金融公司部门与非金融公司部门的定义与识别更为详细	增加了区别公司和政府单位的指南,包括次级部门、金融中介、金融辅助机构和其他金融公司,与 2008SNA 的分类修订一致。
	澄清广义政府机构和公共公司的边界	建议以市场和非市场生产者的概念来区分二者,某一单位属于市场生产者还是非市场生产者采用经济显著价格的概念来确定。
	提供关于政府控制的判断指标	给出了有关一个非营利机构是否处于政府控制之下的指南,并说明如何应用它们来确立政府对公司的控制。
	给出公共部门单位部门分类的详细指南	利用住户、机构单位、控制、市场与非市场生产者的概念,给出了公共部门单位部门分类的决策树以及实际应用案例,包括准公司、特殊目的实体(SPE)、重组机构、合资企业、公积金、偿债基金、养老金计划、主权财富基金等。
	给出了合并的定义	GFSM2013 对合并做了更为详尽的讨论,对部门内合并和部门间合并做出区分,探讨了合并的原因。

续表

领域	关键变化	说明
经济事件记录时间	还原了在一个综合统计框架中权责发生制和现金收付制统计信息重要性的平衡	介绍了基于权责发生制和现金收付制两种原则下的记录时间：(1)采用权责发生制，当货物、非生产非金融资产、金融资产和负债的经济所有权发生变化时，当服务被提供，对于分配性交易则当有关的要求权产生时，则记录交易；(2)采用现金收付制，当收到或支出现金时记录流量。
	澄清部分项目的记录时间问题	主要包括：(1)介绍了权责发生制下税收和社会缴款数额估计的补充指南；(2)说明了权责发生制下股息在股票或股份除权日记录；(3)采用权责发生制，货物和服务、非金融资产及许多金融资产/负债的交易记录时间为经济所有权变更的时刻，对于经济所有权变更不明显的情况新准则给出详细的指南；(4)GFSM2013给出了关于其他经济流量记录时间的指南。
	《现金来源与使用表》的记录时间问题	新准则阐明了《现金来源与使用表》中有关现金收付制下的记录指南。
	收入记录时间的问题	有关收入的记录时间和核算部分澄清了采用权责发生制和采用现金收付制下的记录时间问题，对采用权责发生制记录收入交易以及不能收回的预估收入数额的处理做了进一步说明。
	开支记录时间的问题	关于支出记录时间部分进一步扩展，明确了采用权责发生制和现金收付制时各自的记录时间，并且澄清货物和服务的获得与使用的记录时间问题。
分析框架	GFSM新增了两个报表	GFSM2013对财政统计框架的分析目标有所扩展，新增了两个报表：《净值总额变动表》与《显性或有负债和未来社保福利净隐性负债汇总表》，以进一步提高政府财政统计框架的分析有效性。
	支出概念重新复原	支出概念重新复原为《政府运营表》和《现金来源与使用表》的总量指标。
	将《政府运营表》更名	采用《运营表》代替《政府运营表》，以便《运营表》既可用于政府单位，也可用于公共部门单位。
	澄清了库存现金变动净额的构成	正如《现金来源与使用表》所述，新体系澄清了库存现金变动净额的构成，此项目是指货币和存款等金融资产，不应包括其他金融工具或透支(Overdraft)。
	扩展对资产负债表的描述	新准则扩展了对资产负债表的描述，并探讨了净值(Net worth)概念对公共公司的使用问题。

续表

领域	关键变化	说明
财政收支统计	增加对收入定义的说明	(1)新体系增加了对收入定义为由交易引起的净值增加的原理说明;(2)对收入的定义有所加强,并增加对退款和更正在统计处理上的讨论,对收入与资产/负债交易的描述做出了解释;(3)修订了赠与的定义,不再将赠与作为非强制性转移;(4)GFSM2001中关于其他收入主要分类的讨论,在新框架中代之以对其他收入的定义,并列出了其所包含的子类。
	给出了收入分类的依据	新修订介绍了标准化总分类的原理,以及根据分析用途和需要添加子项的好处。
	介绍了退税和减税的处理方法	GFSM2013对应付税款抵免采用总额记录,而不可支付税收抵免仍按净额处理。
	对部分税类的处理或归类做出修订	包括不可分配税种、消费税、金融和资本交易的征税、对商品使用和对使用商品或提供服务许可的征税等。
	新体系对租金的概念作了详细说明	解释了资源租赁、资产创建(合同、租赁和许可证)或资源交易之间的区别,对土地和地下资产两类资源租金给出详细阐述,并解释了其与生产性资产租金的界线。
	对部分与收入相关的项目做出澄清	包括财政专营利润、社会缴款、非比例大额股息、实物补贴(Grants in kind)、经常性补贴和资本性补贴的区别、投资收益性支出的财产收入、归保单持有人的财产性收入、对外国直接投资收益再投资、保释金、非其他分类的转移和保险费、服务费、非寿险索赔以及标准化担保计划、投资资金份额/单位持有者的分红、补贴性收入等。
	增加对开支定义的说明	新框架增加了有关对开支定义为由交易引起的净值减少的原理说明,增加了有关对退款和更正的处理的讨论,并阐述了支出与资产/负债交易的区别。
	对开支分类的说明	澄清了支出的经济分类与职能分类之间的区别。
	阐明估算社会缴款的指南	雇员补偿的定义强调雇主—雇员之间的个体关系,说明了现金形式和实物形式工资/薪金的性质,提供了有关非养老金权益(Nonpesion benefits)和雇佣关系养老金权益(Employment related pension)之间明晰的区别。
	修订货物和服务使用的处理指南	重组了货物和服务的使用部分的内容,对其覆盖范围做了调整,排除了武器和武器系统,澄清了存货与货物和服务使用之间的关系。

续表

领域	关键变化	说明
	解释对金融服务隐性费用的处理方法	这些隐性费用包括间接测算的金融中介服务产出（FISIM）、非寿险保费隐含的服务费和政府对央行非市场服务支付的隐性费用等项目。
	阐述固定资本消耗的概念	解释了2008SNA和GFS有关固定资本消耗记录方法的关系，并说明了政府财政统计中固定资本消耗和折旧的关系和计算方法，以及所有权转移成本作为固定资本消耗一个组成部分的处理方法问题。
	建议识别利息交易的对手方	澄清了2008SNA和GFS关于利息记录的关系，建议识别利息交易的对手方，以允许合并处理，并讨论了现金收付制对利息的记录问题，以及在宽限期和利率上浮安排中利息的处理，解释了有关指数联接证券的利息处理问题。此外，还澄清了嵌入衍生工具的债务证券、不良贷款和拖欠的处理方法。
	澄清补贴的记录方法	澄清了补贴是由所有居民和非居民生产者获得，象广义政府单位、为住户服务的非营利机构以及住户单位等机构单位具备生产者角色能力时也可以得到补贴；扩展了补贴的覆盖范围，阐明产品补贴和生产补贴之间的区别，列出了一个不构成补贴的项目清单。
	重新修订赠与的定义	不再将赠与作为非强制性转移，这一改变使得赠与可以包括政府单位之间发生的强制性收入共享的情形；阐述了实物赠与的处理方法，并专门给出经常性赠与和资本性赠与的区别。
	对部分与开支有关的项目做出修订	包括社会救济福利、投资收入支付的财产支出、租金、分成制安排下的应付款额、其他杂项开支、其他未分类转移、保费、服务费及非寿险索赔和标准化担保计划、其他未分类经常转移和其他未分类资本转移等。
存量与流量处理	引入经济所有权概念	依据2008SNA，说明法律和经济所有权的区别，用以确定资产边界、交易记录原则和提供资产/负债概览。
	澄清资产的边界	不包括或有资产和负债，但包括债务工具、金融衍生品和员工股票期权、股票和投资基金份额、未分配黄金账户形式的货币黄金，并详细说明资产负债表的主要平衡项——资产净值，解释了净值与公众公司股权的关系。

续表

领域	关键变化	说明
	介绍了货币和非货币交易的差别	作为区分转移、交换、实物偿付和内部交易的基础。
	说明所有权转让成本的处理	在不同部分分别介绍了金融资产/负债、除土地外非生产资产所有权转移成本的分类及处理方法,以及与非金融资产(除存货外)获得与处置有关的所有权转移成本的处理方法,解释了所有权转移成本作为固定资本消耗的处理方法,明确对各类土地的所有权转移成本包括在土地改良中。
	明确货币黄金和SDR的负债方面	GFSM2001将货币黄金和SDR作为没有相应金融债权的金融资产处理,GFSM2013明确了其债务方,新修订仅将金条形式的货币黄金视为没有相应金融债权的金融资产处理。
	详细说明非金融资产交易估值	特别澄清下列资产获得与处置的估值方法:固定资产、存货、土地、除土地外的非生产性资产。
	澄清特定类型资产的持有收益	增加了对报告期内被处置的固定资产、存货、贵重物品和非金融资产的持有收益估计的专门指南。
	对众多项目的分类或处理做出澄清或说明	诸如货币黄金、SDR、武器设备系统、信息和通信(ICT)设备、培育生物资源、金融衍生产品、员工股票期权、知识产权产品、投资基金份额、所有权转移成本、公共纪念物、存货增加和提取、政策性贷款等。

注:根据 GFSM2013 和 GFSM2001 整理。

四、影响分析

此次 IMF 对政府财政统计标准的更新是一次系统性的修订,其实际影响可从以下几个方面分析:

(1)新修订对现行财政统计框架或方案不会产生颠覆性的影响。GFSM2001 由于从原体系的现金收付制转向权责发生制,对政府财政统计工作产生的影响是根本性的、革命性的。GFSM2013 承袭了 GFSM2001 所建立的财政统计基本框架,基本理论框架并未做出革命性变革。从方法论的角度来看,这次修订突出了方法应用的创新,可概括为"更新、澄清、完善、优化与协调",在理论方法体系上的修订基本上并未涉及。因此,新修订对现行财政统计工作的基本架构不会产生根本性影响,而仅仅是完善与优化。

(2)新修订将拓展政府财政统计的分析范围。GFSM2013新增了《净值总额变动表》与《显性或有负债和未来社保福利净隐性负债汇总表》两个报表,有助于加强对政府净值变动与债务情况的掌握与分析,使得政府财政统计的分析范围有所扩展,涵盖了评估管理、政策、流动性决策等方面的能力,特别是有助于更好地评估一国或地区财政的可持续性。此外,新框架重新强调现金收付制的作用,提供其在《现金来源与使用表》的使用指南,将为更好地分析政府流动性提供支持。

(3)新框架对资产与负债的分类和处理指导更加细化,特别是为部分新项目和复杂项目的处理提供了指南。新框架为部分新兴或复杂项目如主权财富基金(SWF)、特殊目的实体(SPE)、偿债基金(Sinking funds)、养老金计划、公积金(Provident funds)等在政府财政统计中的处理提供了指南,对实际财政统计工作的指导性更强,也更精细化。

(4)新框架分类体系更为科学,将有力地提高政府财政统计的数据质量。新手册中对财政收支统计和资产负债核算的分类及其子项体系更为科学合理,将使相关统计更加准确、透明,进而提高财政统计的数据质量。进一步地,政府财政统计纪录是国民经济核算的重要基础元数据,因而这也将有助于改进国民经济核算的数据质量。

(5)新框架增进了政府财政统计与其他宏观经济统计的一致性。修订后GFSM2013与2008SNA、BPM6、《货币与金融统计手册》(MFS)、《公共部门债务统计:编制者与用户指南》(PSDS)、《外债统计:编制者与用户指南》(EDS)等更为协调,财政统计数据与其他宏观经济统计数据的一致性将增强。2008年国际金融危机之后,统计信息缺口问题受到国际社会广泛关注,政府财政统计数据失真和可比性问题也备受指责,在G-20《金融危机与信息缺口》的报告中,要求各国按IMF的政府财政统计标准更及时地发布国际可比的政府财政统计数据,GFSM2013将为此奠定坚实的基础。

五、启示与建议

2008SNA和BPM6正式颁布后,GFSM2013的全面修订也已基本完成,为我国进一步改革、发展和完善政府财政统计提供了新的契机。与IMF的国际标准相比,我国目前的政府财政统计处于GFSM1986和GFSM2001之间的过渡阶段,尚未完全采纳GFSM2001的方案,在核算范围、部门分类、核算对象、核算内容、核算方法、活动分类、指标体系、信息发布等方面均存在一定差距(朱志雯,2012)。同时,我国现行的政府财政统计工作严重滞后于财税体制的重大改革,不能全面反映我国政府财政运行的实际状况,也不能适应全球化背景下我国财政分析与监测所面临的新任务、新挑战与新要求。例如,政府财政活动分类不科学,财政收入指标和财政支出指标统计存在缺陷,政府财政运行的核心指标过于单一,仅限于财政赤字等(葛守中,2012)。

我国应充分利用当前国际经济统计标准全面更新的有利条件,抓住这一契机全面改革和发展财政统计体系与制度,逐步建立起一套符合国际标准、适合中国国情的科学、高效的现代财政统计体系,更好地满足社会对财政统计数据的需求。为此,提出如下建议:

(1)科学界定广义政府范围。目前,我国的公共部门大致涉及党政机关、事业单位、国家发起的社会团体、国有企业等类型,这种分类与国际通行的公共部门分类不同,国际上一般将公共部门划分为政府机构单位、政府控制的非营利组织、政府控制的公司或准公司。实施政府财政统计的国际标准,首要地是科学界定广义政府范围以及公共部门划分,将相关机构单位按国际标准进行分类。

(2)优化政府财政统计的分类体系。政府财政统计框架根据政府部门经济活动的特点和统计核算的目的,在分析框架和具体分类中表现出独有的特色。例如,根据IMF的国际标准,政府收入按收入性质分类,开支按经济性质和职能进行分类。目前,我国政府财政统计分类不够规范,未按收入性质分为经常性收入、资本性收入、转移和赠与收入,开支分类标准也很不统一,部分开支按功能分类,如行政管理费、公检法司支出、外交外事支出等,部分支出按经济性质分类如社会保障补助支出、国内外债券付息支出等。统计分类框架不清晰、不规范将严重影响统计数据质量,调整分类是提高财政统计数据质量的重要手段之一。

(3)优化财政统计分析框架。目前我国的政府财政统计仅限于对收支流量的核算,除政府债务简单分类外,对资产、负债等存量信息统计十分薄弱,远未建立一个流量和存量的统一核算体系。因此,现行财政统计的分析框架还很不完整,信息不准确或信息缺口使得利用财政统计数据进行财政风险预测和政策分析存在困难。近年来,社会各界对地方政府债务数据的激烈争论就是一个很好的实例。GFSM2013进一步完善了财政统计的分析框架,增加了新的报表,我国应借此良机尽快完善政府财政统计的分析框架。

(4)拓展政府财政统计的内容。长期以来,我国存在预算内和预算外收支,2011年1月起我国将预算外收入(不含教育收费)全部纳入预算管理,但社会保障资金收支数据信息还需单独另行收集,大部分社会保障缴款收入和支出没有反映在财政预算收支中。相比国际准则以及其他国家的实践,不仅预算内、外收支而且社会保障资金收支理应全部纳入政府财政统计的范围。

(5)妥善部署 GFSM2013 的执行。根据 IMF 的建议,全面执行 GFSM2013 可能需要一定时日,各国在实施时允许灵活安排,特别是实施初期可以先部分采纳,逐步推进新框架的执行。而且,新框架也未设定数据收集的一般重点,实际上各国可依据自身国情、实践需求和所面临的问题来确定财政统计的数据收集重点。我国目前的政府财政统计尚未完全从现金收付制向权责发生制过渡,在实施新框架时还需进一步修改和完善政府部门的会计制度,以更好地反映权责发生制原则和修订后的财政统计分类体系。IMF 指出,各国实施 GFSM2013 可采用渐进四步法:第一步,采纳修订后的《运营表》或《现金来源和使用表》的分类结构,调整现行的现金收付制统计数据以弥补已知缺陷,例如,纳入有关收入或开支拖欠的信息;第二步,汇集有关金融资产/负债的资产负债表信息,以便估计与这些金融项目相关的其他经济流量;第三步,收集有关某一时点持有的非金融资产存量及其按当期市场价格估值的一整套信息,这将是更为困难的一步;第四步,全面采纳权责发生制原则,编制完整的资产负债表。

参考文献:

[1] International Monetary Fund. A Manual on Government Finance Statistics [M]. http://www.imf.org/external/pubs/ft/gfs/manual/gfs.htm. 1986.

[2] International Monetary Fund. Government Finance Statistics Manual[M]. http://www.imf.org/external/pubs/ft/gfs/manual/gfs.htm. 2001.

[3] International Monetary Fund. Revision to GFSM 2001－Draft Chapters and Appendices (GFSM2013)[EB/OL]. http://www.imf.org/external/pubs/ft/gfs/manual/gfs.htm. 2013.

[4] UN, European Commission, IMF, OECD, World Bank. The 2008 SNA [M]. http://unstats.un.org/unsd/nationalaccount/sna2008.asp. 2009.

[5] 范立夫,杨仲山,刘昊. 政府财政统计体系(GFS)的比较分析[J]. 财政研究,2010(7):61－64.

[6] 葛守中. 国际货币基金组织 2001 版政府财政统计再研究[J]. 统计研究,2011(4):67－75.

[7] 葛守中. 中国政府财政统计指标体系改革研究[J]. 兰州商学院学报,2012

(5):1—5.
[8] 杨远根. 国际货币基金组织新的政府财政统计体系借鉴[J]. 财政研究,2004(4):32—34.
[9] 朱海平. 政府财政统计体系采用权责发生制的现实基础与理论背景[J]. 经济体制改革,2009(1):128—132.
[10] 朱志雯. 我国政府财政统计核算的记录基础及虚拟计算操作的改革研究[J]. 统计研究,2012(3):10—13.

政府财政统计体系的最新修订

摘要:2008年国际金融危机之后,IMF对政府财政统计体系进行了全面、系统的修订。GFSM2013保持了GFSM2001的基本框架,修订内容细致而广泛。本文从定义与分类、核算方法与分析框架、财政收支统计、资产负债表核算、交易的统计处理、其他经济流量的统计处理、术语及其他修订等七个方面分析了GFSM2013的主要变化。新修订将对政府财政统计实践产生深刻影响,对我国财政统计改革和发展具有重要指导意义。

一、引言

IMF于1986年正式颁布了《政府财政统计手册》(GFSM1986),旨在提供一个全面完整、适于财政政策(特别是广义政府部门和更广泛的公共部门)分析和评估的综合概念和会计框架。2001年IMF再次颁布经修订后的新版《政府财政统计手册》(GFSM2001),该手册提供了编制财政统计数据的方法原则和分析框架。作为一个专门的宏观经济统计体系,GFSM已成为政府财政统计的国际标准。

2008年国际金融危机之后,IMF启动了对政府财政统计体系的新一轮修订。此次修订有着深刻的社会经济根源和复杂的宏观背景,主要在于:其一,近年来世界经济形势涌现了一些新现象、新情况和新发展,特别是2008年国际金融危机的爆发及其后的欧债危机和美债危机持续蔓延,对财政统计工作提出了新要求,迫切需要政府财政统计体系对此做出反应;其二,作为宏观经济统计的基础性框架,《2008年国民账户体系》(2008SNA)与《国际收支和国际投资头寸手册》(BPM6)等国际统计标准正式修订出版,经济统计中诸多概念、分类、核算方法做出了调整与变化,从而对政府财政统计体系的一致性和协调性提出了新的要求;其三,GFSM2001推出后受到各国政府的普遍高度重视,成为各国财政统计工作的实施准则,但在实践中也暴露出了一些不足或缺陷。

2013年7月,IMF更新发布了最新修订草案《政府财政统计手册》

(GFSM2013),新手册与其他宏观经济统计标准或指南的协调性进一步增强。总体来看,此次修订所涉内容细致而广泛,下面将从定义与分类、核算方法与分析框架、财政收支统计、资产负债表核算、交易的统计处理、其他经济流量的统计处理、术语及其他修订等七个方面逐一分类解析。

二、定义与分类修订

在经济统计中,概念和分类是统计的基础框架。依据2008SNA和BPM6的最新修订,GFSM2013对部分基本概念做了修订与调整,具体包括:(1)给出了财政政策、广义政府部门、公共部门的详细定义,对宏观经济统计中机构单位和不同类型单位做出说明,在此基础上澄清政府和公共部门机构单位的概念,进一步明确政府财政统计框架中机构单位的范围;(2)新框架澄清了企业单位和事业单位的定义,并给出说明;(3)与2008 SNA和BPM6一致,GFSM2013详细说明了住户的概念,在附加指南中特别对名义常住单位和非常住特殊目的实体(SPE)的定义与处理给予说明,新增识别国际性组织和区域性组织的指南,并阐明了对跨国企业的处理问题;(4)根据政府机构单位的定义,探讨了公司虚拟子公司及其附属活动的识别与处理问题,并将这些概念用于对常住特殊目的实体(SPE)和政府的中央借款当局的处理;(5)增加有关如何区别公司和政府单位的指南,详细说明金融公司部门和非金融公司部门的定义和识别问题,包括次级部门、金融中介、金融辅助机构和其他金融公司的介绍,重点解释金融中介的概念。

在分类方面,主要修订涉及:(1)在划分机构单位类型时,GFSM2013区分了住户和法律或社会实体,详细介绍了法律或社会实体的分类;(2)新修订澄清了广义政府和公共公司的界定问题,建议按市场生产者和非市场生产者的概念或原则来区分,某一单位属于市场生产者还是非市场生产者则采用经济显著价格的概念来确定;(3)新手册给出了对非营利机构是否处于政府控制的评估指南,提供了有关政府控制的判断指标以及如何应用这些指标来构建政府控制的说明,并依据住户、机构单位、控制、市场与非市场生产者的概念给出了公共部门单位部门分类的决策树;(4)新手册拓展了对公共公司的讨论,对扩展政府财政统计涵盖公共公司数据的原理做出说明,进而还对上市公司的类型做出说明;(5)GFSM2013提供了有关部门分类原则实际应用的案例,主要涉及准公司、重组机构、特殊目的实体(SPE)、合资企业(Joint venture)、偿债基金(Sinking funds)、养老金计划、公积金(Provident funds)、主权财富基金(SWF)、市场监管机构、开发和/或基础设施公司或实体等。

三、核算方法与分析框架修订

此次修订在核算方法上的主要变化涉及：(1)GFSM2013强调经济流量和存量头寸采用当期市场价格定值，而对于未在市场交易或极少交易的资产和负债，应按与市场价值等价的原则定值；(2)GFSM2013厘清了货币交易和非货币交易的差别，并以此作为区分转移、实物交易和内部交易的基础；(3)GFSM2013采用经济效益和所有权概念来定义经济资产，以此说明法律所有权和经济所有权的区别，这些概念被用于确定资产的边界和资产/负债的定义；(4)关于定值方法问题，新框架与原体系基本保持一致，按一般定值原则、交易定值、存量定值（含替代定值方法）、特殊项目的估值调整及其他经济流量定值分别介绍，但GFSM2013对资产和负债的定值特别是对金融工具名义价值的使用及其他估值方法做了详细介绍，并对部分非金融资产交易的定值方法做了更详细的说明，如存货、土地等；(5)GFSM2013对合并做了更为详尽的介绍，给出合并的定义，探讨合并的原因，而且对部门内合并和部门间合并做出区分。

特别地，GFSM2013对交易记录时间做出调整，这也是此次修订最重要的变化之一。GFSM1986采用现金收付制，而GFSM2001采用权责发生制，GFSM2013还原了在一个综合统计框架中权责发生制和现金收付制统计信息重要性的平衡。因此，新手册介绍了基于权责发生制和现金收付制两种原则下的各自记录时间，分别为：(1)采用权责发生制，当货物、非生产非金融资产、金融资产/负债的经济所有权发生变化时，以及当服务被提供时，记录交易，而对于分配性交易则当有关的要求权产生时记录交易；(2)采用现金收付制，当收到或支出现金时记录流量。在此基础上，GFSM2013进一步澄清了权责发生制下税收和社会缴款数额估计的补充指南，权责发生制下股息在股票或股份除权日记录，货物和服务、非金融资产及金融资产/负债的交易记录时间为经济所有权变更的时刻。针对经济所有权变更不明显的情况，新准则也给出了详细的处理说明。此外，新框架还详细介绍了关于其他经济流量记录时间的指南，以及《现金来源与使用表》中有关现金收付制下的记录时间问题。

在分析框架上，GFSM2013对原体系做了部分调整与拓展，具体包括：一是GFSM2013新增了两个报表，即《净值总额变动表》与《显性或有负债和未来社保福利净隐性负债汇总表》，以进一步提高政府财政统计框架的分析有效性，这些补充报表加入财政统计框架是因为其对财政分析非常有用，由此也使政府财政统计框架的分析目标有所扩展，涵盖了评估管理、政策、可持续性与流动性决策的能力；二是 GFSM2013 将支出概念重新复原为《政府运营表》和《现金来源与使用表》的总量指标；三是正如《现金来源与使用表》所述，新手册澄清了库存现金变动净额的构成，认为该项目是指货币和存款等金融资产，不应包括其他金融工具或透支（Overdraft）；四是新框架扩展了对资产负债表的描述，探讨了净值（Net worth）概念对公共公司的使用问题。

四、财政收支统计修订

(一)财政收入

在 GFSM2001 中，收入定义为由交易引起的净值增加，此次修订对收入定义有所加强，新增了有关这一定义的原理说明，增加对退款和更正的统计处理讨论，并对收入与资产/负债交易的描述做出解释。同时，新手册修订了赠与的定义，不再将赠与作为非强制性转移，这一变化使政府单位之间强制性收入共享也可记作赠与。新修订给出了收入分类的依据，介绍了标准化总分类的原理以及根据分析用途和需要添加子项的好处，而原体系中有关其他收入主要分类的讨论，GFSM2013 代之以对其他收入的定义，并列出其所包含的子类。在收入核算原则方面，新框架在收入的记录时间和测度部分澄清了权责发生制和现金收付制下各自的记录时间问题，并对按权责发生制记录收入交易以及不能收回的预估收入的处理做出说明。此外，新修订澄清在权责发生制下股息的记录时间是当股票或股份除息之时，而且指出，被重新归类为广义政府单位的法定缴款公司（Legally constituted corporation）也可以分配股息，并说明非比例大额股息的处理方法。此外，GFSM2013 还对财政收入部分具体项目的统计处理做出修订与调整，如退税和减税、不可分配税种、特种服务税等，具体见表1。

表1　GFSM2013 对财政收入项目的主要修订

序号	项目	修订内容
1	退税和减税	介绍了其处理方法，对应付税款抵免采用总额记录，而不可支付税收抵免仍按净额处理。
2	不可分配税种(1113)	GFSM2001 中称之为"基于收入、利润和资本收益的其他税收"(1113)，新修订对该类税种做了分解，用以区分那些来源于广义政府单位的可征收税种和不可分配税种，这一变化使得合并账户中那些来自其他广义政府单位的税收可以被识别。

续表

序号	项目	修订内容
3	受政府专项税收资助的宗教活动	GFSM2013针对受政府专项税收资助的宗教活动阐明了税收归属规则。
4	金融与资产交易征收的税收	GFSM2001的税收分类将对金融与资产交易征收的税收(1134)从对财产征收的税收(113)改为对货物和服务征收的一般税收(1141)。此次修订后的税收分类中保留了该税种的名字,但代码不同,也就是对金融和资本交易的征税(11414),与2008SNA一致,将其视为对交易而不是财产征收的税种,但为使代码与GFSM2001保持一致,财产税的代码并未直接采用。
5	消费税	GFSM2013重新定义。
6	财政专营利润(1143)	新框架阐明了财政专营利润(1143)的概念,及其在公共企业、彩票和其他博彩业中的应用。
7	特种服务税	新修订对特种服务税的范围做出扩展,涵盖了中央银行所收取的超过市场利率的利息而产生的隐性税收。
8	对商品使用和对使用商品或提供服务许可的征税(1145)	GFSM2013澄清其范围,解释了该税种与行政费用,以及有关开展商业活动许可征税、其他税种和资产获得或使用征税之间的界限。该税种进一步细分为机动车税(11451)和对使用商品或提供服务的其他税收(11452),但对后者还介绍了数个税收子类,并且对权责发生制下营业执照和污染税(如排放交易机制)的记录方法给出说明。
9	多重汇率机制所导致的隐性税收或补贴	新体系介绍了由多重汇率机制所导致的隐性税收或补贴,此外,还阐明了货币当局向政府的一次性付款应该根据该款项不同成分的经济性质进行分类。
10	社会缴款(Social contribution)(12)	新修订澄清其概念,特别区分了自愿性缴款和强制性缴款,并介绍了2008SNA中记录社会缴款的各种方法,说明社会缴款和其他税种之间的界限。
11	实物补贴	新修订详细介绍其统计处理方法,特别说明了经常性补贴和资本性补贴的区别,以及权责发生制和现金收付制下各自的记录时间问题。
12	源自投资收益性支出的财产收入	新修订拓展了源自投资收益性支出(Investment income disbursement)的财产收入范围,将支付给投资基金份额/单位持有者的分红包括在内。
13	租金	新体系对租金(1415)的概念做了详细说明,用以澄清资源租赁是属于资产创建(合同、租赁和许可证,31441)还是资源交易之间的区别,对土地和地下资产两类资源租金给出详细阐述,并解释了其与生产性资产租金的界线。

续表

序号	项目	修订内容
14	外国直接投资收益再投资	GFSM2013采纳了2008SNA和BPM6对外国直接投资收益再投资的处理方法。
15	保释金	法院所设保释金在新体系中处理时归类为罚款、惩罚和罚没收入(143)。
16	除赠与外的其他自愿转移(144)和杂项及未列明收入(145)	新框架将这两个类别并入两个新类当中,即非其他分类的转移(144)和保险费、服务费、非寿险索赔以及标准化担保计划(145)。补贴性收入(14411)作为非其他分类的转移中一个单独子类,而其他转移则区分为非其他分类的其他经常转移和非其他分类的资本转移。
17	保险费、服务费、非寿险索赔和标准化担保计划(145)	该收入类别允许对非寿险和标准化担保的收入作适当记录,其次级分类则区分了保险费(14511)、标准化担保费(14512)、经常性索赔(Current claims,14513)和资本性索赔(Capital claims,1452)。

注:根据GFSM2013和GFSM2001整理。

(二)财政开支

GFSM2001将开支定义为由交易引起的净值减少,此次修订对开支的定义有所强化,新增对这一定义的原理说明,增加了对退款和更正的处理讨论,并澄清开支的经济分类与职能分类之间的区别,及其与资产/负债交易的区别。在核算方法上,新框架对支出记录的时间做出进一步说明,明确权责发生制和现金收付制下各自的记录时间。GFSM2013对货物和服务的使用的记录指南做了较大修订,给出了货物与服务的使用的定义,对其覆盖范围也做出调整,武器和武器系统被排除在外。新框架还澄清了采用权责发生制和现金收付制两种方式下货物和服务记录时间的区别,阐明货物和服务的使用与雇员补偿之间的界限,对商品和服务使用与转移支付之间的界限给出说明,描述了货物和服务使用与涉及非金融资产获得交易的边界,以及其他与货物和服务使用相关的边界问题。同时,新框架还澄清了存货与货物和服务使用之间的关系。此外,GFSM2013对财政开支部分项目的统计处理做出澄清与修订,如雇员补偿、雇主承担的社会缴款、利息、社会救济福利等,具体见表2。

表2 GFSM2013对财政开支项目的主要修订

序号	项目	修订内容
1	雇员补偿	GFSM2013对雇员补偿的定义强调雇主—雇员之间的个体关系,以及体力和脑力劳动之间的劳务交换,并说明了现金形式和实物形式工资/薪金的性质。

续表

序号	项目	修订内容
2	雇主承担的社会缴款	新手册阐明了估算雇主承担的社会缴款(2122)的指南,提供了有关非养老金权益(Nonpesion benefits)和雇佣关系养老金权益(Employment related pension)之间明晰的区别。
3	金融服务隐性费用	新框架解释了GFS对金融服务隐性费用的处理方法,这些隐性费用包括间接测算的金融中介服务产出(FISIM)、非寿险保费隐含的服务费和政府对央行非市场服务支付的隐性费用等项目。
4	固定资本消耗	新框架阐述固定资本消耗(23)的概念,解释了2008SNA和GFS有关固定资本消耗记录方法的关系,并说明了政府财政统计中固定资本消耗和折旧的关系,以及固定资本消耗的计算方法,还解释了所有权转移成本作为固定资本消耗一个组成部分的处理方法问题。
5	利息	新框架澄清了2008SNA和GFS关于利息记录的关系,建议识别利息交易的对手方,以允许合并处理,而且讨论了现金收付制对利息的记录问题,以及在宽限期和利率上升安排中利息的处理,解释了有关指数联接证券的利息处理问题。此外,还澄清了嵌入衍生工具的债务证券、不良贷款和拖欠的处理方法。
6	补贴	新框架澄清补贴(25)的记录方法,解释了当一个机构单位代表其他单位利益重新分配补贴的情况下补贴的处理方式,澄清了补贴是由所有居民和非居民生产者获得,象广义政府单位、为住户服务的非营利机构以及住户单位等机构单位具备生产者能力时也可以得到补贴。同时,GFSM2013扩展了补贴的覆盖范围,将从央行收取的高于市场利率的利息所致的隐性补贴也包括在内,并且阐明了产品补贴和生产补贴之间的区别。为了进一步说明补贴,新手册列出了一个不构成补贴的项目清单,并特别介绍向公众公司注资的分类。
7	赠与	新框架重新修订赠与(26)的定义,不再将赠与作为非强制性转移,这一改变使得赠与可以包括政府单位之间发生的强制性收入共享的情形,此外还阐述了实物赠与的处理方法,专门介绍了经常性赠与和资本性赠与的区别,以及在权责发生制和现金收付制下各自的记录时间。
8	社会救济福利	GFSM2013澄清了社会救济福利(272)成为可支付的条件,以包括对无力参加社会保险计划的住户提供的支付。

续表

序号	项目	修订内容
9	养老金社会福利	新手册澄清了就业有关的非养老金社会福利责任与就业有关的养老金和其他退休福利责任之间的区别。
10	投资收入支付的财产性开支	新修订扩大了对投资收入支付的财产性开支(2813)的覆盖范围,包括对投资基金份额/单位持有者的分配。
11	租金	GFSM2013对租金(2814)做出澄清,包括分成制安排下的应付款额和记录时间,以及应付款额的测算。
12	其他杂项开支	GFS2001支出分类中的其他杂项开支(282),新修订将其归入两个新类别:其他未分类转移(282)和保费、服务费及非寿险索赔和标准化担保计划(283)。此未分类转移又区分为其他未分类经常转移和其他未分类资本转移。
13	保费、服务费、非寿险索赔和标准化担保计划(2833)	新框架开支分类中保费、服务费、非寿险索赔和标准化担保计划(2833),允许记录有关非寿险和标准化担保的支出。次级分类包括保险费(28311)、标准化担保费用(28312)、经常性索赔(28313)和资本性索赔(2832)。
14	政府职能分类	新手册强调GFS中对政府职能分类仅限于政府支出,不同于经合组织(OECD)/联合国(UN),将政府职能分类用于政府的所有花费。

注:根据GFSM2013和GFSM2001整理。

五、资产负债表核算修订

GFSM2013对资产负债表核算的主要修订涉及六个方面:

(1)GFSM2013依据2008SNA引入经济所有权概念,澄清法律所有权和经济所有权的区别,用以提供对资产/负债的概览和澄清资产的边界,不包括或有资产/负债,但包括债务工具、金融衍生产品和雇员股票期权、股权和投资基金份额、未分配黄金账户形式的货币黄金。

(2)GFSM2013对资产和负债的定值做了更详细的说明,对金融工具名义价值的使用及其他估值方法做了全面介绍,特别是有关两个或两个以上会计期内生产的固定资产所有权变动的记录问题,以及公私合营企业生产的固定资产所有权变动的记录时间原则,而且阐明了所有权转移成本的处理方法。

(3)GFSM2001中货币黄金和特别提款权(SDR)是没有相应债权的金融资产,

GFSM2013根据2008SNA的修订明确了其债务方,仅将金条形式的货币黄金作为一种无相应金融债权的金融资产处理。

(4)GFSM2013对资产负债表的主要平衡项——资产净值做了更详细的介绍,解释了资产净值与公众公司股权之间的关系。

(5)GFSM2013扩展了资产负债表的备忘项目,修订后作为备忘项目记录的包括:金融资产净值、总/净债务的不同方法计值、优惠贷款(Concessional loans)与优惠利率贷款的隐性转移支付、拖欠、显性或有负债、社会保障隐性债务净值和不良贷款。

(6)GFSM2013对部分非金融资产和金融资产/负债的处理做出修订。其中,对非金融资产统计处理的主要修订涉及:①根据2008SNA,新修订将武器设备系统看作固定资产;②提出名义单位(Notional units)概念,以名义单位来持有非居民领土的固定资产;③在建筑及其结构中,新增了一类固定资产即土地改良,对各类土地的所有权转移成本包括在土地改良中,而且说明了公共纪念物的识别及处理方法,以及住宅的定义、识别与估值方法;④澄清了培育生物资源的概念和界定,说明了当生产此类固定资产需要很长时间完成的记录时间问题,并介绍了该项目的次级分类;⑤介绍了知识产权产品的定义和识别问题,子类包括:研究和发展、矿产资源勘查和评估、计算机软件和数据库,以及娱乐、文学和艺术原件、其他知识产权产品,该项目覆盖范围扩大到包括研究和开发产品,专利资源不再作为非生产性资产出现,而且计算机软件涵盖了数据库;⑥存货分类与2008SNA一致,战略性储备不再作为库存的单独子类,而是作为再售商品的一个次级分类;⑦机器和设备中设立子类单独记录信息和通信(ICT)设备;⑧澄清土地的定义并给出土地估值指南,而且说明了矿物和能源资源的所有权和记录方法;⑨给出其他自然资产的分类,列出了部分特定类别资产的次级分类,并且澄清非培育生物资源的概念;⑩对九形非生产资产的定义及其次级分类做详细说明,其次级分类包括:合同、租约和许可证、商誉和营销资产。对金融资产/负债统计处理的主要修订包括:①介绍了不同类型的债务证券,建议以当期市场价格作为债务工具的计值方法,并提供实际指导案例;②对货币和存款的覆盖范围做出说明,解释了该类金融工具的计值方法;③拓展贷款的描述,澄清金融租赁、黄金互换和场外互换(Off—market swap)的统计,建议将证券回购协议作为一种抵押贷款来处理,并说明贷款的计值和不良贷款的定义,特别是政策性贷款的定义及识别问题;④详细说明股票和投资基金份额的分类,以区分不同类型金融工具,投资基金份额因在金融中介中扮演特定角色而单独划分为一类;⑤澄清保险、养老金和标准化担保计划准备金的分类,包括以下子类:非寿险技术准备、寿险和年金权益、养老金权益和养老金对养老金经理人的要求权、标准化担保计划的追加保证金;⑥扩展了保险、养老金和标准化担保计划的覆盖范围;⑦从金融衍生产品和员工股票期权的概念角度澄清其分类,介绍了金融衍生产品的类型和保证金的处理问题;⑧介绍了金融资产/负债对手方按机构部门的分类,以及按到期日划分的债务和相应金融资产的分类。

六、交易统计修订

交易的处理是政府财政统计框架的重要内容,GFSM2013对交易统计做了广泛而细致的修订,下面按非金融资产和金融资产/负债分别做简要分析。

(一)非金融资产交易

GFSM2013对非金融资产交易的统计所做修订主要包括:(1)新手册明确非金融资产交易的记录时间是经济所有权变化,并详细介绍了当所有权变化不明显时所用的替代准则;(2)详细说明了非金融资产交易的定值方法,对土地、除土地外的非生产资产、固定资产、存货等资产获得与处置在定值方法上的区别做出说明;(3)澄清了非金融资产(除存货外)获得与处置中所有权转移成本的处理方法,以及有关非生产资产所有权转移成本的交易处理问题,解释了此类成本中固定资本消耗的处理方法,新体系还介绍了除土地外的非生产性资产所有权转让成本及其在政府财政统计框架中的处理方法;(4)介绍了非金融资产净投资的概念,并与非金融资产总投资概念进行区分(即未扣除固定资本消耗);(5)解释所有非生产资产类别中交易的性质和处理方法,对部分其他交易项目的处理做出澄清与说明,诸如:①公共纪念物(Public monuments)(如建筑物及其结构)的处理方法;②与培育生物资源有关的交易,包括培育以获得其产品的牲畜净投资和种植园、果园净投资等,提供此类交易的估值指南;③扩展有关知识产权产品交易的指南,澄清与其相关的研究与发展、计算机软件和数据库的交易估值问题;④武器系统获得与处置的相关交易;⑤存货增加和提取的相关交易,针对存货所有者,区分了其是作为货物和服务生产者还是作为资产所有者;⑥新修订明确了与土地改良相关的交易作为单独一类交易记录。

(二)金融资产/负债交易

GFSM2013的新修订介绍了所有交易和其对金融资产/负债的影响之间的关系,解释了净贷款/净借款对经济的影响问题,以及金融工具分类受资产负债表相关变化的影响。同时,新手册介绍了金融资产/负债按部门和居住地的交易分类,以及债务交易及相应的金融资产按期限分类,而且建议将相同的分类结构应用于有关存量头寸的交易。特别地,针对金融资产/负债交易问题,新手册的主要变化还涉及以下特定项目和交易处理:(1)澄清了宏观经济统计中的优惠贷款及其处理方法;(2)给出了拖欠的定义及与拖欠有关的交易记录方法;(3)澄清了与货币黄金和特别提款权(SDR)有关的交易处理方法;(4)详细说明了债务证券与利息和分期还款的交易处理方法;(5)投资基金份额或单位(除去持有损益部分)估值变动的记录,不仅仅考虑持有收益与损失;(6)澄清了企业所有者与企业之间交易的记录和影响问题,交易如股息、转让、会费和支付给国际组织的订阅费,以及其他操作如私有化和国有化,在股权交易中说明;(7)对于保险、养老金和标准化担保计划,影响这些准备金的交易将在各个储备次级项目中详细介绍;(8)扩展了金融衍生产品和员工股票期权的覆盖范围,员工股票期权单独作为一个子类进行识别,对有关金融衍生产品和员工股票期权的交易处理做详细说明,并阐述了二级市场首次交易和结算交易之间的区别。

七、其他经济流量处理修订

相比 GFSM1986,GFSM2001 的事件范围更为广泛,包括影响资产、负债、收入或开支的全部经济事件,不仅仅是现金交易代表的事件,还包括其他经济流量,即除交易之外的所有流量,其中两个主要类别是持有收益和资产物量的其他变化。GFSM2013 对部分其他经济流量的统计处理做出修订,主要包括:(1)澄清对一些特定类型资产持有收益的处理,为报告期内被处置的固定资产、存货、贵重物品和非金融资产的持有收益估计提供专门指南;(2)澄清不同事件对股票和投资基金份额估值的影响,详细介绍超长期内不计息债务工具的持有收益和损失问题;(3)扩展资产负债表中金融资产/负债的出现或消失,纳入了养老金负债转为隐性社会保障义务安排下的公司虚拟养老金负债和员工股票期权;(4)提出对除土地外的非生产资产所有权转移成本的新分类,以及与这些成本相关的固定资本消耗的处理方法,这一新分类有助于存量头寸和流量的统一;(5)提出对金条形式的货币黄金成为储备资产时的新分类,这也是金融资产/负债分类变化的实例之一。

八、术语及其他修订

GFSM2013 在术语和文本等其他方面也做了部分修订与调整:(1)术语变化,

为了与 2008SNA、BPM6 保持一致,以及规范化和准确性的要求,此次修订对原体系诸多术语做了修订,例如,"存量"改称"存量头寸","政府运营表"改为"运营表","无形固定资产"改为"知识产权产品"(见表3)。(2)文本修订,GFSM2013 在文本编辑上也做了一些调整,例如,GFSM2001 中第 2 章附录介绍社会保障,修订后列为 GFSM2013 的附录 2,除对社保实体的识别与分类给出指南外,而且给出了与其经济活动有关的流量和存量的记录指南;又如,修订后的新手册第四章中采用一个附录即《运用政府财政统计做财政分析》替代了 GFSM2001 的框 4.1,该附录提供了有关分析人员如何运用政府财政统计数据构建概念明晰、国际可比的财政指标的概览,部分指标可以通过观测得到或直接从政府财政统计框架中推算,其他指标可以很容易地通过财政统计和额外数据一起推算得到;此外,GFSM2013 将有关政府职能分类(COFOG)的讨论从第六章正文移至该章附录。

表3　GFSM2013 术语的主要变化

序号	GFSM2013	GFSM2001	注释
1	统计指南(statistic guidelines)和报告期(reporting periods)	核算原则(accounting principles)和时期(periods)	该修订有助于清楚地区分在公共部门会计中源数据编制所用的术语"会计"(accounting)一词。
2	经济流量(economic flows)	流量(flows)	流量一词广泛被用作经济流量的简写形式。
3	存量头寸(stock positions)	存量(stocks)	资产负债表术语,以便允许清楚地区分该英文单词用于指作为特定金融工具的股票(stocks)。
4	非金融资产净投资	非金融资产净获得	后者常被误解为只包括非金融资产的获得减处置,而事实上还应包括固定资本消耗。类似于运营表平衡项的习惯做法,非金融资产净/总投资的区别在于是否包括固定资本消耗。
5	净贷款/净借款	净贷款/借款	更名提高术语的准确性。
6	运营表	政府运营表	以便运营表既可用于政府单位,也可用于公共部门单位。
7	资本征税(capital levies)	对财产征收的其他非经常性税收(other nonrecurrent tax)	更名使 GFSM 与 2008SNA 术语一致。
8	投资收入支付的财产收入	归投保人的财产收入	修订使 GFSM 与 2008SNA 术语一致。

续表

序号	GFSM2013	GFSM2001	注释
9	雇主社会缴款（empoyers' social contributions）、实际雇主社会缴款和应纳雇主社会缴款	社会缴款支出（212）、实际社会缴款（2121）（actual social contributions）和应纳社会缴款（2122）（imputed social contributions）	修订有助于澄清该项目的经济性质。
10	支出（expenditure）	政府支出（outlays of government）	以消除 OECD/UN 分类中所用支出（outlays）概念所产生的混淆，OECD/UN 分类中开支包括开支（expense）、非金融资产获得和金融资产/负债交易。
11	除住宅外的建筑（buldings other than dwellings）	非居住建筑（nonresidential buildings）	更名使 GFSM 与 2008SNA 术语一致。
12	除交通设备外的机器和设备（61122）	其他机器和设备（61122）	修订使 GFSM 分类与历史数据一致，且可归入 2008SNA 分类中的"ICT 设备和其他机器与设备"一类。
13	培育生物资源（61131）	培育资产（61131）	修订使 GFSM 与 2008SNA 术语一致。
14	矿产和能源资源（6142）	地下资产（6142）	修订使 GFSM 与 2008SNA 术语一致。
15	知识产权产品（61132）	无形固定资产（61132）	修订使 GFSM 与 2008SNA 术语一致，"产品"一词明确提出不包括作为非生产资产的第三方权利。
16	债务证券	非股份证券	更名使 GFSM 与 2008SNA 术语一致。
17	权益和投资基金份额	股份与其他权益	更名使 GFSM 与 2008SNA 术语一致。
18	保险、养老金和标准化担保计划（insurance, pension and standardized guarantee schemes）	保险技术准备（insurance technical reserves）	修订使 GFSM 与 2008SNA 术语一致。
19	金融衍生产品和员工股票期权（6206/6306）	金融衍生产品（6207/6307）	修订使 GFSM 与 2008SNA 术语一致。
20	资源（resource）	实体（entity）：用于指货物、服务、非金融资产等时	修订有助于消除实体用于指机构单位的混淆。

注：根据 GFSM2013 和 GFSM2001 整理。

九、结语

综上所述，IMF 对政府财政统计体系的最新修订内容细致而广泛，从概念、分类、分析框架、存量流量、交易处理到文本结构等，都做了全面系统的更新与调整。然而，应该指出的是，GFSM2013 保持了 GFSM2001 的基本原则与框架，在理论体系上的修订基本上并未涉及，此次修订侧重于统计处理的澄清、说明、优化和完善。从方法论角度分析，此次修订更多的是方法应用创新，而不是理论方法的创新。当然，从实践角度来看，此次修订对诸多概念、分类、统计原则、项目处理方法等方面都做了调整与变化，必将对各国政府财政统计工作的实践产生深刻影响。

目前，我国已初步建立了政府财政统计的基本框架，但还很不完善，尚存不少问题，诸如财政统计范围过窄、概念和分类体系不规范、财政统计指标过于单一等。实际上，自 1978 年改革开放以来，与财政统计有关的重大改革主要有三项：1994 年将单式预算改为复式预算，将预算分成经常性与建设性二块，分别核算分别平衡；1994 年将财政赤字统计口径由硬赤字改为软赤字；2007 年修订了财政收入和支出科目（葛守中，2012）。2008 年国际金融危机之后，国际社会掀起了一轮统计标准与指南全面修订、更新的高潮，我国应充分利用这一有利条件，全面改革和完善现行的统计体系与制度，逐步建立起一套符合国际标准、适合中国国情的科学高效的现代统计体系，更好地满足社会的统计数据需求，政府财政统计就是其中重要一环。无疑，GFSM2013 的修订出版为我国政府财政统计体系的改革和发展提供了新的契机，有关部门应充分利用执行新标准的机会，全面改革、完善和发展我国财政统计的体制机制，逐步建立一个科学高效的政府财政统计体系，更好地服务于社会经济发展。

参考文献：

[1] International Monetary Fund. A Manual on Government Finance Statistics [M]. http://www.imf.org/external/pubs/ft/gfs/manual/gfs.htm. 1986.

[2] International Monetary Fund. Government Finance Statistics Manual [M]. http://www.imf.org/external/pubs/ft/gfs/manual/gfs.htm. 2001.

[3] International Monetary Fund. Revision to GFSM 2001—Draft Chapters and Appendices (GFSM2013) [EB/OL]. http://www.imf.org/external/pubs/ft/gfs/manual/gfs.htm. 2013.

[4] UN, European Commission, IMF, OECD, World Bank. The 2008 SNA [M]. http://unstats.un.org/unsd/nationalaccount/sna2008.asp. 2009.

[5] 范立夫,杨仲山,刘昊. 政府财政统计体系(GFS)的比较分析[J]. 财政研究,2010(7).

[6] 葛守中. 国际货币基金组织2001版政府财政统计再研究[J]. 统计研究,2011(4):67—75.

[7] 葛守中. 政府财政统计核算体系(GFS)研究[J]. 统计研究,1997(4):30—35.

[8] 葛守中. 中国政府财政统计指标体系改革研究[J]. 兰州商学院学报,2012(5):1—5.

[9] 国际货币基金组织.国际收支和国际投资头寸手册第六版(BPM6)[M]. 美国华盛顿:国际货币基金组织,2009.

[10] 联合国,世界银行,国际货币基金组织,OECD,欧盟. 国民经济核算体系(1993)[M].北京:中国统计出版社,1994.

[11] 杨远根. 国际货币基金组织新的政府财政统计体系借鉴[J].财政研究,2004(4):32—34.

[12] 朱海平. 我国财政统计核算改革的目标模式与推进机制[J].学术交流,2008(10):99—103.

[13] 朱海平. 政府财政统计体系采用权责发生制的现实基础与理论背景[J]. 经济体制改革,2009(1):128—132.

[14] 朱志雯. 我国政府财政统计核算的记录基础及虚拟计算操作的改革研究[J]. 统计研究,2012(3):10—13.

绿色 GDP 理论基础与核算思路研究

摘要：在可持续发展理论的冲击下，绿色 GDP 核算受到了学术界的广泛关注。本文探讨了绿色 GDP 核算的概念、意义及相关理论基础，并指出绿色 GDP 核算的方法存在直接测算与间接测算两种思路，理论上两种思路各有利弊，但从实践上看，这两种核算方法都还存在不少的难点。

在可持续发展理论、生态经济、低碳经济和新经济理论倍受推崇的大背景下，GDP 指标受到了越来越多的质疑和批评，有关建立绿色 GDP（Green GDP）核算指标的讨论近年来成为国民经济核算理论研究中倍受关注的一个焦点。下面拟对绿色 GDP 核算的理论与方法问题展开讨论，提出一些看法。

一、绿色 GDP 指标的内涵

绿色 GDP 指标是在对现行 SNA 中 GDP 指标进行修正的基础上提出来的。在 SNA 中，GDP 核算忽略了自然资源的价值存在，将环境、资源与经济活动割裂开来（邱东等，2002；高敏雪，2000）。然而，为了体现可持续发展战略，在计算 GDP 时不仅要考虑到一些有形成本，还应考虑到对自然资源的损耗和对环境的破坏。1993 年联合国等有关统计机构正式出版了《综合环境与经济核算手册》（简称 SEEA），为环境经济核算提供了整体思路和框架，由此，一些学者提出了构建绿色 GDP 核算指标的设想。

目前，学术界对绿色 GDP 尚无一个权威的定义。多数学者都是从对 GDP 的修正来进行定义的，这一点非常一致，但是在"具体应如何进行修正"的内涵上尚未达成一致。例如，徐嵩、李红继（1999）认为，绿色 GDP 是指从 GDP 中扣除自然资源耗减价值与环境污染价值后的剩余的国内生产总值，这一价值被国外统计学者称为可持续发展的国内生产总值（Sustainable gross domestic product, SGDP），国内学者称之为绿色 GDP。杨全照（2000）指出，以国民经济核算为起点，将经济过程对资源环境的利用作为经济产出的投入加以核算,求得一国在当期经济、资源、环境因素调整之后的国内产出总量,即为绿色GDP。廖明球(2000)则进一步明确指出,绿色GDP是指在原有GDP核算的基础上考虑资源与环境因素,对GDP指标作某些计算调整而产生的一个新的总量指标。综合以往的研究成果,笔者认为,绿色GDP是指在可持续发展理论下,以综合考虑经济、资源、环境等因素的投入与产出测算为基础,一国或地区所有常住单位在核算期内所有生产活动形成的最终成果。

二、绿色GDP指标的意义

现行的GDP指标只是一个衡量经济产出的指标,没有把对自然资源的利用作为经济过程的投入看待,同时也没有将人类不合理的生产和消费方式所造成的对环境的破坏以及为恢复适宜的环境所作的努力加以适当考虑,因此计算结果无法作为在资源有限性的约束下体现环境和经济统一性的长期发展成果。绿色GDP指标将克服这一不足,能为决策者提供更加准确的信息。因此,绿色GDP指标的提出意义重大。

更进一步地,学者们在对现行国民经济核算提出的修正中基本上分为两种思路,一种是维持产出总量指标的思路,一种是建立新的指标体系的思路。笔者认为,现行的以总量指标为中心的核算体系以综合性、直观性的特点将来必定仍有其存在的价值。所以,仅就第一种思路而言,从发展的观点来看,指标有不同的层次和统计口径,产出总量指标也是这样(见图1所示)。核算史中特别是在MPS体系下时常用的一个指标便是社会总产值,这一指标可以看作是比GDP低一层次的产出总量指标;现在,由于服务业在整个国民经济当中比重增大,为了更为准确地衡量产出和投入,国民产出核算扩展至包括服务业在内,采用了GDP指标,作为是国民经济产出指标的基本层次;而学者们广泛讨论的EDP(国内生态产出)指标可以认为是在GDP指标的基础上又作了扩展,在传统生产观念之外考虑到了经济活动对资源、环境的影响和利用,可算作是较高一层次的国民经济产出总量指标,它等于国内生产总值减固定资产折旧、再减环境资源耗损,也等于国内生产净值减资源耗减、再减环境退化后的剩余值;而绿色GDP将是一国或地区经济中更高层次的产出总量指标,它在EGP基础再考虑了经济活动的外部影响因素,其内涵较EDP又有所扩展。

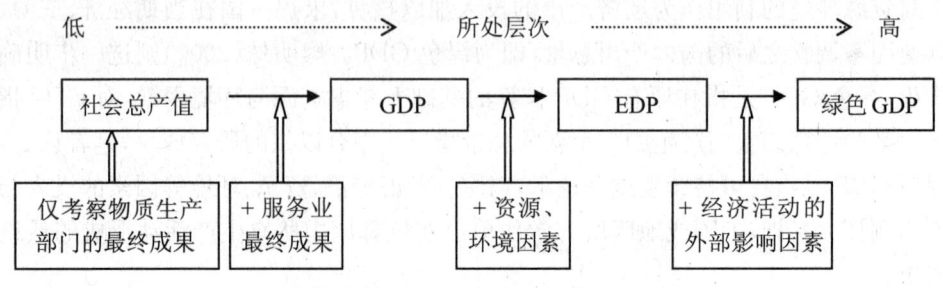

图 1 国民经济产出总量指标的层次结构

三、绿色 GDP 核算的理论基础

从研究文献上看,研究人员提出绿色 GDP 核算的构想与方案设计时,所依据的理论基础主要有三个:可持续发展理论、福利经济学理论和国民经济核算理论。

1. 可持续发展理论

1992 年,联合国世界环境与发展大会通过的"21 世纪议程"提出了可持续发展战略,其内在要求是"在满足当代人需要的同时,不损害人类后代的满足其自身需要的能力"。从此,可持续发展观得到各国的普遍高度重视,并进入国民经济核算研究当中。依据这一理论,学者们提出,国民产出的核算应考虑到生产过程中对自然资源的消耗与对环境的损害,并将经济活动对环境的利用作为追加的投入看待而提出了经济与环境结合的综合核算思路,得到一个所谓的生态产出指标或叫绿色 GDP(如雷明 1999;朱龙杰,2001 等)。

2. 福利经济学理论

一些研究者试图从国民福利角度来构建绿色 GDP 的核算思路和核算方法,如杨缅昆(2001、2002)、朱龙杰(2001)、雷明(1998)等。20 世纪 20 年代著名经济学家、福利经济学的创立者庇古教授在《福利经济学》一书中,就已将国民收入与经济福利联系起来,此后这一思想影响巨大,对当前的国民产出核算也产生着影响。在福利经济学的指导下,国民经济核算学者们提出,国民经济产出核算不应只考虑到显性的成本与收益,还应考虑到经济活动的外部影响因素,即外部经济与不经济,特别是要从现行的 GDP 中扣除外部损害成本,并由此提出关于绿色 GDP 的具体核算方法。

3. 国民经济核算理论

经过几十年的发展与完善,国民经济核算已经形成了一个完整的体系,它通过采用一套标准的概念、定义、分类和核算规则,以一定的程式和表述来反映一国或地区经济运行的条件、过程和结果。但是,国民经济核算体系也是在不断修订完善中演进发展的,例如,生产范围、资产范围、核算范围等无不随着人类社会生产活动的外延与内涵的扩大而向前演进。当前,在新一轮技术革命大潮冲击下,人类经济活动的外延与内涵发生了巨大变化,诸如,地下经济受到人们普遍关注,由于人们对闲暇的追求而导致非市场服务产出受到关注,人们对生活环境的关注,等等,这些无不对现行的国民经济核算产生了巨大冲击。依据国民经济核算中生产范围与核算范围对应的紧密关系,一些研究人员(雷明,1999;廖明球,2000;陈耀辉、孙春燕,2002等)注意到必须对现行的体系进行较大的修订,并依据国民经济核算的理论提出,要在现有产出核算中将 GDP 指标进行修正,将地下经济、非市场服务、自然资源和环境因素纳入核算当中,以此来准确地反映一国或地区的产出规模和相应的生产成本。

四、绿色 GDP 核算的两种思路

基于上述理论,绿色 GDP 核算方法主要有两种思路:一是依据国民经济核算中有关产出(主要是 GDP)的核算方法,直接测算绿色 GDP 的数值;二是在现行的 GDP 指标基础上,通过对 GDP 进行适当调整来得到绿色 GDP 数值,这是一种间接测算的方法。

(一)直接测算思路

直接测算法主要包括生产法与支出法两种。

1. 生产法

绿色 GDP 按生产法核算在原理上与 GDP 核算原理相同,是指在各产业部门的总产出中扣除中间投入后汇总得到,只不过这里的中间投入是指各产业部门生产中所消耗的经济资产和自然资产,用公式表示如下:

$$
\begin{aligned}
绿色 GDP &= \sum(某产业部门总产出 - 中间投入) \\
&= \sum(某产业部门总产出 - 某产业部门经济资产投入 - 某产业部门自然资产投入)
\end{aligned}
$$

2. 支出法

绿色 GDP 按支出法核算是根据绿色 GDP 的最终使用结果进行的,包括消费与积累两部分(朱龙杰,2001),计算公式为:

绿色GDP＝最终消费＋经济资产积累＋自然资产耗减(负值)

直接测算法对绿色GDP进行核算时,对核算项的内涵界定非常清楚,不会产生遗漏和重复计算。但是,无论是生产法还是支出法,都存在很大的核算困难,自然资产投入、经济资产积累与自然资产耗减都难以进行非常准确地估算,存在着货币化难题。

(二)间接测算思路

间接测算法是在原有的GDP测算结果基础上,综合考虑资源、环境、经济因素,对其进行某些调整,由此得到绿色GDP的数值。依据调整的角度或出发点不同,绿色GDP的间接测算又可分为以下几种主要类型:

1. 外部经济与外部不经济测算法

考虑外部经济与外部不经济的绿色GDP核算方法,是在现行GDP核算的基础上考虑外部影响因素后计算绿色GDP数值(杨缅昆,2001;朱龙杰,2001),公式如下:

绿色GDP＝现行GDP ＋ 外部影响因素＝现行GDP ＋ 外部经济因素 － 外部不经济因素

这里的外部影响因素与定义绿色GDP的概念是一致的,包括经济因素与不经济因素,这一核算方法的关键问题在于对外部影响因素的实际核算与估价问题。

与此稍有不同的是,朱龙杰(2001)认为,由于绿色GDP的概念不仅包括现行GDP,同时还包括另外两个因素,即外部影响和自然资源,因此,绿色GDP在真正涵义上应采用下面的核算公式:

绿色GDP＝现行GDP ＋ 外部影响因素 － 自然资源投入

2. 社会福利测算方法

杨缅昆(2003)在福利经济学的基础上,认为可以将国民福利总值定义为广义的绿色GDP,外部不经济是外部损害成本的理论表述,而外部经济相对于整个GDP来说非常小,因而可以将外部经济因素存而不论,并由此提出了国民福利核算的理论模式:

国民福利总值(GNW)＝国内生产总值(GDP)－ 外部损害成本

3. 基于环境与经济核算体系(SEEA)的平衡推算方法

廖明球(2000)通过研究联合国统计委员会所设计的环境与经济核算体系(SEEA),总结出了一个通过资产负债核算途径来核算绿色GDP的方法,公式如下:

绿色国内生产净值＝国内生产净值 － 生产中使用的非生产自然资产
其中：国内生产净值＝总产出 － 中间投入 － 固定资产损耗
绿色 GDP(绿色国内生产总值)＝绿色国内生产净值 ＋ 固定资产损耗
等价地，从 SEEA 中还可以得到另一个核算公式：
绿色国内生产净值＝(净出口＋最终消费＋资本形成净额)－ 非生产经济资
产净耗减 － 自然资产降级与减少

4. 基于 GDP 的其它调整法

雷明(1999)指出,中国构建本国 SEEA 的研究目前大多限于局部账户核算及单纯绿色 GDP 指标估算方面,缺乏结合中国新国民经济核算体系最新改革实践、从 SEEA 整体核算(其中主要是矩阵核算)方面的深入系统研究及实例估计。因此,他从 SEEA 体系构造方面来进行研究,在 GDP 核算基础上提出了绿色 GDP 的核算方法：

绿色 GDP＝GDP － 环境成本＝GDP－(经济自然资产使用 ＋ 非经济自然资
产使用)

在此基础上,他还估计出中国 1992 年的绿色 GDP 为 25347.26 亿元。

陈耀辉、孙春燕(2002)也给出了一个类似的测算绿色 GDP 的有效模型：绿色 GDP＝GDP＋环境污染调整项＋地下经济调整项＋其他调整项,并对模型中的三个调整项进行了详细分析,同时也给出了它们的具体计算方法。

以上几种测算绿色 GDP 的方法都是基于调整 GDP 的思路展开的,这些方法使得在向绿色 GDP 转换时能较好地利用现行的 GDP 核算体系,但是在调整项的内涵把握上还存在非常多的争议。研究人员在具体的调整方法上开出的菜单很不一致,而且有越开越长的趋势,特别是由于其中所罗列的一些项目是在没有深入研究经济理论与核算理论的情况下开出的,因而既缺乏经济理论的支持,更与核算理论相冲突。今后的研究应当更加关注绿色 GDP 核算的理论基础,包括经济理论与核算理论,从理论上来认识指标的设计问题,才能保证对绿色 GDP 的核算方法更为科学。此外,调整项涉及自然资产价值、外部效果等,对其进行货币化与估价存在明显困难。

五、绿色 GDP 核算中存在的难点

从以往的文献来看,关于绿色 GDP 核算理论与方法问题的研究虽然取得了一些进展,但是笔者认为,有关绿色 GDP 核算在实践中还存在以下几个难点,有待于

进一步深入研究：

第一，治理污染费用的处理问题。治理污染的费用本质上是一种成本，但在现行GDP核算中却是记为产出，这一矛盾如何处理。现行的核算体系对这一问题还未给予应有的关注，而当前提出的有关绿色GDP的核算方法中，虽有人（杨缅昆，2003）提出将环境治理费用作为外部损害成本扣减，但也只是在现行GDP基础上扣减，并未体现出绿色GDP真实数值。在下一步有关绿色GDP指标的核算理论与方法研究中，应重新考虑到这个问题，还其本来面目。

第二，自然资源转化为经济资产时实现货币化的难点依然存在。直观上讲，绿色GDP核算的焦点是在现行的GDP核算中引入资源与环境因素，将这些因素也纳入核算体系中来，而问题在于如何对自然资源的耗减和环境污染进行货币化，再对其进行估价，这自始至终是问题的关键，也是难点所在。正因为这样，一些研究者提出了非货币化思路，认为可以对产出与投入核算的某些部分采用实物量核算，但由于实物核算事实上也存在折算的问题，而折算系数的确定也存在类似的困难。鉴于此，笔者认为非货币化思路是不可取的。

第三，劣质产品、有害产品的处理问题并未得到应有的重视。在现行的国民经济核算中，理论上往往是将产品的质量差异转化为物量差异进行核算，但实际核算当中却很难真正体现这一思想，实际却恰恰相反，将劣质产品当优质或一般的正常产品进行统计，更有甚者，一些有害产品也进入核算当中，将其作为产出加以核算。这一问题对GDP的可信度提出了质疑，也将对未来的绿色GDP指标核算设计提出挑战。

第四，外部影响的计量与虚拟费用的计价存在重重困难。在现有的技术水平条件下，要对经济活动的外部影响进行准确计量可谓是寸步难行。在一些学者提出的核算方法中，对环境的损害是按照对其潜在治理费用进行估价来核算的，它与实际发生的治理费用不同。但实际核算当中，对环境的潜在的、未发生的治理费用难以准确估价和进行虚拟计算，更不用说许多损害是根本无法治理的，其潜在治理费用也就为无穷大。

基于以上几个方面的难点，现在对绿色GDP的核算研究还仅仅停留在核算思路层面和理论准备阶段，对其实践可行性的研究还有待在核算理论大步推进的同时进一步深入展开。实际上，2013年11月党的十八届三中全会通过了《中共中央关于全面深化改革若干重大问题的决定》，其中明确提出要加快生态文明制度建设，积极探索编制自然资源资产负债表，实行资源有偿使用制度和生态补偿制度，逐步建立系统完整的生态文明制度体系。由此可见，积极探索绿色GDP核算、自然资源核算和环境核算等理论与方法,尽快建立一整套遵循国际标准、符合中国国情、统一的资源－环境－经济综合核算体系已极为迫切,这也是摆在统计与核算研究工作者面前的一项重要课题。

参考文献

[1] 联合国等. 国民经济核算体系(1993). 中国统计出版社,1995.

[2] 邱东,蒋萍,杨仲山. 国民经济核算. 经济科学出版社,2002.

[3] 高敏雪. 环境统计与环境经济核算. 中国统计出版社,2000.

[4] 陈耀辉,孙春燕. 环境公平下绿色 GDP 的测算模型. 荆州师范学院学报,2002(1).

[5] 蒋尧明. 论资源环境的经济核算及对 GDP 的修正. 现代财经,2000(3).

[6] 雷明. 绿色国内生产总值(GDP)核算. 自然资源学报,1998(10).

[7] 雷明. 中国环境经济综合核算. 中国软科学,1999(11).

[8] 廖明球. 国民经济核算中绿色 GDP 测算探讨. 统计研究,2000(6).

[9] 孙安平. 再论绿色 GDP. 财经科学,2001(4).

[10] 杨缅昆. 绿色 GDP 核算理论问题初探. 统计研究,2001(2).

[11] 杨缅昆. 关于 EDP 核算思路的若干质疑. 统计研究,2002(3).

[12] 杨缅昆. 国民福利核算的理论构造. 统计研究,2003(2).

[13] 杨全照. 传统 GDP 向绿色 GDP 的转换. 统计研究,2000(10).

[14] 朱龙杰. 现行 GDP 与绿色 GDP 的比较研究. 江苏统计,2001(9).